本书系北京外国语大学"双一流"建设

重大标志性项目"中国国际传播理论与实践"

（项目编号：2022SYLZD018）的研究成果

新媒体
虚构影像叙事研究
The Narratology of New Media Fiction Image

刘静 著

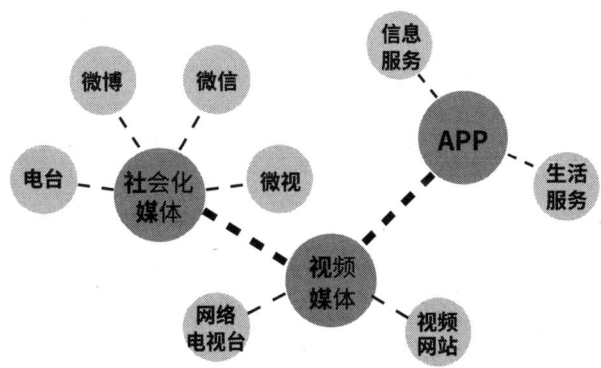

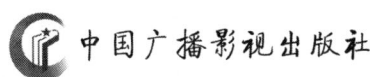
中国广播影视出版社

目　录

绪　论　1

第一章　新媒体虚构影像的故事题材　15

　　第一节　新媒体虚构影像的题材类型　16

　　第二节　新媒体虚构影像的文本特征　33

　　第三节　新媒体虚构影像的传播模式　58

第二章　新媒体虚构影像的叙事视角　79

　　第一节　新媒体虚构影像的全知视角叙事　80

　　第二节　新媒体虚构影像的限知视角叙事　88

　　第三节　新媒体虚构影像叙事的视角流动　100

第三章　新媒体虚构影像的故事人物　107

　　第一节　新媒体虚构影像的人物关系　108

　　第二节　新媒体虚构影像的人物行为　125

　　第三节　新媒体虚构影像的人物性格　135

第四章　新媒体虚构影像的情节结构　149

　　第一节　新媒体虚构影像的故事线索　150

　　第二节　新媒体虚构影像的矛盾冲突　163

　　第三节　新媒体虚构影像的悬念设置　175

第五章　新媒体虚构影像的时空建构　187

　　　　第一节　新媒体虚构影像的时间呈现　188

　　　　第二节　新媒体虚构影像的空间建构　200

　　　　第三节　新媒体虚构影像的时空转换　213

第六章　新媒体虚构影像的叙述语态　223

　　　　第一节　新媒体虚构影像的叙述人称　224

　　　　第二节　新媒体虚构影像的语言风格　235

　　　　第三节　新媒体虚构影像的互动方式　249

结　语　261

参考文献　264

后　记　269

绪　论

　　新媒体虚构影像，是指基于新媒体平台进行传播的虚构影像。作为新媒体平台发布和播放的一种视听节目类型，新媒体虚构影像因其较大的艺术价值和社会功能，拥有众多的忠实受众群体和广泛社会影响。本绪论从作为虚构叙事的虚构影像、媒介融合背景下的新媒体、新媒体虚构影像的类型和新媒体虚构影像的叙事学分析四个部分，来阐述新媒体虚构影像的文本属性、媒介特征、节目类型和研究方法。

一、作为虚构叙事的虚构影像

　　"虚构"一词最早出自汉代陈琳的《武军赋》："飞梯临云，行阁虚构。"意指凌空构作。后来"虚构"延伸出凭空捏造、虚幻之实化体现等意思。牛津英文词典中把虚构（Fiction）界定为小说、虚构的事或假想之物。另外，虚构也可解释为一种艺术表达手法，是指在文艺创作中"概括地表现生活、塑造典型、突出主题而采用的一种艺术手法"。[①] 本书对虚构的取义主要是后者，把虚构视为一种文艺创作的形式和方法，多运用于文学、戏剧、电视、电影等艺术领域中。

　　虚构影像（Fiction Image），是指经过艺术加工和创作而成，以声音画面为表意系统的影视作品，主要包括电视、电影和网络文艺作品等。虚构影像是相对纪实影像叙事而建构的一个类属概念。虚构影像是艺术形态的一种，遵循艺术创作的规律和方法，具有形象性、情感性、主体性等艺术

[①]　百度百科，https://baike.baidu.com/item/%E8%99%9A%E6%9E%84/4443557#1。

特征，审美价值是其本质属性和价值追求，同时，兼具认知功能、教育功能、娱乐功能等社会功能。

虚构影像是一种以"虚构"的艺术创作方式或表现手法来进行叙事的影像文本。虚构作为一种艺术创作手法，是如何建构虚构作品的呢？著名哲学家约翰·R.塞尔说："对以言行事行为的伪装施行构成了虚构作品，这种伪装的施行事实上是通过施行那种以唤起横向惯例为意图的话语行为而得以成功的，这种横向惯例悬置了在一般存在于各种表述之中的以言行事义务。"① 他认为虚构是创作者的一种伪装，通过伪装的行为来唤起受众的联想，从而达到创作者的话语表达。热奈特对此提出不同的看法，他认为"所谓的生产一部虚构作品，创造一个想象的虚构世界，而不是字面意义或题材意义上的虚假"。虚构作品在构建虚构世界的活动中，人与话语间建立了一种主体间性关系。正是这种主体间性关系赋予文学话语以抗拒作者意图的自主性，也赋予读者自主阅读的独立性。② 虚构影像作品用声光画影来构建"虚构世界"，同样需要创作者与受众进行主体间的对话，受众在创作者预设的虚构世界中重构属于自己的话语体系。

作为一种影像文本，虚构影像作品又必须遵循影视艺术的创作规律和传播方式。迄今为止，人类经历了声音、文字、图像这三种信息媒介的发展与变化。"媒介是人体的延伸"（麦克卢汉），声音最初靠口头传播，广播的诞生使声音能够传递到千里之外；文字是书写传播的重要媒介工具和载体，造纸术、印刷术使文字传播更加广泛；图像传播延伸了人眼的功能，声画结合的影像传播更是延伸了人体的视觉和听觉，打开了人类认知和改造客观世界的另一扇窗户，影像叙事赋予人们更广阔的审美视域和情感思维。诞生于19世纪末的电影艺术和20世纪20年代的电视艺术是人类科学技术与艺术创作发展的产物，电影艺术与电视艺术共同构成了"影视艺术"——"是指以影视技术为手段，以画面与声音为媒介，遵循艺术规律并运用审美

---

① ［美］约翰·R.塞尔、冯庆：《虚构话语的逻辑地位》，《南京社会科学》2012年第6期。
② 马大康：《话语行为与文学虚构》，《文艺理论研究》2014年第1期。

思维，在运动的荧屏空间创造形象，从而再现和表现生活的时空艺术。"①影视艺术是继文学、音乐、绘画、建筑、戏剧、舞蹈之后的艺术类别，以画面和声音为基本符号元素，借助视听语言来塑造和构建各种影像艺术形象和空间意境。

作为一门综合性艺术，影视艺术又汲取和融合了文学、戏剧、音乐、舞蹈等多种艺术种类的营养和元素，从而具有独特的艺术特征。影视艺术是"以视觉为主的视听艺术，必须通过影视画面来塑造人物、叙述故事、抒发情感、阐述哲理，将活动的画面形象作为影视艺术的基本表现手段"。影视艺术是活动的视觉艺术，它既可以把现实中一切可见的事物再现在银幕上，也可以把现实中不可见的事物再现出来，尤其是在表现人物内心世界的活动上，更有其他艺术不可比拟的优势。②由于影视艺术特殊的视听镜头语言具有丰富性和表现力，不同景别和拍摄角度的镜头运用，不仅可以很好地展示情景全貌，还能刻画人物细节。通过场面调度和光影造型，静止镜头与运动镜头相结合，各式蒙太奇画面的有机组接，实现在时间的流动中展现人物命运、情节发展的叙事功能。因此，从某种意义上而言，影视艺术具有更强的艺术直观形象性与情感共振力。

二、媒介融合背景下的新媒体

"媒介融合"（Media Convergence）这一概念最早由美国马萨诸塞州理工大学的普尔教授在其著作《自由的科技》中提出，他认为过去一种媒体所提供的服务，如今可由不同的媒体提供。③美国新闻学会媒介研究中心主任安德鲁·纳齐森将"融合媒介"定义为"印刷的、音频的、视频的、互动性数字媒体组织之间的战略的、操作的、文化的联盟"，他强调的"媒介

---

① 杨茉、黄慧：《影视艺术概论》，电子科技大学出版社，2018，第3页。
② 张琪：《影视艺术美学》，吉林美术出版社，2018，第71—72页。
③ 乔新玉：《媒介融合：数字时代的必然趋势》，《青年记者》2010年第35期。

融合"更多是指各个媒介之间的合作和联盟。① 它强调的不局限于技术的融合，更加关注的是各种媒介之间的合作模式。

有学者认为"媒介融合"的概念应该包括狭义和广义两种。狭义的概念是指将不同的媒介形态"融合"在一起，产生"质变"，形成一种新的媒介形态，如电子杂志、博客新闻等；而广义的"媒介融合"的范围则要广得多，既包括一切媒介及其有关要素的结合、会聚甚至融合，也包括媒介形态的融合，还包括媒介功能、传播手段、所有权、组织结构等要素的融合。媒介融合是一个连续统一的过程，包括技术、平台、产品、经营三个不同层次：第一层次是媒介互动，即媒体战术性融合；第二层次是媒介整合，即媒体组织结构性融合；第三层次是媒介大融合，即不同媒介形态集中到一个多媒体数字平台上。媒介融合包括技术融合、产业融合、产业链融合、生产形态融合、消费形态融合等多个范畴。②

"新媒体"这一概念由美国哥伦比亚广播电视网（CBS）技术研究所所长戈尔德马克（P. Goldmark）率先提出的。目前，关于新媒体这一概念还没有权威的界定。联合国教科文组织对新媒体的定义为"以数字技术为基础，以网络为载体进行信息传播媒介"③。

清华大学崔保国教授认为："所谓新媒体，并没有明确的定义，一般包括录像、多媒体、有线电视、卫星电视、光纤通信、综合数字通信网等。其中，渗透性最强、影响面最大的是高速信息公路和多媒体技术。"④

清华大学新媒体研究中心主任熊澄宇教授认为："新媒体是个相对的概念。今天的新媒体主要指：在计算机信息处理技术基础上产生和影响的媒体形态，包括在线的网络媒体和离线的其他数字媒体形式。"⑤

也有学者认为，"新媒体这个一直处于变动中的概念，宽泛地包括所有

---

① 刘宗慧：《媒介融合背景下的图书品牌营销策略》，《中国新闻出版报》2009年9月4日。

② 宫承波：《媒介融合概论》，中国广播影视出版社，2016，第16—18页。

③ 陶丹、张浩达：《新媒介与网络广告》，科学出版社，2001，第3页。

④ 崔保国：《技术创新与媒介变革》，《当代传播》1996年第6期。

⑤ 熊澄宇：《中国媒体走向跨界融合》，《北京青年报》2008年8月18日。

数字化的传统媒体、网络媒体、移动端媒体、数字电视等。目前新媒体主要是指以互联网技术、数字技术、移动通信技术为基础，向用户提供内容资讯、音频视频、连线游戏、数据服务以及在线教育等集成信息和娱乐服务的新兴媒体。"[1]

匡文波认为"新媒体"是一个通俗的说法，严谨的表述是"数字化互动式新媒体"。从技术上看，"新媒体"是数字化的；从传播特征看，"新媒体"具有高度的互动性。"数字化""互动性"是新媒体的根本特征。[2] 他将新媒体定义为：借助计算机（或具有计算机本质特征的数字设备）传播信息的载体。[3] 网络媒体、手机媒体和智能电视都属于新媒体的重要成员，本书讨论的新媒体主要指网络媒体。

借助计算机传播媒介技术进行传播活动的新媒体，它有两个最核心的改变："一是传播媒介由传统媒介变成了基于互联网的新媒介，二是传播者由权威媒介组织和媒介机构变成了所有人。"[4] 在数字媒介技术发展的基础上，新媒体不断升级的互动性能为广大网民的信息传播和社会参与提供物质保障。在新媒体的语境下，传播者与受众也不再有明确的界线。他们既共同担当着传播者的角色，又共同分享受众的角色。新媒体语境下，人人可以成为传播主体，在新媒体平台发布信息和看法，进行观点的交流，每个人都享有公开表达自我的权利。"新媒体打破了传统媒体霸权，使传统媒体在发行量、收听收视率、经营收入、受众结构、受众阅读习惯等方面发生许多重大的变化。"[5] 在新媒体发展和普及的大环境下，媒体的传播语态已发生巨大的转变，人人都可以分享舆论公共空间。

随着媒介融合的不断深入发展，新媒体的信息传播方式既涵括了印刷、广播、电视、互联网等各种媒介载体的融合，也包含了视、听、触觉等各

---

[1] 赵玉岗：《媒介融合背景下新媒体发展研究》，中国原子能出版社，2019，第2页。

[2] 匡文波：《新媒体概论》，中国人民大学出版社，2019，第4页。

[3] 匡文波：《新媒体概论》，中国人民大学出版社，2019，第10页。

[4] 赵玉岗：《媒介融合背景下新媒体发展研究》，中国原子能出版社，2019，第11页。

[5] 石磊：《新媒体概论》，中国传媒大学出版社，2009，第91页。

种信息内容的汇集。[①] 融媒新媒体的发展能够催生出更多的信息服务形式和内容提供方式，为了满足日益提升的受众需求和口味，海量的信息和内容不断充斥着网络，基于新媒体技术的内容生产不断挑战和延伸受众的视听感官，网络剧、网络电影、网络综艺、网络动画、网络游戏、网络广告等大量新媒体虚构影像文本，正是媒介融合背景下新媒体发展中的必然产物。

三、新媒体虚构影像的类型

新媒体虚构影像是专门在新媒体平台上发行和播放的虚构影像，具有制作成本低、形式多样、互动性强、传播广泛且迅速的特点和优势。相较于传统媒体，新媒体虚构影像的受众参与度更高，针对受众的个性化服务功能也更强。本书将新媒体虚构影像分为六类，分别是网络微电影、网络剧、网络综艺、网络广告、网络游戏、网络动画。

（一）网络微电影

微电影是相较于传统电影而言的一个新概念，是特指为网络制作，只在网络平台上播放的故事短片。[②] "网络平台播放"揭示了微电影的核心特征。在新媒体语境下，微电影体现的基本特征还有微时、微成本、微制作、微容量、微平台、微消费的特点，同时兼具网络性、专业性和媒介的开放性、交互性、民间性，这不仅使得微电影这一概念更具时代内涵，也体现出数字技术发展的最新成果，契合了新媒体时代碎片化影像消费的特点，同时体现了微电影主体架构的作者个体化民间表达倾向。[③]

从形式上看，微电影与电影最大的区别就是"非影院性"。但是微电影并非"微视频"，在叙事形式上采用的仍是电影的类型模式，只是篇幅更加

---

① 刘静：《明星运动员媒介形象的全媒体塑造策略研究》，《武汉体育学院学报》2013 年第 9 期。

② 骆育红：《微电影：网络时代的概念泡沫》，《名作欣赏》2012 年第 30 期，第 159—160 页。

③ 孙靖：《微电影的命名之难》，《浙江艺术职业学院学报》2013 年第 4 期，第 57 页。

短小紧凑。凡是电影的内容，微电影都可以涉及，但是微电影的内容似乎更广泛，无法构成大电影长度的，皆可通过微电影来实现。[①] 网络的碎片化、传播周期的暂态化已经成为这个时代信息传播的特征，我们进入了一个"微时代"，微电影、微小说、微访谈、微博都是时代的新产物。微电影发展至今，不仅是草根实现艺术梦的路径和大众恶搞娱乐的方式，也吸引了很多影视导演和演艺明星的加入，发展越来越多元化。

（二）网络剧

网络剧是一种专门为网络制作、通过互联网播放的网络连续剧。由网络媒体自己投资拍摄，专门针对网络平台制作并播放。[②] 网络剧的主要播放媒介是手机、平板电脑、计算机等网络设备。网络剧是在网络新媒体的快速发展下，为了满足网络平台的内容需求而创作出的一种影像类型。

传统影视剧的制作拍摄方主要是电视台和影视公司，其首播一般是在电视平台投放，视频网站只是作为影视剧和综艺节目等资源的数据库。2000 年诞生了我国第一部网络剧《原色》，到 2008 年，随着网络的普及以及视频服务网站的发展，一种区别于传统电视剧、电影，专门在互联网传播的剧目在各视频网站纷纷推出。例如优酷网推出的《苏菲日记》《11 度青春》《嘻哈四重奏》系列、《泡芙小姐》系列，土豆网播出的《Mr. 雷》，搜狐视频播出的《钱多多嫁人记》，腾讯上线的《未昏男女》《扬男翘女》，乐视推出的《女人帮·妞儿》《东北往事之黑道风云二十年》等，吸引了大量网络观众。2009 年以来，视频网站开始直接参与剧本的拍摄制作，网络自制剧应运而生。

2014～2015 年被称为网络自制剧大发展的两年，各大视频网站的网络自制剧呈井喷之势发展，网络自制剧逐渐从"边缘剧"向"主流剧"发展

---

① 杨晓林：《微电影艺术导论》，中国电影出版社，2015，第 11 页。

② 曹慎慎：《"网络自制剧"观念与实践探析》，《现代传播》2011 年第 10 期。

和靠拢，成为视频网站的核心业务和发展战略。^①2014 年，在美剧《纸牌屋》的刺激下，腾讯、爱奇艺等视频网站纷纷提出"自制剧元年"的口号，推出大规模的自制剧计划。这一年，八大视频网站推出近百部网络自制剧，总量超过 1400 集，涌现了一批现象级的网剧，比如《灵魂摆渡》《废柴兄弟》《匆匆那年》《暗黑者》等。2018 年《延禧攻略》《如懿传》在没有电视台的联动下，依然取得了出人意料的播出效果，视频网站一度成为大古装剧的最终出口。2020 年，以"迷雾剧场""悬疑剧场"为代表的短剧突然受到观众的青睐。第 26 届上海电视节电视剧评选首次纳入网络剧，备受瞩目的中国电视剧单元，三部"重点视频网站首播电视剧"——《破冰行动》《庆余年》《长安十二时辰》在 10 个重要奖项中斩获 6 个，网络剧成为近年炙手可热的节目类型。

（三）网络综艺

网络综艺节目是互联网生态下的一种新生事物，可以从广义与狭义进行界定。从广义来讲，网络综艺节目指的是在网络平台上播出的综艺节目。从狭义上来讲，网络综艺节目是由网络平台或制作机构自制，以视频网站等网络视听服务机构及平台进行播出。^②区别于台网联动或网台联动的节目样态，是"去电视化"的运作模式，充分调动网络技术手段对各种艺术样式进行了二度创作所形成的视听节目。从本质上看，网络综艺是娱乐化的综艺节目通过网络平台传递给受众，从而达到娱乐大众、服务大众或传递某种社会效应的表现手段。随着互联网的技术发展，网络综艺因其表现形式多样、传递速度快、可控性强、受众群体精准划分与互动性强等诸多优势，备受受众喜爱。

网络综艺区别于电视综艺的叙事不同之处在于媒介机制对其生产、传播与接收的建构性。网络综艺通过网络介质在时间上的自由控制、空间上

---

① 李志明、王春英：《传播学视角下的网络剧特征探析》，《中国广播电视学刊》2011 年第 11 期。

② 潘蕾：《我国网络综艺节目现状探析》，《新媒体研究》2020 年第 6 期。

的多维互动等特点，将其自身与受众进行了高强度绑定，从众筹融资、互动创作、观评共享以及大数据用户构型的内容生成创建了以网络为媒介的网络综艺叙事。[①] 如今的"互联网 +"的时代，给各个平台的网络综艺提供了广泛的展示空间，各大平台开始抓住机遇抢占新媒体资源和阵地。在这样的背景下，网络综艺节目以其综合性、互动性、娱乐性强，各种资源整合度高，受众群体忠诚度易于建立等特点备受关注。

（四）网络广告

网络广告是通过互联网来发布和传播的广告，是广告主为了推销自己的产品和服务在网上向目标受众进行有偿的信息传达，从而引起受众和广告主之间信息交流的活动。[②] 从本质上看，网络广告是广告主向网络受众传递产品、服务信息或某种社会价值观念的主要手段。其表现形式可分为搜索广告、展示广告、插播式广告、电子邮件广告、原生广告和富媒体广告等。

随着互联网技术的发展及网民数量的激增，网络广告因其表现形式多样、交互性强、传播的精准性与可控性强以及成本低廉等诸多优势，备受广告主青睐。

网络视频广告，顾名思义是采用数码技术将传统的视频广告融入于网络中的广告形式。早期在网络上流行的一个凯迪拉克的微电影广告《一触即发》，由明星吴彦祖领衔主演，就是网络视频广告中的一个代表性作品。此类网络视频广告，为了便于在网络上快速传播，一般时长很短，篇幅很小，题材涉猎广泛。

（五）网络游戏

网络游戏，又称在线游戏（Online Game），简称"网游"，是电子游戏在互联网络上的一种延伸发展。按照中国互联网络信息中心（2010）的标

---

① 张智华：《中国网络综艺节目的叙事爆点与危机》，《现代传播》2018 年第 6 期。

② 唐克军等：《论网络广告的主要形式和传播优势》，《东南传播》2006 年第 2 期。

准，网络游戏被定义为"以电脑为客户端，互联网络为数据传输介质，必须通过 TCP/IP 协议实现多个用户同时参与的游戏产品，用户可以通过对于游戏中人物角色或者场景的操作实现娱乐、交流的目的"。[①] 作为大众文化中一种新兴的文化形式，网络游戏在内容上具有很强的包容性，综合了诸如动画、舞蹈、音乐、美术、戏剧、电影等多种艺术题材和艺术表现形式。网络游戏是交互性很强的一种影像类型，需要用户（玩家）进入游戏当中才能触动寻宝、战斗、历险等游戏关卡，因此，用户尤其看重网络游戏的体验效果和互动性能。

随着近些年的快速发展，网络游戏迅速成长为我国文化产业的重要组成部分，根据 CNNIC（中国互联网络信息中心）所公布的信息，到 2016年 6 月为止，国内的网络游戏使用者总数已经有 3.91 亿，是网络使用者总数的 55.1%。其中以手机为载体的网络游戏使用者数量为 3.02 亿，同比上一年度增加了 2311 万，是以手机为载体使用网络人群总数的 46.1%。[②] 网络游戏的受众面非常广泛，年轻的网民几乎都涉及网络游戏，网络的极速发展与游戏软件的升级换代促进了网络游戏的流行。

（六）网络动画

网络动画（web 动画）全称"Original Net Anime"，直译为"原创网络动画"又简称为 ONA，指的是以通过互联网作为最初或主要发行渠道的动画作品。随着 20 世纪末至 21 世纪初互联网多媒体技术的不断发展，ONA作为一种娱乐需求开始在互联网崭露头角。相比起传统的电视动画和 OVA（原创动画录像带），网络动画通常具有成本低廉、收看免费、带有实验性质等特点。[③]

---

① 张书青：《网络游戏著作权法保护的路径选择与模式优化——评〈蓝月传奇〉案》，《电子知识产权》2020年第 7 期。

② 中国互联网络信息中心：《第 41 次中国互联网络发展状况统计报告》，2016，第 23 页。

③ 百度百科：网络动画 https://baike.baidu.com/item/%E7%BD%91%E7%BB%9C%E5%8A%A8%E7%94%BB/6542913?fr=ge_ala。

中国的新媒体动漫从诞生到发展时间不长，走过了懵懂的萌芽期、艰难的探索期，最终找到了适应中国市场、体现中国特色的新媒体动漫产业发展道路。① 随着移动互联网的普及和网络技术的进步，以及新媒体营利模式渐趋成熟。新媒体时代的动画片有很多可以直接在网上观看，有些动画甚至只投放在网络平台，这很符合动画的主要受众是年轻人的观看习惯。网络平台上的动画和传统媒体上的动画相比有很大的不同，首先它在题材上有很大的拓展，不限于教化类的内容；其次更新方式更为自由，不必制作完成整部动画才能正常放送，可以边制作边播放；最后网络动画片可以随时看随时点，不必拘泥于固定的播放时间。

四、新媒体虚构影像的叙事学分析

何谓叙事学，学者们曾作过种种界定。或曰，"叙事学是对叙事文形式和功能的研究"②；或曰，叙事学是"叙事文的结构研究"③；或曰，"叙事学是叙事文本的理论"④。新版《罗伯特法语词典》给叙事学所下的定义是："关于叙事作品、叙述、叙事结构以及叙述性的理论。"这些定义虽不尽一致，但将叙事学看作对叙事文内在形式的科学研究这一点是共同的。⑤ 叙事学逐渐成为一个重要的理论研究领域。

叙事学这个概念的正式提出是在托多洛夫 1969 年出版的《〈十日谈〉语法》一书中，指"关于叙事结构的理论"。法文"叙事学"由拉丁语词根 narrato（叙述）加上希腊语词根 logie（科学）构成，新版《罗伯特法语词典》定义为"关于叙事作品、叙述、叙述结构以及叙述性的理论"。简单地说，叙事学就是关于叙事文本的理论，它着重对叙事文本作技术分析。英文中

---

① 郜艳：《中国新媒体动漫发展与展望》，《中国报业》2015 年第 19 期。

② 普兰斯：《叙事学》，柏林，穆通出版，1982，第 4 页。

③ 查特曼：《故事与话语》，康奈尔大学出版社，1978，第 9 页。

④ 巴尔：《叙事学》，多伦多大学出版社，1985，第 3 页。

⑤ 胡亚敏：《叙事学》，华中师范大学出版社，2004，第 1 页。

"叙事学"是 narratology，"叙事"则是 narrative，"它被翻译成汉语后就有了'叙述'和'叙事'两种意思，前者指话语层面上的技巧，后者则包括故事结构和话语技巧两个层面。"[①] 本书取义"叙事"即后面一种定义，并且也是从叙事的"故事结构"和"话语技巧"两方面去展开的。

关于叙事学的研究由来已久，早期以索绪尔为代表的结构主义语言学与叙事学有密切的联系。索绪尔在他的《普通语言学教程》一书中将人类的言语活动分成两大类：语言和言语。语言是社会集团为了使个人有可能行使言语机能而采用的必不可少的规约，为社会所有成员共同遵守；言语则是"人们所说的话的总和"。[②] 索绪尔还进一步将语言视为符号系统。他认为，语言符号由能指和所指构成，能指和所指联结的不是名称和事物，而是任意的，是一种语言习惯的产物。每个符号作为一个语言要素，又与其他要素互相依赖、互相制约，共存于一个相对稳定的系统中。提出了共时语言学与历时语言学的问题。[③]

在索绪尔的语言学研究基础上，产生了以托多洛夫、罗兰·巴特、热拉尔·热奈特为代表的结构主义流派（被称为"经典叙事学"）。他们从结构主义的观点来看，叙事学就是关于叙事（或叙述）的科学，注重研究文本结构、叙述技巧、叙述语言的一门科学。叙事"就是关于叙述文本的理论。它在对意义构成单位进行切分的基础上，探讨叙述文本内在构成机制，以及各部分之间的相互关系与内在关联，从而寻求叙述文本区别于其他作品的独特规律"。[④] 经典叙事学偏重以符号学理论框架来分析叙事文本中语态、视角、情节、结构等叙事要素，以及这些叙事要素在文本中的组合关系和意义表达。割裂了叙事文本与社会、政治、文化、历史等语境的联系，也忽略了创作主体、叙述者、读者（受众）等主体间的互动关系，并由此产生了理论与实践的脱节，遭到其他学者的质疑，叙事学研究一度进入沉寂期。

---

① 张进：《元叙事》，摘自汪民安：《文化研究关键词》，江苏：江苏人民出版社，2007，第469页。

② 索绪尔：《普通语言学教程》，高名凯译，商务印书馆，1982，第42页。

③ 胡亚敏：《叙事学》，华中师范大学出版社，2004，第8页。

④ 谭君强：《叙事理论与审美文化》，中国社会科学出版社，2002，第236页。

20世纪90年代，"叙事研究领域里的活动出现了小规模但确凿无疑的爆炸性局面"，出现了"小规模的复兴"。"叙事理论借鉴了女性主义、巴赫金对话理论、解构主义、精神分析学、历史主义、修辞学、电影理论、计算机科学、语篇分析以及（心理）语言学等众多方法论和视角，不仅没有消亡，反而顽强地存活下来……经过这些年的发展，一门叙事学（Narratology）实际上已经裂变为多家'叙事学'。"①出现了诸如电影叙事学、音乐叙事学、女性主义叙事学、社会叙事学以及网络叙事学等。显然，叙事学研究领域已不局限于文字文本，而是扩展到各种媒体，深入历史文化领域，这就是所谓的"后经典叙事学"。

戴卫·赫尔曼认为，后经典叙事学关注的中心已从文本中心模式或形式模式转移到了形式与功能并重的模式，既重视故事的文本，也重视故事的语境。即故事之所以是故事，并不单由其形式决定，而是由叙事形式与故事阐释语境之间的复杂的相互关系所决定。它的核心问题是故事的策划方式及其所引导的故事处理策略之间的相互作用所决定的。②伊瑟尔在《阅读活动》一书中将文本视为"图式化"的框架。他认为文学作品须在文本与读者的双向交互作用下才得以实现，文本的意义存在于阅读活动中。后结构主义和接受美学的出现为叙事学研究文本与读者的关系提供了参照。它们对文本符号指涉关系及歧义性的分析，对文本空白与矛盾的发掘，对阅读的生产性质的强调，促使叙事学从封闭走向开放，在某种意义上有助于后经典叙事学研究的完善。③后经典叙事学联结了内在文本与外在故事环境的关系，把焦点聚集在作为叙事文本主体的"人"之上，关注创作者、叙述者、读者等主体间的互动关系，从深层次解决了叙事学理论与实践脱离的问题。

作为一种典型的叙事文本，关于虚构影像文本的叙事研究，首先关注

---

① ［美］戴卫·赫尔曼：《新叙事学》，申丹主编、马海良译，北京大学出版社，2002，第8页。

② 聂庆璞：《网络叙事学》，中国文联出版社，2004，第20页。

③ 胡亚敏：《叙事学》，华中师范大学出版社，2004，第10页。

的是叙述主题与内容、叙事技巧与手法的运用、叙事各要素的呈现方式与组合关系，以及内部文本与外部环境相辅相成的密切联系；其次，对于以虚构性为叙事目的、以虚构为表现手法的虚构影像叙事文本来说，它的叙事是通过主观世界与客观世界的激烈碰撞而产生与完成的，"艺术源于生活，而高于生活"，作为一种影视艺术文本，虚构影像的叙事规律与传达效果，是人为建构的意识形态与情感互动影响下的主体关系，因此，要探寻这种影视艺术文本的创作生产规律和传播效果，也必须深入剖析虚构影像叙事文本与对话主体间的互动关系。

本书在运用结构主义叙事学经典分析框架的基础上，有机吸纳和借鉴后现代主义叙事学"主体间性"的分析方法。全书选择了网络微电影、网络剧、网络综艺、网络广告、网络游戏、网络动画等具有代表性的新媒体虚构影像叙事文本形态作为研究对象，从事件题材、叙事视角、故事人物、情节结构、时空构建和叙述语态等六个维度对新媒体虚构影像的叙事模式展开分析。

第一章　新媒体虚构影像的故事题材

　　叙事的本意即是叙述故事，新媒体虚构影像叙事就是为新媒体用户叙述一个个引人入胜的"虚构"故事。那么，什么是故事呢？李幼蒸在他的《当代西方电影美学思想》中说："人类生活由各类事件组成。事件，即有目的的人的心理活动与行为及其结果；……记叙的对象可以是真实事件，但也可以是想象事件，后者即为通常所说的故事'。"[①] 他认为事件是真实的，而故事是经过想象加工而形成的讲述形式，是将事件应用某种叙事方式进行"包装"的结果。高尔基曾为"故事"下过这样的定义："特写并不是'无故事的'，因为特写任何时候都是写事实的，而事实则在任何时候都是故事。"[②] 在高尔基看来，一切故事都来源于事实素材，无论是真实或虚构的讲述，皆是故事。

　　人们往往根据这些叙事作品的故事素材的不同类型，划分为不同的题材。题材是文学作品内容的要素之一。题材有广义、狭义之分。广义的题材，泛指文学作品描绘的社会生活的领域，即现实生活的某一面，如工业题材、农村题材、历史题材、现实题材等；狭义的题材，指在素材基础上提炼出来的，用以构成艺术形象、体现主题思想的一组完整的具体的生活材料，即写进作品里的社会生活。题材是文学作品内容的基本因素，是产生和表现主题的基础。题材是由客观社会生活的事物和作者对它的主观评价这两个

---

① 李幼蒸：《当代西方电影美学思想》，中国社会科学出版社，1986，第151—152页。

② ［苏］弗雷里赫：《银幕的剧作》，富澜译，中国电影出版社，1979，第62页。

不可分割的方面构成的，是主客观的统一体。① 虚构故事的讲述方式是创作者围绕积累和掌握的生活素材，通过想象加工或蓄意演变，将这些题材按照创作者自己的意图进行演绎与讲述。

基于虚构影像的虚构本质属性，一方面，需要遵循艺术创作规律，通过人为的艺术加工来呈现事件题材、人物、情节等；另一方面，艺术来源于现实生活，叙事艺术创作又离不开对现实客观世界的观照，受到文化、历史、政治、技术等诸多社会因素的影响和制约。在网络新媒体环境下的虚构影像叙事，也不可避免地受到各种社会因素的影响，新兴的媒介技术的运用与普及，已经改变了传统的传播格局与媒介生态，在新媒体网络场域中的虚构影像叙事模式也会发生相应的变化。从故事题材的层面看，虚构影像叙事的题材既是真实的事件，又是虚构的素材，不同题材的选择体现创作者不同的主体意识与风格特色。本章从题材类型、文本特征和传播模式三个维度对新媒体虚构影像的故事题材进行分析，试图揭示新媒体虚构影像作品的故事题材偏向与受众诉求的互动关系。

第一节　新媒体虚构影像的题材类型

如上文所述，狭义的"题材"即是在叙事作品的事件素材。"事件"应当是既包括触发"叙述人"创作思维的原始的"故事素材"，也包括"叙述人"基于某些素材而引发的原始构想。对于剧情类与非剧情类的叙事形式来说，"事件"的功能也有所不同。在影视作品中，因为"事件"带有虚构的性质，因此即使它已作为构成"故事"的原始素材，仍然有被演变的可能，甚至在创作中被改变得面目全非。② 可见，事件是故事的基本构件和素材，故事构思和讲述的基础是事件素材的掌握和筛选，对故事素材选择的偏好和标准，取决于创作者本身。

---

① 百度百科："题材" https://baike.baidu.com/planet/talk?lemmaId=4845417。

② 宋家玲：《影视叙事学》，中国传媒大学出版社，2007，第192—193页。

一、网络微电影

微电影是在媒介融合的新媒体语境下的衍生产物，数字摄影技术的普及与网络传播的迅捷大大降低了微电影的创作门槛，创作主体也更加多元化，微电影成为大众触手可及的快餐文化。微电影的"短、平、快"要求创作者在较短的时间里集中讲述一个完整的故事，打破了传统影视生产的叙事模式和传播方式。微电影所呈现出草根性与平民化的叙事风格，深受大众的喜爱。除了第一部国内广告类微电影《一触即发》以广告营销为目的的这类微电影作品外，还有宣教类微电影、艺术类微电影、恶搞类微电影和科普类微电影等各种题材类型的微电影，在网络中大量涌现，成为一种显著的网络文化现象。

（一）广告类微电影

广告微电影也称为"营销微电影"，由于有商业资金的进入，一般都是要求著名导演或者是专业的电影导演执导，主创团队也都是成熟的专业人员，因此作品都比较"高大上"，由于是有策划有"预谋"作品，因此大多数传播面广、知名度高，也一直为广大研究者所津津乐道。微电影的本性就是趋向于经济利益，为商业利益服务。[①] 广告微电影是微电影诞生的最初形态，其角色一般都是类型微电影中高度脸谱化的人物。标志着中国微电影诞生的广告微电影《一触即发》，全片场面恢宏、制作精良，在中国微电影发展历史上具有里程碑意义。作为互联网时代的产物，这是一部集电影艺术与商业广告于一身的大制作，让观众大饱眼福的同时，凯迪拉克的品牌形象不知不觉地在受众心中扎根。

广告微电影角色的台词不仅与故事内容相关，而且与所宣传的对象高度相关，以巧妙的方式达到高度的融合。*Leave Me* 是相机品牌佳能在 2009 年制作的一部微电影，影片围绕着一部相机展开，片中没有唯美的画面、

---

① 杨晓林：《微电影艺术导论》，中国电影出版社，2015，第 65 页。

艳丽的色彩和诱人的精彩瞬间，而是完全换了一种视角来看相机和照片的存在空间。换一种语境，即使普普通通的生活也可以变得如此珍贵。"用相机记录真情"的品牌精髓在不言而喻中被传递，将"硬广告"变成易于接受的"软广告"，更容易让观众产生感情认同。

（二）宣教类微电影

宣教类微电影是"寓教于乐"，使传统的"硬宣传"变成"软宣传"，观众接受面更广、渗透性更好、易于被接受，加之投资小、收效高，因此政府宣传部门以及事业单位如公安、卫生、科教、交通、学校等通过举办各式各项的微电影大赛，在主流的平台如网络、电视台、公共场所等的电子设备上播放大赛启事和获奖作品，来进行主流意识形态、标杆性人物以及法律法规、相关行业规则的宣传。就内容而言，需要屏蔽现实生活的阴暗面，把阳光面以更光鲜和煽情的方式呈现出来，在潜移默化和感动中教育人，从而达到凝聚人心、维护社会安定团结的作用。[①] 宣教微电影的主题就是显美隐丑，通过采用电影的类型模式将社会中值得赞美、颂扬的精神、价值观等进行宣传，将社会的阴暗面隐藏起来，起到教化人心的作用。

宣教微电影《保安日记》获得了社会主义核心价值观主题微电影优秀作品二等奖，这部宣教微电影通过保安的日记，把一位保安的思想情怀提升到了很高的境界。影片通过保安的日记说出了这样的台词："那天我第一次体会到作为一个保安的责任感和尊严。"影片宣传的官方意识形态通过保安这一小角色体现出来，并且变成了人物的内心世界。除了弘扬社会主义核心价值观的宣教类微电影之外，还有安全宣传、教育宣传等。微电影《灵魂》就是一部安全宣传类的宣教微电影，告诉了人们一个小小的动作，也许就在不经意的瞬间，可能会带来生命的终结。《你好，明天》是一部励志教育微电影，鼓励普通人应该通过教育来改变命运。

---

① 杨晓林：《微电影艺术导论》，中国电影出版社，2015，第68页。

（三）艺术类微电影

艺术类微电影可谓是微电影中的贵族，它以强烈的批判性、探索性、先锋性，以及不媚俗不媚众的高姿态使自己曲高和寡，成为真正的艺术品。微电影大多数是草根大众制作的娱乐短片，但是艺术微电影的创作者有自己的个性化追求，是微电影这个"下里巴人"娱乐品大家族中罕见的"作者电影"，是阳春白雪式的少数派。就剧本创作而言，以下的三点，占其中一点就是佳作：其一，主体寓意深刻，有哲学层面的思考；其二，塑造个性突出的人物；其三，打破大多数微电影的叙事管理，寻求形式上的突破、创意独特。[1]

英国微电影《黑洞》（*The Black Hole*）主要讲的是一个公司职员发现打印机里出来的纸上印了一个黑洞，穿过黑洞可以到达障碍物的后方。在利用黑洞去贩卖机成功拿出零食之后，他盯上了公司的保险柜，想利用这个洞去偷保险柜里面的钱，结果因为太贪心，整个人都探了进去，却不料那张纸掉在了地上，他被关进了保险柜。短短的 3 分钟，将人性的贪婪和欲望暴露无遗，发人深省。动画微电影《打，打个大西瓜》、法国微电影《调音师》、感人微电影《梦骑士》、Vimeo 励志短片《3×3》等都是文艺微电影的代表作品，可以在短短的几分钟感悟人生。

（四）恶搞类微电影

恶搞类微电影是喜剧微电影的一个亚类型，也是全媒体时代与大众狂欢的方式之一。恶搞类微电影可以说是感性形式的争论或者时评，它以喜剧，确切地说是闹剧的形式，通过对不良社会现象或痼疾夸张式的表现，把自己的褒贬态度寓于其中。[2]恶搞类微电影没有广告类微电影的"高大上"，没有专业的电影导演执导，也没有场面的宏大与气派。恶搞类微电影是草根情感与意愿的表达。互联网时代，每个人都有表达的权利。恶搞

---

[1] 杨晓林：《微电影艺术导论》，中国电影出版社，2015，第70页。

[2] 杨晓林：《微电影艺术导论》，中国电影出版社，2015，第72页。

类微电影就是网民对当下时事发表评论的一种方式，通过戏谑的表达方式，以一种轻松的心态宣泄情绪。

《一个馒头引发的血案》重新剪辑了电影《无极》、中国中央电视台社会与法频道栏目《中国法治报道》以及上海马戏城表演的视频资料，通过无厘头的对白，滑稽的视频片段组接表达了对电影《无极》的态度。除了这样靠剪辑制作而成的恶搞微电影，还有很多原创的恶搞微电影，比如《万万没想到》《老男孩》《屌丝男士》《恐怖平衡》等，这类微电影会让人在看完短片后心情大好，带来一种持续的喜剧感。

（五）科普类微电影

科普类微电影可以说是宣教微电影的重要组成部分，亦可称之为科教微电影。把原先具有纪录性质的科教片变成了具有故事情节的电影，由"硬科普"变成"软科普"。从而使抽象枯燥的科学知识由"硬性"传播变成了易于接受的"软性"传播。科普类微电影为全面教育提供了一种极为便捷和高效的方式，通过举办科普微电影大赛，使科普对象自觉自愿参加到科学知识的普及和推广中来，参与者在进行微电影创作娱乐的同时也就担当起了科普志愿者的角色。[1] 科普类微电影内容常常与学科知识相关，以讲故事的方式解读知识，让枯燥乏味、晦涩难懂的内容转变为轻松有趣、便于理解的故事，主要目的就是进行知识的科普，例如六神花露水微电影《六神花露水前世今生》、健康科普微电影《生死竞速》、化学知识科普微电影《无处不在的手性之有机师姐》等。科普微电影将科普知识融入微电影的情节中，既保持了科学的严谨性，也保证了微电影的趣味性。同其他类型的微电影相比，科普类微电影的最大好处就是能够在娱乐氛围中满足观众的求知欲。

---

① 杨晓林：《微电影艺术导论》，中国电影出版社，2015，第73页。

二、网络剧

通常所说的网络剧包含两种形态：一种是在电视台播放过后借助网络再次传播的影视剧；另一种是为互联网量身定制，且只通过网络平台播放的视频作品。[①] 从网络剧发展元年至今，网络剧分类不断优化细分，按照内容可以分为喜剧、偶像/爱情、青春/校园、悬疑、科幻、奇幻、古装、穿越、其他九个类型；[②] 按年代占比大小划分，依次为当代作品、古代作品、现代作品、近代作品；按照篇幅长短和内容结构，分为单元剧、戏剧集、系列剧。

近年，播放量位居前列的网络剧主要来自 IP 改编。当前影视生产关注的 IP 多是来自电子游戏、网络文学等网生内容，在网络剧对网络内容的 IP 转化中，网络文学属于其中最重要的一种，甚至网络文学的类型化影响了网络剧的类型化。

《致我们单纯的小美好》《最好的我们》等构成了校园青春网剧的类型生产，《后宫·如懿传》《宸汐缘》等构成了古装网剧的类型生产，再加上灵异、奇幻、穿越、盗墓、电竞等类别，网络剧结合网络文学的类别不断衍生网络不同类型。而网络游戏、网络漫画、网络段子等也都为网络剧提供素材资源，这些源自网络的文化内容也天然契合网络观众的内容需求。[③]

我国影视剧近年来的海外文化影响力不断提升，在影视出海的矩阵中，网络剧贡献了亮眼表现。这其中，有三类剧集既是网络剧的代表，同时也成为出海的重要类别：第一类是古装类网络剧，以《延禧攻略》《如懿传》为典型；第二类是犯罪类悬疑网络剧，这类剧集近年来的制作水平常常达到较高的工业水准，《白夜追凶》《无证之罪》和《河神》成为讯飞公司（Netflix）购买的第一批中国内地网络剧版权，并通过该平台与全球 190多个国家和地区的观众见面；第三类是甜宠网络剧，像《致我们单纯的小

---

① 张智华等：《中国网络剧发展路径》，《艺术评论》2016 年第 6 期。

② 张辉锋等：《中国网剧十年（2009—2018）市场竞争与多样性关系研究》，《新闻大学》2019 年第 12 期。

③ 杨慧：《从边缘到蓬勃：中国网络剧发展趋势研究》，《现代视听》2020 年第 3 期。

美好》等剧都远销海外，并被不同国家翻拍。

（一）古装网络剧

古装剧是指时代背景设定为古代的电视剧，亦包括架空历史但穿着古装并模仿古人习惯的电视剧。按题材类型大致可分为武侠剧、历史剧、神话剧、魔幻剧、宫斗剧、穿越剧、宫廷戏、传记题材等。近两年古装言情、古装穿越、古装悬疑等大获好评，其中《延禧攻略》《长安十二时辰》《如懿传》《陈情令》在全球各地都有不俗的热度。与传统电视剧中的古装类题材不同的是，网络剧中的古装题材融合的元素更多，往往与偶像、穿越、悬疑等现代题材剧集中的热门元素结合，在时空上拉近了和观众的距离，台词和节奏也更贴近现代人的审美取向。

（二）悬疑网络剧

网络剧相比电视剧，更加注重节奏、脑洞和网感，在各种古装穿越、历史篡改、灵异事件等脑洞题材被限制情况下，节奏刺激紧张且兼具烧脑的悬疑剧是近两年最具话题的网络剧题材。和剧情冗长的都市剧、古装剧相比，悬疑剧在剧集安排和时长把控上更有条理性，往往采用一集一个线索或是一集一个案件的模式，尽可能在短时间内把故事讲清楚、把观众情绪和故事情节推向高潮。

（三）甜宠网络剧

都市爱情剧一直是历年各大网络平台最受资本青睐和受众喜爱的网络剧类型，甜宠剧作为浪漫爱情剧的分支，没有复杂的情节，男女主关系高度稳定，起承转合围绕一对男女的情感关系展开。2016 年 1 月至 2019 年10 月共上线多达 186 部甜宠网剧，每年都会产生几部圈层爆款，比如 2016年的《最好的我们》，2017 年的《双世宠妃》《你好，旧时光》，2019 年的《致我们暖暖的小时光》等。

三、网络综艺

相较传统的电视综艺节目，网络综艺节目以网络为传播渠道和路径，其创作生产机制更加灵活与多样。网络综艺节目更加具有网络生态特征，无论是各种网络热词，还是各种生活中的"梗"、无厘头的搞笑，或是社会热议话题和热点人物的讨论，都成为网络综艺节目的取材与创意来源，网络空间被网络综艺节目打造成为一个充满娱乐、竞技、吐槽的狂欢场域。从近年来流行的网络综艺节目来看，其主要特点是题材多样、内容丰富。其中，网络竞技选秀类综艺节目、网络真人秀类综艺节目和网络脱口秀类综艺节目等节目最为火爆。随着网络新媒体平台的迅速发展，网络综艺节目不仅能够满足不同受众日益增长的审美需求，还能在娱乐节目市场中打造独特的节目个性和风格，为大众提供更多的视听娱乐选择。

（一）网络选秀类综艺节目

网络选秀类综艺节目是由节目组发起利用网络媒介对素人进行某方面才艺的选拔，从而对某一领域进行一种普及传播的活动。选秀类网络综艺节目与电视选秀综艺节目相比更适合网络用户收看，由于网络和新媒体具有便利性、互动性、信息量大等特点，依托网络平台推出的网络综艺选秀节目不再局限于传统的线性传播模式，受众具备灵活自由的选择权。

网络选秀类综艺节目本身的正片内容通常与"真人秀"形式的系列衍生节目相结合，形成完整的内容生态闭环，利用新媒体平台形成多样完善的点赞互动渠道，这些都以其强烈的参与感和丰富的互动机制让观众真正成为节目的参与者。同时，节目组利用鲜明的主题和内容矩阵，引导广大受众不再停留于浅层次的娱乐化过程，而是从中感悟到正能量。现如今国内网络选秀类综艺不论是题材还是节目形式，种类繁多，满足了各个年龄层的不同圈层的收视需求。网络综艺节目以其综合性、互动性、娱乐性强，各种资源整合度高，受众群体忠诚度易于建立等特点备受关注。

2018年腾讯视频自制节目《创造101》重新把"偶像""选秀"这一概

念拉回大众视野，紧接着视频门户网站另一巨头爱奇艺制作的节目《偶像练习生》《青春有你》等选秀类综艺蜂拥而至，成为选秀类综艺的典型代表节目，它们的形态大致相同，节目中都是由百余位各个经纪公司的艺人参与节目，在节目中他们要以组合的形式进行打歌演出，观众投票晋级选手，最终选出一部分选手成团。后来芒果TV制作的已出道艺人成团选秀节目《乘风破浪的姐姐》，内容也是大相径庭。

（二）网络真人秀类综艺

真人秀类综艺可以全时空、多角度地客观记录和真实呈现节目参与者本身的状态。通常真人秀是以节目组制定的本期节目内容作为主题，邀请到明星嘉宾进行的节目。网络真人秀节目因不受电视节目的限制，包括节目的播出时间、播出时长以及统筹节目对于大众传播的效果等，在选题上可以更加发散。

网络真人秀类综艺节目从主题内容上看，分为很多类别，大多数的网络真人秀综艺节目的题材都是借鉴已经在电视媒体播放过获得成功的题材或是在国外反响良好，从而引入国内的题材。例如，明星真实参与到某个场景进行生活体验的慢综艺真人秀和户外游戏类真人秀；带有一定剧本性质，节目中有NPC（non-player character缩写，指非玩家角色）参与的推理类真人秀以及素人与明星共同参与，以素人作为节目叙事主体，由明星嘉宾观察推理的观察类真人秀等。网络真人秀类综艺节目更注重主题的呈现与内容形式的创新。在分众化的时代，节目内容更加凝聚圈层受众的目光，具有代表性的，例如，爱奇艺的自制综艺节目《潮流合伙人》，就是典型的真人秀综艺节目，五位明星嘉宾在没有干预的情况下合伙开服装店，开始服装销售。

另一种真人秀的代表是芒果TV的推理类真人秀综艺节目《明星大侦探》。由六位明星嘉宾出席，他们需要扮演不同的人物角色，在"案件现场"寻找证据并推理出真正的凶手。近两年来火爆的观察类真人秀综艺节目《令人心动的offer》，它们由素人嘉宾及明星嘉宾两部分组成，素人嘉宾进行内容的推进，明星嘉宾在第二现场进行推理。

（三）网络语言类综艺

近年来网络真人秀类、选秀类综艺呈现井喷式状态，网络语言类综艺能在众多综艺节目中脱颖而出，既需要内容新颖又要形式独特，既让观众乐于接受又不能哗众取宠。这些独具匠心的语言类网络综艺凭借着节目形式新颖、播出时间灵活、节目内容风趣俏皮等特点获得了观众的喜爱。

网络语言类综艺节目制作的成本并不高，不仅可以收看，更可以收听，凭借节目嘉宾幽默风趣的语言和独特的表演风格揽获了一大波忠实观众。语言类网络综艺主要由一个或多个嘉宾参与，就围绕当期主题进行事实陈述和观点表达。语言类综艺主要以室内演播厅节目为主，每期会选择不同的飞行嘉宾（非常驻嘉宾）以及不同的话题进行讨论。其中最为典型的是马东及其团队打造的一款专注于辩论的综艺节目《奇葩说》，这档节目于 2014 年年底在爱奇艺播出，取得了不错的成绩，每期节目由观众从网络上选出或提出可辩论的话题进行辩论。《吐槽大会》《脱口秀大会》也是这种同类型演播厅多人讨论式的语言类节目。另外还有《晓说》这种只有一位主持人自说自话的脱口秀节目，每期围绕着一个话题，讲述其中的故事。而腾讯的创新准直播访谈节目《十三邀》，则一改传统新闻访谈节目客观中立的态度，以许知远个人的视角，带领观众与 13 位具有模版作用的个人，观察和理解这个世界。

四、网络广告

由于网络广告能够通过互联网络把广告信息 24 小时不间断地传播到四面八方，网络广告的传播摆脱了时间和空间的限制，能够更广泛、更深入地达到广告传播效果。网络广告的受众大抵是年轻且具有活力、受教育程度较高、购买力较强的群体，往往也是广告商青睐的消费群体，因此，网络广告是当下很多商业品牌的首选合作平台和内容形式。基于网络广告的创作目的，一般有商业宣传广告和公益教育广告两类。网络商业宣传类广告更加注重对产品的宣传和包装，以产品和品牌为核心进行叙事，商业营销色彩更浓厚。网络公益教育类广告，更加注重传播社会正能量，展示中国文化内涵，营造良好的社会公共道德氛围和引导健康舆论。

（一）商业宣传类

网络商业广告是广告主承担费用利用网络媒介对其产品或服务进行宣传推广，从而达到刺激消费和扩大品牌影响力的一种传播活动。它为商家与消费者提供了一个沟通渠道，也使消费者在对日趋同质化的产品进行区分、选择的同时更加依赖广告。从内容上看，网络商业广告的内容包括产品信息、服务信息、品牌形象和品牌理念等，然而不管它传播的信息内容是什么，从本质上看都是广告主为了获取利益而制作投放的。

互联网的广泛应用使得信息传播打破了空间上和时间上的限制，传播范围、速度、信息容量等各方面都取得了极大的突破和进展。在电子商务发展快速发展的背景下，这种基于互联网来进行的商业宣传方式也成为各个公司进军网络媒体的重要营销手段。网络商业广告以其具有的交互性与时空无限性、精准性与时效性、强烈感官性等特点广泛被受众接受，成为目前最具影响力的广告形式。在网络商业广告领域，广告主可以根据用户的上网行为，分析用户的观看习惯、偏好，精准投放广告内容，技术手段的进步也已经实现了广告主和消费者之间的实时交流互动，消费者可以利用实时评论向广告主表明自己的需求，广告主也可以根据反馈及时调整广告策略。

（二）公益教育类

公益教育类广告与商业类广告则截然不同，它是一种为大众的公共利益服务的非营利性质的广告形式。公益广告以其独特的创作视角和艺术表现形式，向社会大众传播良好的社会道德理念，规范引导公众的社会行为，提升公众的社会责任感。

网络公益类广告从主题内容上看，比较倾向于关注重大的社会事件、全球性的发展问题或民众所期盼的话题，诸如：生态保护、文明道德、社会教育、反腐倡廉、法制宣传、慈善救助等，力图阐明社会的功能与责任。在互联网时代，那种口号化、说教色彩浓重的公益广告并不能达到很好的传播效果，满足不了社会的需要。因而网络公益广告更注重主题呈现和形式创新，大多采用故事化的艺术手法，通过讲述感人故事来引起受众内心的共鸣，让他们不自觉地接受广告的宣传观念，改变其态度和行为。

广告载体的不同决定了网络公益广告与传统公益广告在传播方式上的差异。传统公益广告的制作与传播都是由政府主导，部分社会公益组织参与，个人很难介入其中。由于互联网技术的发展和数字制作软件的进步，网络公益广告的制作和传播门槛降低。对于受众而言，他们不再是被动的接受者，而是可以主动参与到传播社会公益的活动中。用户可以在公益网站或社交媒体上自由地进行交流评论，把自己制作的各种类型的公益作品上传其中，有时甚至可以参加有关部门举办的网络公益广告大赛。

五、网络游戏

网络游戏本身也是一种叙事文本。网络游戏的游戏环节往往会选择特定的故事背景，并由人物和情节构成特定的故事，而且这个故事的发展由玩家与游戏程序共同完成。同时，这个故事的起承转合会因为不同玩家的参与效果而发生变化，这些故事悬念与游戏元素，给玩家带来极大的感官刺激和心理快感。因此，网络游戏往往是一个半成品，需要玩家的进入才能触动系列寻宝、战斗和历险的过程。玩家在进行网络游戏时，仿佛进入另一个时空，玩家在网络游戏建构的虚拟空间，不断借助游戏符号来进行对故事的解读和重构。如果游戏创作者不进行叙事创新，就难免传播低俗文化，挖掘不出优秀和精彩的故事。目前的网络游戏主要包括角色扮演类、即时策略类和休闲益智类等三种类型。

（一）角色扮演类

在这类游戏中一般都具有特定的文化背景，也具有比较完善的社会系统，通过互联网加入虚拟世界中，自主地挑选人物，并操控人物的行动。在玩家们通过客户端来控制特定的人物角色时，游戏的运营商们则通过另外一端的服务器来主持玩家们所参与的这个虚拟世界，在这个过程中运营商们不断地对游戏角色的能力、等级等进行更新和升级，保证游戏玩家们能在这个虚拟的世界中实现交流互动，推动整个游戏的剧情发展。也正是这种精彩以及富有戏剧化的故事情节、随时随地的人际互动，再加上精美的游戏画风和形象的配音、充满诱惑的奖励和挑战，吸引着无数的游戏玩家的加入。随着角色扮演类网络游戏的不断发展，它已经成为网络游戏中热度最高、饱受青睐的游戏类型。此类网络游戏比较具有代表性的有《阴阳师》《第五人格》《原神》等。

（二）即时策略类

这类游戏提供给玩家一个可以动脑筋思考问题来处理较复杂事情的环境，允许玩家自由控制、管理和使用游戏中的人或事物，通过这种自由的手段以及玩家们开动脑筋想出的对抗敌人的办法来达到游戏所要求的目标。策略游戏本身的含义非常广泛，只要玩家需运用大脑完成游戏所给的目标获得胜利，即可算作策略游戏。此类网络游戏玩家比较青睐的，如《战舰世界》《百战天虫》《一小时人生》等。策略游戏所包含的"策略"一般都较为复杂，每一款策略游戏都不单单是为了"益智"，战术分部、心理战、机会利用都是策略游戏注重表现的。通常策略游戏的题材都是在一种战争状态下，玩家扮演一位统治者，来管理国家、击败敌人。策略游戏是一种以取得各种形式胜利为主题的游戏。游戏中经历的艰辛和成功后所带来的成就感，能让策略游戏迷们流连忘返、沉浸其中。再加上因人而异的游戏方式和千变万化的游戏结局，使同一款游戏能够玩不厌，且每一次都会带来新的乐趣，这也正是策略游戏能够长久不衰的原因。

（三）休闲益智类

益智类网络游戏是游戏的一种形式，能够锻炼游戏者的脑、眼、手等，使人们获得身心健康，增强自身的逻辑分析能力和思维敏捷性的网络游戏。孙佩娟将益智游戏界定为：以开发智力和培养游戏使用者的知识、技能、情感、态度、价值观为目的，在一种娱乐性的氛围里，运用自己的知识和智慧，按照一定的规则和对手进行竞争，以决出胜负。[①] 益智类网络游戏的新手指导属于比较简洁的，只需要快速阅读一下玩法，便能大概掌握整个游戏的走向，对双手操作的要求并不高，不像有的动作冒险类和动作射击类游戏那么看重玩家的游戏操作水平。具有代表性的网络游戏有《泡泡堂》《糖豆人：终极淘汰赛》《QQ炫舞》。

益智类网络游戏的游戏进程大多是闯过一道道关卡，如果某一关失败了还可以反复地进行尝试，总体属于休闲放松令人感到身心愉悦的。这类游戏最大的特征是结局的确定性（成功或失败）与路径选择多样性的统一。游戏中玩家可以暂停，最终的奖励是积分和过关，以至于最终得出分值和结论，其技巧锻炼的是闯关的经验和玩家反应的灵敏程度以及进阶和奖惩过程。从叙事学的角度看，它们缺乏故事性，没有人物、场景、情节、主题、视点等叙事因素，虽然在游戏过程中会因为暂时的胜利或挫折带给玩家情绪上的影响和变化，但由于游戏设计的脚本阶段并没有赋予基本的角色，更没有因为角色的设计而带来玩家的角色选择和情节进展所带来的基于事件的情感变化和道德判断，因其本身属性和游戏的性质不需要必须有叙事的元素，也能引起观众的兴趣。

六、网络动画

动画英文为 animation，是给什么以生命的意思，动画可以让本无生命的静止的画面运动起来，让它们"活"起来。"动画片"和"动画"这两个

---

① 孙佩娟等：《益智游戏在青少年戒断网瘾中的应用研究》，《中国教育信息化》2007年第24期。

概念是不大一致的，动画片是一种特殊的叙事艺术形态，可以位列电影或者电视剧的一个类型。现在，"动画片"和"动画"经常被混同使用。新媒体时代的动画片有很多可以直接在网上观看，有些动画甚至只投放在网络平台，这很符合动画的主要受众年轻人的观看习惯。网络平台上的动画和传统媒体上的动画相较有很大的不同，首先它在题材上有很大的拓展，不限于教化类的内容；其次更新方式更为自由，不必制作完成整部动画，可以边制作边释出；最后网络动画片因无固定的放送表，不必纠结于时长问题，可根据内容安排合适的时长。

对动画爱好者而言，网络动画片和传统媒体的动画片也有较大差异。受众不仅可以及时实时交流，还可以即刻将意见反映给官方，必要时，官方甚至会根据中肯的受众意见，修改已播或正在制作的动画内容。根据放映时间的不同，网络动画片可以被分为泡面番、季播番和动画电影。

（一）泡面番

泡面番时长多在 3 ~ 6 分钟，此时长正好是泡面加上热水到它能吃的时间，等受众动画看完了，泡面也就好了，故被动画爱好者戏称为泡面番。因放映时间短，泡面番的题材受到很大限制。在 6 分钟内它基本上不能完成铺垫到高潮的反复，由一个开端、到发展、到高潮、到结束，这样一个单线的简单的完整结构都可算是言之有物，因此，泡面番以搞笑轻松的内容为主。

以往的泡面番多改编自四格漫画或篇幅超级短小的短篇漫画，著名的泡面番《黑塔利亚（ヘタリア）》就是如此。新媒体时代的智能手机都已经连接上互联网络，为符合手机竖屏的观看习惯，漫画家族新添了一种形式——条漫①。四格漫画是四个分镜；从手冢治虫开始，电影式的蒙太奇分镜手法被应用到书页漫画中，分镜方式较为自由；条漫的分镜方式正在探

---

① 条漫指以单格（两格或以上数量并排出现）画格由上自下依次排序，通过连续画面叙述故事，在阅读时通过纵向阅读的多格长条形漫画称为条漫画。

索中，这种形式的漫画甚至能实现"一镜到底"。因为手机用户碎片化的观看习惯和篇幅限制等原因，条漫也不太可能实现高深的情节架构，这使得条漫和泡面番有很强的适配性。国内现在有好几部改编自条漫的动画作品，如青春校园题材《快把我哥带走》和搞笑修仙题材《我家大师兄脑子有坑》。泡面番虽短，但普通动画具有的OP（片头）和ED（片尾），它一个不少，因为这一点常被受众诟病是在拖时间。受以往泡面番内容的影响，现在的动画受众一想到泡面番就会觉得它是用来搞笑的，实际上这对泡面番题材的拓展有很大限制。

（二）季播番

季播番多在15～20分钟，这是发展最为成熟的动画品类。一般情况下，每周固定时间点放送1集，每个季度总共12～13集。日本已经形成了"1月番（从1月初放送到3月底的番剧）"、"4月番"、"7月番"、"10月番"的固定行程。每周放送1集终年无歇的动画也可以被放到这个类目，因为其每集时间与普通季播番无异，而且制作组会保持三月一季的节奏，保留了每13集换一次主题曲的传统。

这种类型的动画片少则十几集，多则上百集，加上每一集不短的时长，给完整的故事叙述提供了很大的空间，较长的播放时间能容纳更长的故事时间，创作者能按照自己的喜好或习惯，合理地对叙述时间和故事时间的关系、预叙倒叙的手法作安排。如国产的《狐妖小红娘》，它的第一叙述时间为"现代"，每一个作为支线的故事都是对上百以至上千年前的"回忆"，甚至在回忆的过程中还会出现对更久远年代发生的事情的"回忆的回忆"，如果没有足够长的播放时间作为保障，该动画不可能讲清楚跨度如此之大的时间内到底发生了什么事情。

足够的播放时间是完整叙述的保障之一，另一个保障则是作为原文本的漫画或者轻小说。动画和漫画是结合得很紧密的两种艺术形式，能被"动画化"是漫画作品成功的标志。季播番通常都改编自长篇书页漫画，这种漫画对动画而言，不论是在节奏还是分镜上都有一定的借鉴意义。评判漫画是否成功，粉丝的数量是重要的考量。改编成动画的漫画一般都具有不俗的受众基础，这种情况下，动画创作者任何不妥当的改编都会被指摘。为满足受众需求，官方通常会使动画相较原文本无太大出入。

（三）网络动画大电影

网络动画大电影时长多在 40 分钟以上，分为两类，一类是动画剧场版，另一类是独立的动画大电影。动画剧场版通常是季播番的附庸，颇有番外的意味。官方为了丰富季播番中人气角色的人物形象，或者对前期制作的不足补充，有时会制作单独的动画电影。

《名侦探柯南》是日本已经播出 20 多年的老牌动画，从 1997 年开始，它每年都会有一部新的剧场版电影，至 2018 年已有 22 部，这一系列的剧场版动画为丰富"名侦探"的世界观、调动老粉情绪、纳入新粉进入作出不少贡献。国内资历最老的季播番非《秦时明月》莫属，因为其人物白凤、少司命人气高，可挖掘空间大，"秦时"制作方中国杭州玄机科技信息技术有限公司（以下简称：玄机科技）分别为白凤制作了《空山鸟语》、为少司命制作了《秦时明月之罗生堂》，其中《空山鸟语》为玄机科技接下来的另一部动画《天行九歌》做了铺垫。

与"正剧"季播番不同的是，剧场版动画能在较短时间内讲清楚一个故事，起承转合都在一个完整的时间内完成。有的剧场版为了保证独立性，对新受众友好，还会在片头重新介绍一遍故事回顾。网络动画电影的另一个类别则是独立的动画大电影，它不是任何动画番剧的附带物，它有全新的人物与世界观，与真人电影一样，要在单位时间内讲全新的故事。院线的动画电影不会同时或晚于网络放送，本文讨论的动画电影不包括院线动画电影。因无季播番的精神和物质基础，又不能将票房作为挣钱的主要方式，网络上的独立动画电影很少。

第二节　新媒体虚构影像的文本特征

文本是一个十分宽泛的概念，一切传达意义的客体都可称为文本，乃至现实世界就是用语言构成的大文本。这里我们特指叙事文本，更准确地讲，是书面的叙述语言的集合。这种文本不同于只存在于读者和读者介人史中的"任意"的文本，而是一种由语言符号和多层结构构成的客体。叙事学的阅读理论正是建立在这种文本的基础上的。[①] 叙事作品的创作者是通过文本传达自己的意图和情感，同时受众通过对具体文本的接受与审美，实现作品的艺术传播价值。文本不仅是一个封闭的内在结构单位，而且是创作者与受众的开放性对话的场域与载体。

一、网络微电影

微电影主要是在网络平台发布和传播，在内容和表现手法上是传统电影的文本延续，又有新媒体环境下的特殊结构和话语形态。从文本形态的角度而言，微电影有着相对较短的时间和相对快速的叙事节奏；从叙事角度而言，微电影则有着相对多样的叙事手段。

（一）广告类

相较于普通广告，广告类微电影制作成本更加高昂，周期也更长，所以一般只有知名的大品牌会选择将广告以微电影的形式投放。以营利为目的的一部广告微电影，叙述的故事多是大众熟知且易于理解的，不会有太过于深奥难懂的情节。台词与宣传的对象高度相关，但是又将故事完整连贯起来，这是广告微电影最巧妙之处。

---

① 胡亚敏:《叙事学》，华中师范大学出版社，2004，第190—191页。

1. 借助名人效应强化自身形象

名人效应是指名人的出现所达成的引人注意、强化事物、扩大影响的效应。名人效应是不直接介入商业行为的，但有助于借用名人强化自身形象，也相当于一种品牌效应，它可以带动人群。将名人效应应用在广告方面是因为受众对名人的喜欢、信任甚至模仿，通过广告呈现之后会嫁接到对产品的喜欢、信任和模仿。由于广告微电影相对高昂的制作成本，品牌方会要求知名的演员出演微电影，以达到最大限度扩大宣传的目的。

广告微电影《一触即发》的主演是著名的华语影视男演员、导演、制片人吴彦祖，长相帅气、男人味十足、身材保养得当、有才华又谦逊，"吴彦祖"也渐渐变成了帅哥的代名词。这类明星的加盟，对于受众是一种重要的吸引力，也有助于扩大品牌知名度，促进消费。

2. 借助台词将品牌与故事融合

广告微电影的目的是通过叙述一段简短的故事对品牌进行宣传，所以故事与品牌之间必定要有联系，这样的联系主要通过台词实现。相机品牌佳能在 2009 年制作的一部微电影《把我留下》（*Leave Me*）讲的是失去了妻子的男主角，在整理妻子的遗物时发现了还留存着妻子照片的数码相机，男主角的父亲发现相机并没有损毁，还可以使用，当他对着男主角试拍的时候，神奇的事情发生，男主角被拍摄进相机留存的照片中的时空里，相机外的老人慌乱中不断回放着照片，寻找儿子，而男主角则在不断变换的场景中转换时空。最后，场景终于转换到江边看到拍照的妻子，他毅然决然地拿出笔在手上写下"Leave me"（把我留下），告诉相机外的父亲，让他永久留在相机中陪伴他的妻子。"用相机记录真情"的品牌精髓在不言而喻中被传递。

（二）宣教类

微电影的出现率先引发了商业广告类微电影的火爆，但是过度的商业化又使人担忧。这样的担忧也启发了进行思想启蒙和情感抚慰以及政治宣传的宣教微电影的出现。宣教微电影不同于广告微电影那样以营利为目的，它是以宣传主流价值观、科普知识为主要目的，这也决定了宣教微电影不同于以往的文本特征。

1. 二元对立思维的确立

在宣教类微电影中常常采用二元对立的剧情设计，是为了制造矛盾冲突，突出所要宣传的主流价值观。这种剧情设计中的主角是主流意识形态的承载者，主角的台词和行动都是经过设置的。在《微笑的樱桃》中，与主角对立的是观念落后的农民；在《保安日记》中则是身为大学生的弟弟。除了正反价值观的对立还有一种更为巧妙的对立，是为了宣扬一种伟大或高尚，而不惜安排生活中被认为是鲁莽危险的举动加以证明。比如感动了千万人的微电影《妈妈做的饭》中，影片为了宣扬母爱的伟大，描写主角母亲患有白内障看不清路，却仍然坚持翻过两座山头、跨越四个省为女儿做一顿饭。[①]这样大力颂扬某种意识形态、不遗余力追求极致化行为的思维，有时候可能会适得其反。

2. 将宣教目的隐藏于影视叙事

宣教微电影在题材上仍然是微电影，所以宣教绝不可盖过叙事。如果宣教的成分占了大部分篇幅，这样的作品就不能叫作宣教微电影，而应该叫作宣教片。微电影独特的叙事手法是宣教微电影区别于生硬的宣教片最大的特点，所以在创作宣教微电影时要将宣教目的隐藏于影视叙事之中，含蓄地表达意识形态的功利性，遵循艺术创作的客观规律。

（三）艺术类

艺术类微电影并非是隔绝大众的，其"清高的姿态"来源于独特的艺术表达。艺术和商业电影本身不存在泾渭分明的壁垒，换言之，艺术

---

① 杨晓林：《微电影艺术导论》，中国电影出版社，2015，第136页。

电影意味着"个性打磨",而商业电影则将着眼点放在"共性打磨"上。①
艺术微电影的风格是由创作者决定的,创作者独特的电影语言风格在他
的微电影中得以体现。因此,艺术微电影多是大师的作品。

1. 哲学意味的主题

主体寓意是否深刻并有哲学层面的思考是判断一部微电影是否为艺术
微电影的条件之一。艺术的韵味通过具有哲学层面的思考来呈现,《调音师》
是由奥利维耶·特雷内执导的微电影,讲述一个失意的钢琴家为了多赚点
钱而伪装成盲人调音师,还为此扬扬得意,自以为是影帝,却因为这点小
聪明而送了命的故事。其中有句台词"这世界上不是偷窥癖就是暴露狂",
对于这句话其实全片都进行了看似抽象实则具象的阐述,上升到哲学的高
度,其实这句话阐明了人作为人的两种属性,窥探和展露。

2. 独具一格的创意

在互联网时代,技术的发展使设备越来越便携和普及,更多的艺术工
作者可以自己拍摄独立的微电影作品并发表在公开平台。虽然可以尽情地
展示自己,但是在数据呈指数增长的今天,只有独特风格的作品才能吸引
眼球。换言之,时代的进步赋予今天的创作者更多的创作空间,艺术微电
影往往成为学院派创作者开启个性化创作之路的第一站。微电影《打,打
个大西瓜》是一部反战题材的动画片,讲述的是两个霸主为了争夺土地而
展开了世界大战,第26届德国柏林国际短片电影节评委会在颁奖词中称
"这是一部非常有价值的影片,它拥有独一无二的视觉风格,其利用现代流
行文化与幽默元素将作者对人类生活环境、和平与战争的看法传达出来,
整部电影非常好笑,和平与战争主题表现得恰如其分"。该片场景创意优秀,
主题富有意义又不失幽默,用十分诙谐的方式表达了对战争的厌恶。

3. 缓慢的叙事结构

艺术微电影的故事节奏一向为普通观众所诟病,即使在较短的篇幅中,

---

① 杨晓林:《微电影艺术导论》,中国电影出版社,2015,第144页。

很多艺术微电影还是会选择缓慢的节奏，不紧不慢地渲染氛围，铺垫人物性格。但是，就在观众快要厌倦时，优秀的艺术微电影会出其不意以巧妙的突转、非凡的想象力让观众眼前一亮。[①] 缓慢的叙事结构是艺术微电影独有的，广告微电影若采用缓慢的叙事结构是达不到宣传的目的。这是因为广告微电影追求的是先声夺人的效果，快速体现主题；而艺术微电影则更注重电影的艺术气质，不刻意迎合观众对于紧张、刺激情节的追求。

（四）恶搞类

恶搞类微电影是全媒体时代大众狂欢的方式之一，也是恶搞文化的重要组成部分。大众参与的恶搞微电影通过喜剧电影式的表达方式，对当下正在发生的事情、热议的话题、备受争议的价值观等发表作者的看法，是大众情绪宣泄的一种途径。恶搞微电影没有创作的条条框框，可以是剪辑既成的经典文学影视作品，也可以捏造与重构一些社会现象，深得大众喜爱。

1. "自成一派"的表现手法

恶搞微电影诞生于新媒体时代，在表现手法上自成一派，有着反传统、反经典的意味。恶搞微电影的表现手法包括挪用、戏仿、拼贴。挪用是指将已有的电影、图片、广告等其他媒体的现成物在保持主要形象不变的前提下，将文本进行置换与结构。《一个馒头引发的血案》就是挪用电影《无极》、中央电视台社会与法频道栏目《中国法治报道》以及上海马戏城表演等视频资料。戏仿是指将其他作品进行二次创作达到调侃、嘲讽、致敬的目的。《老男孩》中借用了迈克尔·杰克逊的MV，表达了对偶像的致敬。拼贴是指将原有的不同部分尽量巧妙地整合在一个段落或整个文本中，使其呈现出与原有面貌大不相同的气质。《万万没想到》中随处可见特技、转场等技巧的拼贴。

---

① 杨晓林：《微电影艺术导论》，中国电影出版社，2015，第158页。

2."雅俗共赏"的创作风格

恶搞微电影的创作者多数是草根人物，目的也是宣泄情绪，但是优秀的恶搞微电影能在恶搞的同时体现出当下的文化背景和不凡的价值观。恶搞微电影是通过草根化叙事，以普通大众为对象，挪用堂皇叙事元素，将其与平凡话语进行拼贴和戏仿，从而衍生出针砭、宣泄、消解等内蕴。[①]这样的微电影在创作技巧或者叙事上的深度不足，但是它的精神内蕴可以模糊高雅和世俗，达到雅俗共赏。《老男孩》讲述了两个最普通的北京小人物的梦想与现实，草根导演、草根演员却取得了巨大的成功，是因为它体现了最鲜活的青春奋斗力量。

（五）科普类

科普微电影是受广告微电影的启发之后进行创新的，微电影应用于广告行业取得了巨大的成功，那么在讲授科学知识时也可以借鉴。值得注意的是，科普微电影的表达一定要严格按照现实逻辑和科学态度展开，如果虚构故事则失去了科普的科学性，只能算作是微电影，不能称之为科普微电影。

1. 娱乐性与科学性相结合

科普类微电影将科普知识融入微电影的情节之中，一方面要保持科学的严谨性，另一方面也要保持微电影的趣味性。科普微电影的初衷就是以一种大众喜闻乐见的方式传播知识，如果丢失了趣味性，则会有一种缘木求鱼的效果。但是如果丢失了科学性，那就和初衷背道而驰了，所以科普微电影在创作的过程中一定要严谨。如富信天伦天户外体育用品有限公司联合 8264 户外资料网、清华大学登山队推出的动漫科普微电影《唐僧说户外之登山篇》，以《西游记》中耳熟能详的人物唐僧为主角，剧情也融入了大量户外登山知识，将娱乐与科普结合。

[①] 杨晓林：《微电影艺术导论》，中国电影出版社，2015，第 194 页。

2. 将抽象的知识浅显化

大众对知识的接受程度不一，而抽象的知识又晦涩难懂，加大了传播的难度。科普微电影将抽象的知识简单化，并且以故事的形式呈现，降低了理解的难度。科普微电影《神九你好》以我国"神九"飞天的故事作为载体，将抽象的航天知识融入可观、可感的视听语言中，以三个青少年作为主人公，以青少年的视角演绎探索科学奥秘的过程，以形象化的方式达到了普及科学知识的目的。

二、网络剧

从网络剧的特性来看，互动性是其区别于传统电视剧的最大特性，网络剧具有一定的聚集效果，使受众形成自己的圈子，并进行互动。[1] 从题材选定、剧本创作、剧情走向、角色表演、服装道具、摄像照明、后期剪辑、平台播放和观后剧评等都以参与互动为出发点，在互联网上首先播出，采用边拍边播，网民投票参与剧情等方式在互联网实时传播的网络互动剧集[2]。从文本的角度来看，以互联网为传播媒介、以网络用户为主要受众、禀赋互联网艺术思维的长篇影像叙事艺术作品[3] 以及专门为网络（互联网、手机网等）制作、通过网络传播的网络单本剧或连续剧称作网络剧。[4]

（一）古装剧

古装剧相比现代剧，在台词、视觉呈现等元素上投入的创作心血较多。一方面贴合年代特征与历史人物形象，需要在服化道等细节上力求精致，一方面人物角色的选择也极为讲究。

---

① 于希：《中国网剧的内容生产与传播机制研究》，山东大学，2013年。

② 孙文涛：《中国网络剧微电影传播概论》，中国广播影视出版社，2016，第7页。

③ 叶雨菁：《从"解构"与"重构"的碰撞与嬗变看网络剧的文本创新》，《当代电视》2019年第5期。

④ 王志荣：《中国网络剧发展成因与特性探析》，《兰州交通大学学报》2013年第2期。

1. 服化道精美程度不断提高

随着特效技术的强化以及受众审美的提升，古装剧的服化道成为一大亮点。画面色彩的选择，人物的服饰配饰搭配、妆容的运用都是剧情外值得关注的。《延禧攻略》用大篇幅、多细节展示了刺绣这一物质文化遗产，以及富察皇后、高贵妃等佩戴的绒花，每个人的细节都不尽相同，剧中比较重要的场合都给演员化了点唇妆。

2. "大女主"带动爽剧文化

摆脱传统男强女弱的人物设定，大女主的人物定位开启古装剧的爽文化，女主作为上帝视角的人物技能满满，推动故事矛盾发展的同时，在关键时刻也能化解矛盾。"快感"成为当下古装剧的热门标签，《太子妃升职记》《传闻中的陈芊芊》等具有大女主情节的剧集，告别为爱伤神、频频受苦的俗套情节，女主一路开挂，在故事情节中女主的人生境遇都出乎意料的顺利。

3. "IP+流量"模式沿用

"IP+流量"的模式依然在古装剧领域沿用。特别是古偶剧，拥有高流量的偶像们外表出众、市场认知度高，仅靠官宣阵容就能引来一大批潜在观众。像《陈情令》《韫色过浓》等，一方面可以作为刚出道的偶像们的入门剧，另一方面可以为电视剧集保障收视率。然而没有任何经验就担纲主演，也难免导致剧的质量参差不齐。

（二）悬疑剧

悬疑剧随着网络剧市场的垂直细分而不断融入更多的元素，比起单纯的悬疑情节，爱情、奇幻、古装等元素的加入，使得受众群体更加广泛。

1. 剧情留白带来的魅力和效果

悬疑剧最大的特点就是镜头与剧情的留白，观众拥有自己想象空间的同时，能够迅速进入情境。《摩天大楼》开篇以钟美宝的死作为线索，让观众不禁疑惑她究竟是怎么死的，悬疑故事就由此展开。《隐秘的角落》张东升在送妻子出门时，最后询问了一句"我真的没有机会了吗？"随即换下药丸，画面紧跟着就来到张东升妻子被发现死在海面上，不免让人产生联想。

2."悬疑+"成为差异化竞争策略

随着数量越来越多，"悬疑+"成为悬疑剧进行差异化竞争的一种策略，"悬疑+爱情""悬疑+女性"也成为新的品类。这其中，既有将悬疑剧加入女性相关社会议题的，也有把男女亲密关系的破裂作为核心戏剧冲突，利用奇幻的强设定对情节进行烧脑演绎。《摩天大楼》就以两个警察的视角带入，讲述了包括钟美宝在内的生活、工作在摩天大楼里八个人的故事，以推理小说的手法呈现性别议题，倾向于展现女性之间的同情、理解和相互救赎。

（三）甜宠剧

从类型来看，传统偶像剧一般属于都市题材。而甜宠剧则更多进行了类型融合，不再局限于都市题材，是古装言情、青春校园等多题材的交叉。甜宠剧与传统偶像剧之间最大的差异便是突出了"甜宠"二字，"甜"是指故事情节轻松甜蜜，"宠"是指男主角对女主角的态度。相较于传统偶像剧，甜宠剧强调所谓的"高甜无虐"特征。

1. 低强度戏剧冲突

相较于传统的都市爱情剧，甜宠剧表现出的"高甜无虐"成为观剧者最大的体验，低强度的戏剧冲突，以男女主为主线的情节形成了一种更舒适平滑的情感冲突设定。没有过于坎坷的人物矛盾和情感纠结，其主要冲突体现为人物成长中的困境与矛盾。因此，可以说甜宠剧是不局限于都市题材，剧情轻松甜蜜、冲突较弱、男主角对女主角极为宠爱的偶像剧子类型。

2. 贴近日常生活，甜宠剧正走向现实

观众追剧欣赏爱情的同时，代入感是支撑其观剧的一大理由，完全架空类型的超现实题材，常因过于天马行空而与实际生活脱节，选择贴近现

实生活的题材则有益于最大限度接近观众的日常状态，让观众感受到亲切与真实。随着甜宠剧的发展，接近现实的题材越来越多。近年来大火的包括引入法医（《致我们甜甜的小美满》）、电竞（《亲爱的，热爱的》）、运动员（《冰糖炖雪梨》）等职业标签作为人物属性的剧作。"职场人""学习人""打工人"这些身份标签，让观众投射联想到自己。剧中主人公在自身职业标签下的奋斗过程，又作为新的价值点带给观众共鸣感和心理接近性，在追剧的过程中顺便收割一波人际关系攻略。

3. 从题材融合到叙事融合，锁定多元圈层用户

不同于为了谈恋爱而谈恋爱的单一爱情题材影视作品，伴随着时代发展的多元特征，覆盖各兴趣圈层观众的兴趣需要，才能最大限度地吸纳用户。不仅各个品牌可以联名组合创造新花样，甜宠剧"联名"的剧本也开始以新形式出现，目前包括喜剧爱情（《我，喜欢你》）、悬疑爱情（《夜天子》）、穿越爱情（《哦，我的皇帝陛下》）等题材形式。区别于剧情平缓的单一爱情题材剧作，剧中人物画像的层次感通过多元化的叙事方式更加丰富。辅以剧情的多线条及起伏，则有益于带给不同兴趣圈层的观众更有趣的混搭观感，避免长期单一化带来的审美疲劳。

三、网络综艺

网络综艺节目是结合了传统电视综艺节目的优势而发展起来的多平台播放的新型综艺模式。从文本角度而言，网络综艺吸收了传统电视综艺的优势，同时又在新媒体环境下不断创新文本内容、丰富表现手段。网络综艺通常时长较长，满足了受众对于节目充分、深入观看的需求。从表现形式上看，传统综艺节目侧重对于大众普遍价值观念内容的展开，而网络综艺更注重不同题材类型的分众化与内容的创新，可以融合各类元素，给不同的受众群体带来更适合他们自身的节目内容。

（一）网络选秀类综艺节目

在互联网时代，单纯的传统传播方式已经很难取得较好的传播效果。现如今的网络综艺类选秀节目更加贴合受众关注的题材，在创作时更注重受众的体验和需求，使节目与观众不仅在线下，在线上也能有效地沟通互动，通过对市场细分以及消费者行为的准确分析，有针对性地进行传播，使节目更符合消费者的个性化需求。

1. 播出平台强大

互联网媒体具有更强的灵活性、参与性和互动性等特点。用户可以灵活选择观看的内容、时间和地点，降低了观赏的机会成本；观众利用弹幕可以非常便捷地针对节目内容进行评价，凸显了观众对于节目的主体地位；而实时滚动的弹幕同时也使评价具有了很强的社交属性。节目依托移动互联网平台，传播效果十分显著。

网络播出平台的全网联动性发挥了网络传播的"议程设置"效果。从传播者一端看，制作方对于能够切中观众"痛点"的精彩节目片段进行切片式剪辑，以短视频的方式提升传播效率扩大传播范围，甚至实现病毒式的传播效果。从受众这端看，网络中的意见，会影响人们对于相应事件的关注程度。因为人们对某一事件的关注程度，往往取决于在此之前他人的关注程度。例如选秀类节目最典型的代表《创作101》，几乎进入了移动媒体用户所有的媒介接触渠道：搜索引擎的搜索热词，极具话题性的微博热搜，10万+阅读量的微信 KOL 大号对节目内容的推送，或者以 GIF 表情包等形式直接进入社交渠道的节目片段，以及在节目中诞生并广泛应用于社交的网络热词，如："pick""C 位出道"等。长期高频次的信息轰炸最终达到的效果使用户"被迫"关注。

2. 独特的内容运作方式："共享偶像"

"共享偶像"即多方共同分享选手人气带来的收益。对于经纪公司而言，《创造101》《青春有你》这类节目是旗下艺人提高曝光度、积累人气的平台，艺人的表演也会提升所在经纪公司的知名度。与此同时，经纪公司为节目制作方提供了稳定优质的人力资源并降低了筛选的时间及经济成本，经纪公司为了让旗下的艺人晋级，就会不遗余力地宣传拉票，客观上也会提升节目的传播影响力；引导粉丝采用购买节目赞助商产品的方式，为喜欢的选手投票，这一设计也为赞助商带来不菲的收益。

3. 娱乐化的叙事语言

网络选秀类综艺节目，一方面是为选拔在某方面有一定才能的人，另一方面是具有一定的娱乐化，它作为新媒体时代的产物，更容易受到互联网娱乐化倾向的影响，而节目制作的理念也向娱乐大众倾斜，因此它的叙事语言的运用呈现出十分灵活的娱乐化叙事。①

（二）真人秀类综艺

网络真人秀展现的是"人"，节目一般需要邀请到明星嘉宾，嘉宾的选择对于真人秀节目的成功与否起到了至关重要的作用。由于网络节目的场域性特征，受众可以在任何时间任何地点使用不同的终端接收节目信息，网络真人秀的叙事模式更接近受众生活以及事件本身的发展规律。

1. 以人为本，回归人性的叙事主体

西摩·查特曼在著作《故事与话语》中提出叙事交流链条：真实作者→隐含作者→叙述者→受述者→隐含读者→真实读者，参考此叙事交流链条，作为叙事故事中最为重要的叙事主体，那么真实作者可以理解为真正创作文本或者内容的人，属于节目制作的主导地位，那么在真人秀节目中，真实作者无疑是导演、剧作、摄像等整个制作团队。隐含作者则在真人秀节目中可以理解为节目所呈现出来的形态，是真实作者有意识或无意识通过节目传达出来的意识形态，即真实作者以节目形式展现出来的另外一种自我形态，这种意识形态与观众以电视媒体的方式交流。以人为本，不仅体现在尊重制作团队之上，对于节目的叙述主体之一的叙述者真人秀应当注

---

① 康勇涵：《网络选秀综艺节目的传播模式研究——以〈创造101〉为例》，《传播力研究》2018 年第 23 期。

重的是"人"的特质。例如在《潮流合伙人》中，主要的场景设置于他们开的店铺当中。在节目拍摄过程中，嘉宾总能表现出良好的默契度，他们就像是一群认识很久的老朋友，呈现了更为自然的镜头感与临场发挥的表现力，隐去了剧本的痕迹。同时对于新加入的明星嘉宾，即飞行嘉宾，节目组也会引导他慢慢表现出个人特色，对于来店购物的素人嘉宾，节目组则是采用不干预的模式。

鲍德里亚认为，消费主义影响下的消费，是个体进行自我表达、身份确立的重要模式。借用消费理论，可以理解为具有符号意义的节目所呈现的元素也是一种节目意识形态的表达。观众在"消费"节目的同时，也会被其中的符号所吸引，从而去追求节目中所呈现符号的表达，实现个性表达，这恰好是隐含作者的功能。这些符号元素都是在对简单质朴惬意生活的再次编码，避免了物欲生活的氛围，更在无形之中传输着一种简朴，也能创造美好生活的价值观，将节目的文化内涵上升到一个高度，给予观众一种鼓舞的精神内核，感受生活的正能量。作为叙述者，明星嘉宾个人的正能量形象在大众认可中尤为重要，也承担着传播学家拉扎斯菲尔德所提出的"意见领袖"，即将自己的观点融入接收到的信息中再传达给大众，左右他人的看法和想法。

2. 文化为主、思考当下的叙事内容

罗伯特·麦基提出"结构是对人物生活故事中一系列事件的选择，这种选择将事件组合成一个具有战略意义的序列，以激发特定而具体的情感，并表达一种特定而具体的人生观"。可见结构对于叙事的重要性，也是构架其节目内容的"骨架"，"骨架"上的事件或者内容则是节目"血肉"部分。罗兰·巴特依据重要程度将叙事作品分为具有核心功能的事件和催化功能的事件。核心事件在节目中是贯穿始终的叙事内容，核心事件的选择对于结构的把握至关重要。高质量的叙事内容是对现实情景的一种降维处理，真人秀综艺节目多数都是将文化从现实世界的三维通过节目形式降维，将立体元素扁平化为符号元素，符号功能在节目中承担的是对文化进一步宣

传，是一种"文化精英"的领导作用，唤醒人们对文化的保护，对文化落失的思考。

在节目中的传统技艺甚至能够引起人们节目之外的讨论，这种现象是作为叙述者本身功能的一种肯定，也体现出电视节目的责任感，在娱乐中达到教育的目的，寓教于乐的叙事内容正是多数真人秀节目获得一致好评的关键因素。此后节目带来的文化下沉效应，也通过升维的方式，从二维电视中立体化，带来经济效应。二者相辅相成，足够形成一种文化现象，在升维与降维的拉扯中，节目跳出播放的平台，更具有一种文化属性，成为人们的谈资，也成为一种信仰。在真人秀的叙事内容中，当下受众最关注的主题成为节目生产制作的内容核心。① 例如《令人心动的 offer》中，看似是几位素人嘉宾，也就是法律专业的实习生，以及他们在工作上的竞争，实际上是为了向受众传达出一种正确的就业观、择业观，以及在职场中为人处事、解决问题的方式方法，体现了一定的节目责任感，达到了教育的目的。

（三）语言类综艺

网络语言类综艺承接传统电视语言类节目的话题为重、嘉宾发力的叙事特征。同时遵循了网络媒体的特性，有了创新和拓展。网络语言类综艺节目覆盖的收视群体广泛，对当下实时的热点话题及时跟进，体现了综艺节目在网络环境下的优势，将网络媒体特有的要素融合进语言类的节目当中。

1. 话题选择广泛

话题娱乐化和亲民化。跟踪时下热点，紧靠真实生活，以广大公众与个体所处的生存空间为创作背景，所选取的话题契合当下社会和文化生活中的热点、痛点。比如《奇葩说》中"撒娇的女人会好命吗""穷游是不是

---

① 周泽民：《慢综艺〈尹食堂〉真人秀节目传播叙事研究》，《科技传播》2020 年第 8 期。

一件值得骄傲的事情""伴侣的钱是不是我的钱"以及《脱口秀大会》中"人生没有撤回键""做人不能太折腾"等都是比较贴近大众生活的民生话题。这种话题虽偏离高大上,却能引起观众共鸣,关注度自然较高。

话题选择相对自由,尺度较大。互联网环境相对宽松,话题选择相对自由,可以通过网络微博征集大众感兴趣的话题,让观众有更多的参与感。话题尺度也相对较大,比如《奇葩说》中"恋爱中要不要有备胎""闺蜜约我去撕××,你去不去"等话题,这些本来比较私密性的话题,在节目中公开自由探讨,对于扩展公共话语空间,开启民智更有意义。[①]

2. 嘉宾选择贴近受众

由于平台不同,网络真人秀与电视真人秀的受众群有较大的差别,网络真人秀节目受众相较电视而言更年轻化。网络语言类综艺的受众群体与电视语言类综艺的受众群体的差别显著,因此网络语言类综艺节目对于嘉宾的选择更加贴近受众。以《脱口秀大会》为例,节目中嘉宾的选择少有明星嘉宾,多数为像李雪琴、王建国这种能够代表普通百姓的人作为嘉宾,他们讲述的故事更贴近受众本身,代入感更强烈,在话题的讲述上不容易与受众产生距离感。而电视语言类节目则需要考虑更大年龄范围、更广大的受众群体,在嘉宾的选择上多数需要那种有故事挖掘的类型,在嘉宾的选择上有更多的限制。

四、网络广告

网络广告是结合传统广告的艺术表现形式与网络传播的优势发展起来的新兴广告形式。从文本的角度而言,网络广告吸收了传统媒体广告优势,同时又在新媒体的环境下不断创新文本内容、丰富表现手段。为了满足消费者碎片化观看的需要,网络广告时长一般较短,故事情节中的矛盾、冲突相对集中,叙事节奏较快。从表现形式上看,与传统广告侧重文字的表

---

① 郑燕芳:《网络脱口秀语言类节目的话语传播及生态发展研究》,《东南传播》2018 年第 7 期。

达不同，网络广告更注重技术与艺术的融合，通过文字、图片、音频、视频动画等丰富多元的手段表现广告艺术性，给用户带来更加强烈的真实感与新奇的视听体验。

（一）商业宣传类

在互联网时代，单向式、灌输式的广告方式很难取得较好的传播效果，构建品牌形象应成为广告的发展方向。网络商业广告是以构建品牌形象深化品牌内涵、扩大企业影响力为核心目的，因而在创作时，更注重受众的体验和需求，通过对市场细分以及消费者行为的准确分析，有针对性地进行传播，使广告更符合消费者的个性化需求。

1. 品牌与内容融合

在当前商品过度同质化的市场环境下，很难找到产品之间的差异。为了能在激烈的市场竞争中崭露头角，广告主们寄希望于广告宣传，希望通过差异化的广告来突出产品、品牌的个性化特征。因而，目前网络商业类广告十分注重品牌形象的塑造，将产品品牌与广告叙事相结合，广告中的人物、故事情节，甚至是广告场景、音乐的选择，都是为传递品牌理念量身定制的。比如益达《酸甜苦辣》系列广告，就是通过产品理念与剧情内容相结合的方式实现推广目的。在整部影片中，益达口香糖作为一条重要的线索，贯穿整个酸甜苦辣爱情故事的发展过程，传达出益达"保护牙齿，关爱他人"的产品理念，"不管酸甜苦辣，总有益达"和"关爱牙齿，更关心你"的广告语反复出现，更是加深了受众对益达的品牌认知、理解与接受。

2. 独特视角和创意性

相对于传统广告来说，网络广告特别是网络商业广告更注重创作视角的独特性以及表现形式的多样化。可以说，在"注意力经济"时代，只有具有创意的广告才能吸引受众的眼球，达到良好的商业宣传效果。对于网络商业广告而言，其创意的着力点是如何利用相对贴切新颖的视觉符号和引人注意的表达形式来传达广告内容，给受众带来更加丰富而强烈的感官刺激。网络剧中的原生广告就是最典型的例子,原生广告根据网络剧本身的情节进行制作,由剧中人通过或温情或搞笑的"情景短剧"来安利产品。比如《老九门》中东鹏特饮的广告,沿用剧中的场景以及原班人马,作为一个小剧场插入在主线剧情中间,通过各种创意故事从不同角度突出"饿了困了就喝东鹏特饮"的产品功能。同时配合网剧的情节把压屏广告做成趣味弹幕形式,与网友进行互动。

3. 娱乐化的叙事语言

网络商业广告本身就是新媒体时代的产物,而且是以互联网为传播载体,因而它更容易受到互联网娱乐化倾向的影响,这一点在它的叙事语言的运用上表现得十分明显。为了增强广告的呈现效果,网络商业类广告大多都贯穿着一种娱乐意识,灵活运用网络化的叙事语言,让受众参与并娱乐其中。比如方太油烟机广告《男人就是欠收拾,调教术在此》,从两个主演的选择就体现娱乐精神。沈腾和马丽是喜剧电影《夏洛特烦恼》主角,方太借由他们的明星效应以及受众对电影人物形象的记忆,以"夏洛叫板方太"的独特自黑方式来吸引受众的眼球,让观众在一个轻松幽默的氛围中加深了对"方太智能云魔方"的记忆点。

(二)公益教育类

公益广告总是为公众的切身利益服务,它通过反映社会生活中真实存在的问题,引导、规范公众的行为,从而促进间接问题的解决。不管是传统公益广告还是网络公益广告,在主题上都要求紧贴时代背景与社会现实问题,通过故事化的叙事手法以及普世情感的表达,引起更多人的共鸣。网络公益广告的不同之处更多的是在创意及表现形式上,这是由网络广告独特的传播环境决定的。

1. 取材生活化

与商业类广告特定的受众群体不同,网络公益类广告的目标受众是整个社会大众。由于不同人的受教育水平以及对信息的理解能力都是不同的,为了达到引导社会公众行为的目的，网络公益广告需要以一种平视的、与人们日常生活非常贴近的视角与受众接触，用一种大众化的、通俗易懂的形式来传递信息，它必须能被最广泛的人群理解、接受与认可。

网络公益广告最大的特点就是取材生活化，几乎所有的题材都是来源于现实生活，故事中的人物大多是平凡人，参与表演的人也是以普通人为主，很少有明星出现。网络公益广告反映的就是生活中真实存在的社会问题，甚至有很大一部分就是根据真实故事改编。这种主题和内容的贴近性使得不同文化背景的人们也能感同身受。像一些在国内广泛传播的泰国优秀公益广告《凤梨的故事》《讲不出的爱》《给予是最好的沟通》等，都是由平凡人物演绎平民生活，以平民化的视角关注普通人的喜怒哀乐，使得受众在潜移默化中接受广告中传达的公益理念。

2. 以情动人

在快节奏的都市生活中，大众对情感的需求和关怀变多，传统的口号式、说教式的公益广告已经不能满足大众的心理需求，很难达到预期的诉求效果。网络公益类广告的创作者为了满足观众的情感需求，在创作的时候十分注重情感因素的运用，一般都会采用故事化的艺术手法，力图通过讲述感人的故事来引起受众的情感共鸣。例如泰国的公益广告《别让爱我们的人难过》就是以母爱为主题，女孩跟妈妈吵架离家出走，路边摊阿姨免费给她做了一碗蛋炒饭，女孩对阿姨表示感谢却发现原来一切都是担心女儿挨饿的妈妈的请求。这则广告没有刻板说教，只是通过戏剧化的故事情节以及强烈的情感渲染来引起受众内心的共鸣，让我们在观看广告的过程中自己体会到感恩母爱这样一个简单的道理。

3. 视觉综合性

当今的社会生活中广告无孔不入，其中商业广告占据了大部分的空间，公益广告要想脱颖而出，也需要在表现内容和形式上进行创新。传统媒体上的公益广告因为技术的局限性，在表现形式上还是以图片、视频为主，而网络公益广告利用其媒介优势，最大化地运用多媒体技术，根据主题表达和创意需要将动态影像、文字、图片、动画、虚拟现实等各种符号元素进行任意组合，丰富广告的表现形式，增强感染力和吸引力。目前，公益类网络广告中，动态和交互式网幅广告形式比较普遍。2017年腾讯公益与WABC（无障碍艺途）合作推出H5公益广告"小朋友画廊"迅速引爆网络，这则广告通过一个H5展示一群患有自闭症、智力障碍的孩子的绘画作品，点击作品就可以听到画作作者的语音故事，只要花1元钱就可以购买画作电子版，购画之后可以听到作者的语音感谢，用户也可以给"小朋友"留言鼓励他们，还可以将广告分享到朋友圈让身边的好朋友伸出援助之手。

五、网络游戏

根据"中国民族网络游戏出版工程"中入选的游戏类型来看，角色扮演类网络游戏一枝独大，而其余策略、模拟、动作学习类网络游戏总量较少。大型多人角色扮演游戏往往整合了其他多种游戏类型的因素，使得自身内容更丰富、更具备可玩性，因此本书着重对角色扮演类网络游戏的文本特征进行分析。

在角色扮演类网络游戏中，玩家通常需要扮演一名或多名角色，在虚构的魔幻世界中展开冒险。每名角色依照不同的背景资料和角色特性有着不同的游戏参数（如魔力、速度、防御、技巧等），一些角色还拥有某些隐藏的特殊能力，会随着剧情的发展和推进逐渐展现出来。通过与各种NPC（非玩家角色）对话、寻找宝箱或在商店购物，玩家获得冒险所需的信息与道具、装备，而购买物品所需的金钱通常来自和敌人的战斗，在战斗的同时，玩家所操控的角色也获得了成长与变强所需的经验值，从而能够更进一步推动剧情。角色扮演类游戏最大的乐趣就在于其跌宕起伏的剧情，以及在庞大世界中小人物努力挣扎的命运，玩家跟随主角们漂泊流离，或喜或悲，这无疑是网络游戏叙事效果的良好体现。[①]

---

① 黄轶林：《电子游戏的叙事研究》，云南大学，2016年。

（一）玩家沉浸感十足

由于玩家是通过扮演一名或者多名角色在虚拟游戏世界中展开活动，所以角色扮演类游戏非常关注对玩家沉浸感的营造。一款优秀的游戏，它的目标是将你带进游戏世界并且感觉身临其中。玩家不需要通过想象把自己放到情境之中，因为游戏本身已经为参与者提供了可视、可听、可感的虚拟世界，因此网络游戏更容易使玩家产生沉浸感。

玩家在游戏中的沉浸可以分为两种，一种是沉浸于游戏和游戏的剧情之中，这种沉浸是以游戏的开发组来导向的，[①] 和小说、电影的沉浸十分相似；另外一种则是参与者沉浸于玩家与玩家的互动之中，是由玩家主导的更为深入的沉浸。现代大型 3D 游戏，无论在虚拟世界的架构还是游戏剧情的设计，都给予玩家强烈的现实感，新的建模、渲染技术使得游戏的场景、光影日益真实可信，甚至达到了照片级的水准，而游戏的剧情也摆脱了早期游戏流程短、无内涵的初级模式，能够带给玩家发自内心的生命感悟和情感体验。参与者在游戏中彻底打破了生命、时空、身份、性别、年龄等一切现实的束缚，获取了前所未有的体验。在《绝地求生：刺激战场》中，他们将成为训练有素的特种兵，玩家可以选择在资源丰富的地区降落，在敌人重围中突破一条血路，也可以在人烟稀少、资源匮乏的野外，不断收集枪支弹药等资源，慢慢壮大自己。

（二）游戏声画特效精致

网络游戏通常营造一个魔幻的超现实的游戏世界背景，这就要求游戏画面特效需要足够逼真，充分还原玩家理想中的状态。例如网络游戏《龙族幻想》中的世界采用 UE4 引擎打造，其渲染效果强大以及采用 PBR 物理材质系统，所以采用虚幻 4 引擎制作，本身能够承载更高质量的美术资源，如贴图和材质等。在该游戏中，整体建模效果十分优秀，其表现力可以说是端游水准。游戏中角色、怪物、武器，从模型到材质，从光影到色彩，

---

① 闫郡虎：《电子游戏的叙事模式研究》，重庆大学，2014 年。

在保证真实性的前提下，都已达到了极高的精致程度。金属的质感、武器的划痕、丰富的色彩变化、清晰的纹路，可以说，为适应目前手机性能的情况下，已经做到极限。在现今角色扮演类游戏领域，《龙族幻想》从游戏画面的渲染到剧情内容的充实度，都是数一数二的。

（三）游戏内设定的角色富有特色

角色是网络游戏中不可缺少的要素，每个游戏中都有形形色色的角色，能够吸引玩家来玩的是那些具有代表性的典型角色。作为游戏世界的主角，同时也是玩家在游戏中的化身，主要角色在整个游戏叙事体系中都起到了至关重要的作用，角色的设定能够有助于玩家进一步理解整个游戏的表现方式，以及怎么样真正参与到游戏中去。手机游戏《第五人格》这个游戏的画风是蒂姆·伯顿风格的哥特式画风，人物采用线缝木偶的绘制风格，体现游戏风格的恐惧与黑暗。而游戏中的反派人物——杰克，他具有强大的抓捕能力，能在短暂的时间内迅速移动，对求生者进行追捕，将其放上椅子，送回庄园。杰克的原型来自于美国历史上知名的连环杀人犯"开膛手杰克"，红蝶美智子的服饰则采用了日本的和服元素。在《第五人格》中为了弱化杰克的恐怖元素，特意给予杰克配置了"玫瑰手杖"的道具，拥有该道具后抓住求生者可以将其"公主抱"，获得广大女性玩家的一致好评。

（四）游戏有完整的背景设定

游戏的人物、时代、事件，这些从根本上决定了游戏的场景设定、剧情发展、角色形态以及角色之间的关系，一般来讲这些都是游戏开发者预先设定好的内容，玩家不能参与宏大叙事的构建和发展。游戏中玩家的个人叙事，指玩家通过自己的游戏活动发展出的极富个性化特征的个人叙事，每一个玩家在游戏中的行为都极具其个人特征而各自不同，由此导致了不同的剧情和结局。[1]《阴阳师》游戏团队机智地选择神道文化这一特殊日本

---

[1] 闫郡虎：《电子游戏的叙事模式研究》，重庆大学，2014年。

传统文化，首先是这类鬼神题材具有深厚的历史内涵和强烈的神秘感。在游戏内容的文化内涵和游戏内容的丰富度上奠定了一个良好的基础；其次是充分挖掘了日本神道文化的神秘感，调动了游戏玩家对于日本神道文化的好奇心。针对消费者独特的文化需求来找寻文化，从在同质化严重的国产手游中脱颖而出，同时也填补了游戏市场这方面的空白。百鬼夜行也是日本神道文化中很重要的一部分，出自《百鬼夜行绘卷》，从一开始人们对于在夜晚出没的鬼怪的恐惧到把鬼怪具象化，形成一种绘卷文化，成为一种娱乐活动，这是日本神道文化发展的一个具有划时代意义的事情。

（五）交互体验丰富

在网络游戏中，凭借着互联网的支撑，玩家与玩家之间互动性得以淋漓尽致地展现，不仅丰富了游戏形式，使游戏内容也更加趣味灵活，还增强了游戏参与者的主动性，满足了游戏者在游戏世界中进行人际交往的诉求。游戏设计师所架构出的虚拟游戏世界，为玩家的交流和互动创建了一个虚拟的平台，在这个虚拟世界中，玩家成为游戏世界的掌控者，通过彼此间的交流、互动、合作，更好地融入游戏中。在《王者荣耀》《绝地求生：刺激战场》等游戏中，游戏设计者都为玩家开放了一个公共的组队大厅，玩家可以在上面发布自己的游戏信息，比如自己的游戏水平、现在队伍还差几个人等，从而找到合适的队友。

与此同时玩家与游戏内容上也是存在交互性的，游戏本身为玩家提供了视听觉体验。玩家通过自己的游戏身份参与到游戏所营造的虚拟世界中，在体验的过程中接受游戏所传达的信息，享受游戏开发者所设置的世界观、音乐、风景、外观（服装）、道具等设计元素，由此获得并享受游戏所带来的体验，甚至将这些元素带入现实世界，例如 Cosplay（角色扮演）、模型手办制作、服装道具制作等，并以此进行商业活动和个人营利。[1]

---

① 李雅君：《网络游戏中的交互叙事研究》，《青年记者》2018 年第 20 期。

六、网络动画

进入互联网时代，动画制作公司除了像往常一样将动画作品投放到电视频道，还可以选择把它们投放到视频网站上。视频网站通常都开辟有动画专区，方便用户搜索感兴趣的动画内容。现在动画片被更广泛年龄层的受众接受，它和电视剧、电影等一样，被越来越多地看作是一种表达内容的形式，而不仅仅是肩负"教化"稚童任务的儿童教育片。

通过观看多部作品，笔者总结出现今网络动画片普遍存在的文本特征，包括它多为漫画小说改编、与受众频繁互动、女性意识觉醒等。

（一）漫画小说改编

动画这种形式天然和漫画小说有很强的适配性，它们都是视觉的艺术，漫画小说的分镜本来就是借鉴电影而来的，改编成流动的图像——动画——就会方便很多。通常只有少量的优秀作品才会获得动画化的机会，近几年中国"IP"改编大热，一些被动画制作公司相中的漫画IP得以用另一种形式和受众见面。除了漫画小说，一些年轻受众拥趸的网络小说也纷纷被改编成动画。

这些改编漫画小说的动画语言文本多半直接来自于原文本，这样做不仅可以最大限度上保留原作品的风貌，还能为改编工作省些力气。

除了画面语言和文本，动画作品相对于原作品最大的创造与突破就是漫画小说几乎没有办法实现的声音元素。配音演员在这种创作中发挥了重要的作用，他们要揣摩人物的心理，通过音色暗示人物的性格，通过声音起伏变化来表达人物的情感，专业的配音演员能为人物增添不少魅力。好的配乐也能起到锦上添花的作用，改编于小说的《秦时明月》配乐和原作非常契合，主题曲《月光》能概括主角坎坷的命运，镶嵌在剧情中的背景音乐与剧情起伏、人物感情相得益彰。音效有些来自于原作的表达，如漫画和小说中的拟声词，则更多出自动画制作方基于情节的考量。

（二）与受众频繁互动

在网络时代，传受双方的地位日益平等，为了获得更好的传播效果，传播方往往需要听取受众的意见，主动与受众互动。受众大多是原漫画小说或游戏的爱好者，自主意识极强的现代受众往往对于原作内容有自己的理解，动画制作方一般能广泛听取他们的意见，他们的意见基本上没有对错之分，但是如果一致有意见的地方一定出了问题。

动画制作之前就可以收集受众的意见，相对于官方，看了原作品几遍、几十遍的受众更像是该领域的专家。被誉为"华语动漫奥斯卡"的金龙奖评为年度最佳动漫改编奖和最佳营销动漫金奖的《全职高手》，在动画制作前就已经收集了很多"原著粉"的意见，发布预告后，对粉丝不满意的周泽楷和喻文州人设做了相应的修改，满足了大多数粉丝要求，展现动画制作"官方"的诚意。

在网络上播出的动画不必再如投放到电视台一样，在售卖之前就完成整整几十剧集的制作，大可以学习日本的制作播出周期惯例，每周只制作播出一集，这样就可以延长制作周期，减少制作的压力和风险。同时，在动画播出的过程中，官方也可以收集整理受众的意见，及时修改。《狐妖小红娘》的68集制作不成功，和原漫画有很大出入，粉丝在评论区和弹幕毫不留情地指出问题，并质疑官方的制作水平。在那之后，该动画的账号在评论区专门建立了"官方意见楼"，将粉丝的意见集中到一起，便于收集与整理。

在动画内容播出之后，官方还可以与受众互动。"同人"作品很好地体现了现代受众的创造力。同人的文化概念来自日语"どうじん"，指粉丝运用原作品的人设和世界观再创作的多形式作品（包括小说、插画、漫画、视频、音乐、广播剧等）。一般而言，粉丝在再创作的同时对原作的版权构成了侵权，但是鉴于它同时拥有推广原作品的效果，只要做得不过分，官方通常会默许粉丝的行为。现在为了更好地推广作品，官方甚至通过买同人作品、举办同人比赛等方式，在激发粉丝创造力的同时，实现宣传效果的最大化。改编于漫画的《小绿和小蓝》曾在 Bilibili 弹幕视频网举办"音画同人大赛"，广泛收集手书、绘画、配音三种投稿，为获奖者提供 1000 ~ 3000 元的现金奖励（附带原作品作者的签名海报等）。

动画制作官方在动画播出前、播出中、播出后全时段时时与受众保持互动，不仅有效保障了动画作品的质量，还加强了动画的宣传效果，拉动更多受众加入整个作品"圈"。

（三）女性意识觉醒

早期的动画反映了女性附庸男性的传统两性思维，如《白雪公主》，公主中了毒就只能躺着等待王子将她吻醒。随着当代女性意识的觉醒，理想中平等的两性关系也反映在动画作品上。

女性能拥有完美的身材，并以此为傲，她同时可以和男性一样，拥有强大的战力。如《无头骑士异闻录》中，塞尔提身着黑色服装自信地将完美的身材勾勒出来，即使没有关键的头部，透过她挥动的巨镰和驾驶的机车也能感觉到她英姿飒爽的女性风范。

女性有自主的意识，有权把握自我命运的走向，她所做的选择和决定都会被尊重。《狐妖小红娘》中，雅雅希望苏苏和白月初结婚，但是苏苏不愿意结婚，她想按照自己的意愿，做一个合格的狐妖红娘。她的决定得到白月初的支持，并在他的协助下逃离婚礼，雅雅即使生气，也选择尊重苏苏的抉择。

不仅在女性角色的塑造上，在男性形象的打造上也能体现女性意识的觉醒。以往，女性都是"被看"的对象，影视作品常常满足男性的窥视欲，强调男性愿意看到的女性特征。新媒体动画体现的两性观念今非昔比，男性也时常被置于"被看"的位置。搞笑动画《侠肝义胆沈剑心》将"瞻仰叶英（男性剑客）"作为一个笑点，男女侠士若加入"山庄一日游"旅行团，行程的最后一项就是看叶英，内力不深会被帅伤。

第三节　新媒体虚构影像的传播模式

互联网的出现改变了信息的传播方式与接收方式，以互联网为媒介载体的新媒体与传统媒体的传播特点和传播模式有巨大的差异，数字化与互动性是新媒体的基本特征，也是新媒体传播的优势所在。从传统的单向线性传播到网络结构的多点互动传播，新媒体改变了人们对信息和文本的接收整合方式。基于新媒体技术传播的虚构影像叙事，不再限于单向度的传播平台，而是在多媒体互动平台上进行叙事传播。

一、网络微电影

微电影诞生之初是加长版的广告，传播是按照商业广告的营销模式进行。但是随着微电影的不断发展，类型不断丰富，广告微电影成为微电影其中的一个分支，微电影的传播模式需要专门化，不再依托于广告营销的模式。微电影是新时代的产物，为了吸引基数庞大且口味与众不同的新媒体受众，微电影的传播模式需要创新，做到精益求精。

（一）传播平台

微电影传播渠道的多样化促使微电影的传播范围不断扩大，对于微电影而言，发布的平台主要是网络平台，由专业的团队或个人进行创作。不同于院线电影有较长的制作周期，微电影制作周期短，传播是"病毒式"的，加之网络平台的便携性，随时随地都可以观看。

在视频网站，受众可以直接搜索相关微电影观看。除此之外，在社交平台，微电影的传播速度不容忽视。广告微电影借助名人效应扩大宣传，为了使名人效应最大化，通常选择社交媒体进行宣传，并在短时间内吸引到大量的粉丝进行"二次宣传"。《一触即发》预告片登录社交媒体之后，短短一周点击量便超 6000 万次，而 2010 年 12 月 27 日正式全国首映日，凯迪拉克的官方网站浏览次数竟过亿，微电影广告模式的影响力可见一斑。

没有名人效应的微电影《这一刻，爱吧》正是通过社交网络平台上的人际传播扩大了传播范围，借助平台分享视频的优势。《一个馒头引发的血案》也是凭借社交网络上的人际传播扩大影响力，达到了比原影片《无极》更高的下载率和观看量。网络平台的资源共享使产品宣传受惠，草根制作的恶搞微电影可以通过开放的网络平台进行传播，相比于高昂的电视宣传与播放，节省了一大笔开销。

（二）受众定位

不同的受众有不同的价值偏好、不同的消费特征，微电影的受众主要是"90后"的年轻群体，不同类型的微电影面对的受众也不尽相同。宣教类微电影的受众多变，不同领域的宣教微电影针对的受众群体不同，但是相较于其他类型的微电影，宣教微电影的受众群体更为集中。《明天，你好》这部宣教微电影针对的受众人群就是正在面临毕业，在考研和找工作之间迷茫，怀揣着梦想但是又害怕迈出第一步的毕业生们，告诉他们"人生像是一趟有来无回的列车，开出去了就要前行，也许路上会有艰难险阻，也许会因为某种原因而无法继续前行，但是你欣赏到了沿途的风景，这风景让你哭、让你笑、让你感悟，也让你越变越坚强，明天你好"。广告微电影的目的是营利，因此在传播的过程中是以受众的喜好为主导。通过对目标受众进行锁定再实现精准投放。例如广告微电影《这一刻，爱吧》针对的就是热恋中的年轻群体，"可爱多"在剧情中是甜蜜幸福的"使者"，被赋予了很多美好的寓意：甜蜜、浪漫、幸福，很多人看完这部微电影都想将可爱多买给自己在意的另一半，让他们尝一尝甜蜜幸福的滋味，毫无疑问这在年轻情侣之间更受欢迎。

可见，微电影应该明确自身的服务对象，以受众本位为思想基础，确定微电影的目标接受人群，满足不同受众获取信息的需求，才能将传播效果最大化。

（三）营销方式

微电影带来的是一种全新的营销方式，一方面带给受众全新感受，另一方面使受众得到精神上的认同和愉悦，快速建立起受众与品牌或者宣传的价值观等之间的信任。它不同于广告，但商业痕迹依旧存在甚至占主导；不同于电影，但制作精美甚至更打动人心。有人将微电影比作"一种拍得像电影的更高级别的广告"，倒不如说是"成功进行商业营销的网络电影"更为贴切。

1. 软性宣传

微电影的软性宣传主要体现在靠情节打动观众，增加了宣传的故事性，让观众在非常愉悦的心情下接收相关信息。除了广告类微电影的软性宣传之外，宣教类微电影的软性宣传效果也很显著。宣教类微电影不同于以往的电视宣教片，它不易激起观众的逆反心理。逆反心理是指与教育者"顶撞""对着干"，表现出对思想教育及遵纪守则的消极、抵制、蔑视及对抗等情绪。宣教微电影可以很好地解决观众的逆反心理，将宣传的价值观幻化为故事主人公的价值观，在了解故事的过程中与主人公产生共鸣，主动接受这一价值观。

2. 品牌理念的融合

相机品牌佳能在 2009 年制作的一部微电影 *Leave Me*，这部微电影构思独特，突破了关于相机和摄影故事的惯有思维模式，片中没有唯美的画面、艳丽的色彩和诱人的精彩瞬间，而是完全换了一种视角来看相机和照片的存在空间。换一种语境，即使普普通通的生活也可以变得如此珍贵。"用相机记录真情"的品牌精髓在不言而喻中被传递。可爱多的广告微电影《这一刻，爱吧》也是将可爱多与甜蜜、幸福等美好寓意融合在一起，使品牌的形象深入人心。这样的微电影将品牌理念融入短小的故事情节中，让消费者在被故事打动的同时也接受了品牌传递的精神。

3. 情感的共鸣

情感共鸣又称情绪共鸣，是指在他人情感表现或造成他人情感变化的情景（或处境）的刺激下，所引起的情感或情绪上相同或相似的反应倾向。

恶搞类微电影题材贴近大众生活，容易引发大众共情，从而达到情感共鸣的效果。《老男孩》讲述了两个最普通的北京小人物的梦想与现实，一夜之间在互联网迅速流传，甚至传统媒体也跟风大肆报道，感动了来自"60后"至"90后"的各年龄层的广大观众，很多人流下了唏嘘的泪水，交口称赞这是少有的代表新青年心声之国产佳作，受欢迎的关键原因与恶搞微电影本身题材的"亲民"有很大关联。

二、网络剧

与传统电视剧相比，网络剧的传播渠道和传播模式有很大的差别。电视剧是以电视终端播放为主，网络剧则主要通过互联网络进行传播。基于网络新媒体的网状多点传播和强互动性，网络剧受众的接收和审美习惯发生了改变。

（一）传播主体覆盖面更广

以互联网为主要传播媒介的网络剧，通过视频网站、专业平台、贴吧论坛等传播渠道进行内容的输送，传播主体更加广泛。参与传播的各方主体中，影视公司利用专业的拍摄条件和制作手法进入新媒体，视频网站通过自制网络剧缓解版权的成本压力，自媒体也为网络剧的内容提供大量原创素材。影视公司作为专业的内容生产机构，通过专业的拍摄、制作和成熟的运营、市场推广、进入新媒体，成为网络剧的传播主体之一。以拍摄的热门网络剧《万万没想到》的影视公司万合天宜为例，聚集了叫兽易小星、老湿、白客、小爱、刘循子墨等一批新媒体影响力很大的制作人，制作了20余部热播网络剧和微电影，成为新媒体影视剧内容制作的领军队伍之一。[1] 爱奇艺、腾讯、优酷等视频平台也是网络剧的主力军，推出大量的网络自制剧。另外，一些具有创作欲望和市场野心的自媒体也对网络剧发

---

① 孙文涛：《中国网络剧微电影传播概论》，中国广播影视出版社，2016，第88页。

起攻势，成为网络剧的新秀。

（二）以受众为中心的互动创作

网络剧相较于传统的电视剧，互动性是一个非常重要的特征。网络剧的优势除了各种海量网络剧可供受众浏览和筛选、受众在收听收看的时空具有随意性，点赞、弹幕、评论的互动方式已经成为受众互动的主要方式。有些网络剧甚至通过网络与受众互动，让受众从网络剧的内容生产阶段就开始参与。在拍摄前，网民可以参与、探讨剧本创作、情节设定与角色挑选。拍摄中，剧组可以在摄影、照明、舞美等创作上与网民广泛交流、探讨。网络剧甚至可以在播出的过程中，吸纳网民的意见和建议，网民可随时提出情节走向、演员表演的不同意见，按照自己的想法改变人物命运，甚至设置结局，导演、编剧等剧组人员可根据反馈意见调整故事情节，创作者、制作者和观众的界限开始越来越模糊。[1] 这种深入互动方式，增加了受众的参与性和沉浸感，也无疑增强了网络剧的受众黏性。

三、网络综艺

互动性是网络媒体最大的特点与优势，这也决定了以互联网为主要传播平台的网络综艺是一种互动传播。在这种双向、互动的传播过程中，受众具有一定的选择权。

（一）选秀类综艺

1. 互动性

选秀类综艺不仅将叙事开放给选手，还开放给观众——观众拥有投票权，控制选秀叙事的最大悬念。无论 2018 年腾讯自制选秀类综艺《创造101》中的王菊出圈现象、杨超越以第三名的成绩成团出道，还是 2020 年

---

① 孙文涛：《中国网络剧微电影传播概论》，中国广播影视出版社，2016，第 90 页。

的虞书欣以第二名的成绩在《青春有你2》中成团出道，都是由观众投出的出乎创作人员意料的结果。实现了在网络综艺中，观众不仅是观看节目的接收者，也是推进节目方向的决策者。

2. 养成陪伴

"养成"概念发端于日本的AKB48和中国的SNH48，即由经纪机构通过一系列的演出活动和见面会，用较长时间培养偶像团队，培养才艺，积攒人气。后来，互联网视频平台加速入局长视频综艺，将"养成"发展成新一代选秀综艺开放叙事的制作理念。最近三年的选秀节目，包括《明日之子》《偶像练习生》《创造101》，以及2020年的《创造营2020》，即大多主打"养成"。它们的共同特征就是，在主体节目之外播出大量的衍生节目，向受众展现选手从素人到艺人的更详细的艺能训练和成长过程，包括主体节目未播素材的剪辑片段、幕后花絮，以及发生在合宿房间和排练厅的幕后真人秀、谈话以及互动内容，这些内容的体量加起来远超主体节目时长。制作方的目的，就是让热爱节目和选手的观众可以在主体节目之外随时、充分观看这些内容，参与线上线下的互动。观众这一行为，被称为"陪伴"，陪伴选手成长为偶像。

受众，尤其是粉丝因此与选手建立了远较一般观众密切深厚得多的情感联系，所谓"饭圈文化"由此兴起。借由"养成陪伴"关系，粉丝除了投票影响竞赛结果，还通过社交媒体对特定选手的妆化、出场先后、舞台位置、出镜频率乃至节目赛制，甚至剪辑方式、宣传方式等，施加越来越多的影响力，俨然成为隐形的节目制作人，以至于《偶像练习生》和《青春有你2》干脆将投票粉丝直接称为"全民制作人"。这种开放叙事的做法，包括提供给观众的观看、参与体验，传统的单一电视频道无能为力，而互联网视频平台的海量播出空间，多样化的播出和互动方式，为这种养成逻辑提供了技术可能，"选秀网综"因此第一次拥有了超越传统电视选秀的制作优势和叙事优势。

值得一提的是，制作方养成"偶像"的同时也在养成"粉丝"，积累人气，而粉丝又反过来影响内容，形塑选手，这种关系非常符合互联网社会学研究者凯文·凯利所定义的共同进化的"互联网消费经济学"："公司培训和教育消费者，消费者又反过来培训和教育公司。网络文化中，产品随着消费者的不断使用而不断得到改进和进化。"[①]

（二）真人秀类综艺

1. 借助名人效应号召力强

真人秀节目一直是近年来热播且非常受观众喜爱的网络综艺节目，其核心价值观的传输也是通过潜移默化的方式进行的。与人们不愿意接受硬性广告传播一样，在喜爱的综艺节目中接受一些价值观的熏陶也变得理所当然，这些综艺节目秉承不忘初心的宗旨，创造着属于节目本身的感染力，陶冶了更多受众，将内在的文化传递给愿意被分享者。真人秀综艺一般借助明星的号召力来带动节目的宣传，例如在《潮流合伙人》第二季里，节目内容就是开店卖衣服，但因为有陈伟霆、周扬青、刘雨昕、欧阳娜娜、范丞丞等明星艺人的参与，就会勾起观众的好奇心"明星是怎样销售衣服的？"；《明星大侦探》中也有何炅、撒贝宁、鬼鬼、白敬亭等明星参与，具有较强的受众号召力。

2. 受众广泛

网络综艺相对于电视综艺而言，在内容选择和播出环境等方面都相对宽松。电视综艺因受众对其选择的范围较窄，所以在节目创作上需要考虑到收视群体的年龄、性别等具象因素，也要考虑到节目对于社会价值等抽象因素。网络综艺的选择则更加广泛，内容更加垂直细分，播出的环境也相对宽松。真人秀类网络综艺主要的目标是以娱乐大众为主，内容通俗易懂，适合各个年龄层。

---

① 龙梅：《选秀类综艺开放叙事初探》，《艺海》2020 年第 10 期。

（三）语言类综艺

1. 题材选择广泛

网络谈话类综艺选择的话题题材广泛，不同的节目以不同的角度作为出发点进行节目内容题材的选择。例如《奇葩说》是一个辩论类语言综艺，以"寻找最会说话的人"为节目宗旨，在节目中嘉宾进行组队辩论，他们的选题并非是一般辩论中的正规辩题，而其中辩题包含了"该不该催好朋友还钱？""长生不老是不是一件好事？""整容会帮你成为人生赢家吗？""朋友圈要不要屏蔽父母？"等这类具有社会普遍性的话题。《晓说》这类的独白式语言类综艺节目，以主持人高晓松的个人视角，以一种聊天的方式来给观众讲述内容，节目中选取的都是高晓松本人熟悉的事件，且内容较为广泛，其中聊到了美国大选、郑和下西洋、朝鲜战争、民国往事等。

2. 社群营销方式

互联网时代传统的粉丝经济模式逐渐被自媒体的"去中心化"模式消解，粉丝在新媒体的催生下逐渐形成了社群，而粉丝经济也顺理成章地发展成社群经济。例如《奇葩说》精准的受众定位和坚持以优质内容为主的节目生产理念，使其一经播出就获得大量的关注度，吸引了众多志同道合者的目光，他们是一群有着渴望参与辩论热情的"90后"，一群渴望被世界倾听的年轻人。相当一部分"90后"现在正处在毕业走向工作岗位的关口，面对互联网高速发展带来的种种社会问题的冲击，他们很难在冲击的旋涡中站稳立场。《奇葩说》首先将符合这部分的人群聚焦到节目中，使得这批群体成为节目的忠实用户。其次在节目的包装上，也着重加强受众对社群的归属感，在节目的最后都会附上贴吧、官方微博、微信等具有社群属性的账号，也为社群化营销奠定了基础。[1]

---

① 王艳玲等：《自媒体时代〈奇葩说〉的社群营销模式探析》，《出版广角》2017 年第 7 期。

四、网络广告

互联网是极具代表性的新媒体形式，广告载体的不同决定了网络广告与传统媒体广告在传播模式上的差异。与传统广告单向性、强制性的传播方式不同，网络广告采取一种双向、交互式传播，在传播的过程中更注重受众的体验与需求。

（一）商业定制类

网络商业广告是以消费为导向的，网络媒介的交互性、精准性以及传播效果的可控性，使得网络商业广告的信息传播更符合受众的个性化需求，更容易被受众所接受、理解与认可，因而取得较好的传播效果。

1. 传受交互性

交互性是网络媒体最大的特点与优势，这也决定了以互联网为主要传播平台的网络商业广告是一种互动传播。在这种双向、互动的传播过程中，受众和广告主处于同等的地位，受众具有一定的选择权，可以根据自己的需求选择广告信息。同时，受众主动参与到信息的生产和传播过程中，他们可以通过转发、评论、分享等方式表达自己对产品、服务的观点和意见，发布者看到之后还可以进行回复。通过网络媒体技术，广告主能够对反馈的信息及时做出反应，不断调整自己的广告营销策略，以求达到最好的传播效果。从另一方面讲，随着用户的体验性和参与度提升，他们对品牌的认知度和忠诚度也在不断增强。

2. 精准性与可控性强

网络商业广告是一种目的性、商业性很强的传播活动，它十分注重消费者个性化需求的挖掘。随着网络技术的发展，广告主可以通过分析消费者的上网习惯、行为属性以及心理需求，进行群体划分，有针对性地向目标消费群体投放广告，使广告更符合消费者的个性化需求，从而获得较大的投资回报。

传统媒体广告是很难获得数据反馈及处理，判断广告传播效果只能依据收视率。但是在大数据时代，广告主通过用户数据挖掘分析可以实现对广告效果的追踪处理。网络商业广告主可以精确统计广告的点击量和浏览量，利用简单的软件就可以得知用户观看广告的时间、人数以及分布地区，广告主可以利用这些数据来监测、评估广告效果，调整广告投放策略。

3. 融合化趋势明显

传统商业广告的传播媒介大多是相对独立的，比如报纸、广播、电视等，它们相互之间联系并不紧密，受众的认可度并不是很高。在互联网时代下，广告传播的形式以及平台开始变得丰富多元，与此同时，随着新媒体技术的深入发展，新旧媒体之间的界限开始变得模糊，各种媒介出现相互渗透和融合的趋势，这种融合化的趋势在商业广告信息传播的过程中日益凸显。许多网络商业广告大多是将各种媒体进行整合，多形式、多渠道联动宣传，实现吸引消费者和推广品牌的目的。2015年12月29日，百事可乐在微信朋友圈发布了一则8秒的六小龄童动态广告，同时在其微信公众号"百事中国"发布了完整版6分钟的视频，讲述了一段猴王世家坚守传承猴戏、给千万个家庭带来欢乐的故事。广告一上线就引起网友热议，百事顺势推出限量猴王罐，进行线上与线下的配合。随后，百事可乐的官方微博与新浪微博进行合作，将《把乐带回家之猴王世家》广告和产品推上热门，众多明星、营销号以及普通网友纷纷转发，引发一次大规模的社交媒体病毒式传播。

（二）公益教育类

公益教育类的网络广告以互联网为传播平台，具有互动性更强、受众的覆盖面更广、借助名人效应，社会号召性更强的独特优势。

1. 传播的实时互动与开放性

网络公益广告是开放的、互动的，它在设计的过程中就充分考虑受众处理信息的意愿和需求，以一种贴近受众、贴近生活的表现形式来吸引受众。从某种意义上说，有些网络公益广告甚至在发布的时候都是一个不完整的作品，通过受众的参与、互动才能最终完成。中国公益广告网上播放的广告《废电池污染》，在播放时画面会出现"请用鼠标触碰废电池，画中画触发全屏，你会发现……"的提示，在好奇心的驱使之下受众用鼠标触碰废旧电池之后，广告会展示被废电池污染的物质，以及由此产生的危害人类的一系列过程。通过这种简单的互动提醒人们重视废电池的危害性。

在开放、共享的网络空间中，受众还可以主动分享公益广告到网站、微博、微信朋友圈等平台，通过这种信息扩散实现公益广告的二次传播、三次传播等。与商业类广告的目的不同，公益广告的传播就是为了向社会公众传递一种公益理念，规范和引导他们的行为，而这种传播的实时互动与开放性，提高了受众对网络公益广告的接受度与认可度，也提升他们参与公益事业的主动性和积极性。

2. 传播覆盖面广

互联网技术的快速发展打破了信息存储、传播的时空限制，信息传播速度越来越快，传播范围越来越广。传统媒体上的公益广告或许受到发行周期或播出时段的限制，无法达到公益广告传播范围最大化的需求。但网络公益广告信息传播具有时空超限性的特点，从时间上讲，以互联网为载体的网络公益广告可以在任意时间进行传播，受众只要上网就能随时点击播放任何一条公益广告信息。从空间上说，它的传播范围是非常广的，互联网的广泛性与全球性，使得公益广告信息可以传播到世界各地，不同国家、不同民族的任何一个网民都可能成为公益广告的受众，可以对同一则公益广告进行无限制的信息交流。

3. 借助名人效应，号召性强

商业广告中经常使用社会名人代言，利用名人的社会地位以及影响力吸引受众。实际上，名人也可以做公益广告，在网络公益广告中就经常借助名人效应传播公益理念。随着社交媒体的发展，名人、微博大V的粉丝越来越多，影响力也越来越突出，一旦有名人参与到网络公益广告制作与宣传中，可以产生示范效应，号召更多的粉丝和普通网民的参与。2017年迪奥全明星公益广告 *Love Chain*，邀请各个国家的名人拍摄了一支问答式黑白短片，广告中讲述他们对于"为了爱，你将如何付出"这个问题的理解感悟，用于支持肯尼亚的 WE Schools 行动。这部公益广告在网上引起强烈的反响，网友们纷纷参与话题讨论并转发，用自己的行动去响应明星的号召。

五、网络游戏

消费社会的影响下网络游戏呈现出机械复制的特点。网络游戏的生产者在利益驱逐下，会用最短的时间生产出最迎合玩家心理的游戏，用各种传播平台加大网络游戏中某一特色事件在玩家面前的曝光量，从而获得更多的关注度。

（一）游戏中建立玩家的独特话语体系

工业和信息化部信息中心发布的《2017年中国泛娱乐产业白皮书》指出，"随着动漫产业的快速发展，'二次元'的概念和范围逐渐扩大，中国二次元粉丝群体规模增多，加上二次元粉丝的核心群体——'90后'和'00后'的消费能力快速提升，二次元文化正在逐步主流化。[1]二次元主要指ACGN（A 即 Animation，动画；C 即 Comic，漫画；G 即 Galgame，包含美少女元素的游戏；N 即 Novel，轻小说）构成的二维平面世界。"二次元文化最初起源于日本，随后传播至中国，最初是在特殊群体中小范围流行的小众文化，但近年来深受观众尤其是年轻人的喜爱，正在向主流化方向发展。大数据研究机构艾瑞咨询预计，"2017年，中国的二次元核心用户将超过8000万，二次元群体的总数将超过3亿，且97%以上是'90后'和'00

---

[1] 范佳伟：《回合制手游新增 UI 设计规范研究》，《电子信息》2017年第2期。

后'。"① 当下手机游戏玩家的年龄趋于年轻化，简言之，年轻的手游玩家中二次元人群的潜在占比很大。

　　网络游戏叙事正在建立自己的话语方式和话语世界，网络游戏所从属的"二次元世界"有一套自己的话语体系，它拥有自己的词库，词汇量大、翻新速度极快，而且被青年人广泛认同、已切实进入话语流通过程。在以往的年代中，话语生产更新的任务主要由文学语言承担，今天这种功能大量地转移到了游戏世界里。如今，我们的现实生活中充斥着各种漂亮的套话。意识形态话语的无死角扩张和消费主义宣传策略的过度使用，使得现实世界中许多固有的词语和句式，在自我循环及无意义重复的过程中被严重磨损。青年群体不认可这些被磨损过的空洞套话，认为这是"语言腐败"。

　　他们转身投向"二次元世界"例如 A 站（ACFun 网）、B 站（哔哩哔哩网）以及网络游戏的怀抱，希望在这片新的领土上种植出一套自己的语言。这套语言可以呈现他们的精神活动、表达他们的情感状态，有时可以完全抛开传统意义上的文字组合方式来表情达意——通过词语缩写甚至各类表情符号，几个字或几个符号可以传递数十字才能表达的复杂含义。

　　游戏叙事在这种"二次元话语"的生成过程中扮演了非常重要的角色。例如"基操、勿 6、皆坐"，在这六个字面前，不熟悉网络游戏的人恐怕不懂其中含义，但"二次元世界"的语言居民非常清楚，这六个字用世俗语言翻译过来乃是"这是基本操作、不要觉得我厉害、都坐下都坐下"，它原本是游戏里玩家角色连续击杀对手、直接扭转游戏局势（一系列的"动作"所构成的"情节"）之后队友表示赞叹时使用的表达。六个字背后，存在着非常完整的情节想象和画面感，甚至还包含有对身份、年龄、生活方式的相互确认。换言之，上述一切与青年一代的精神结构、自我意识紧密相关。在此意义上，游戏的叙事，不仅借用了传统意义上的线性叙事骨架、制造出玩家主体的自我叙述可能，同时还是关于语言自身的叙事——它在不断

---

① 苏晨辉：《手机游戏产业链及商业模式》，《通信企业管理》2014 年第 8 期。

生长出新的表达，进而建构起一个独立的符号世界。由此言之，网络游戏实际上是利用新技术，创造出了新的神话世界、新的叙事规则和新的符号系统。[①]

《阴阳师》手游是基于日本梦枕貘的原著小说改编而成的，并且它的整体制作风格也属于二次元手游一类，所以《阴阳师》手游在上市之初就抢先一步获得了核心二次元用户的喜爱。之后手游请来杉山纪彰、泽城美雪、石田彰、钉宫理惠、铃木达央、能登麻美子、保志总一郎等日本的顶级配音演员为游戏的角色配音，他们其中很多人都为知名漫画角色配过音，如《银魂》里的神乐、《灌篮高手》里的流川枫、《火影忍者》中的佐助等。对于大多数人而言，这些都是陌生的、没有听过的名字。但是对于二次元群体而言，一个好的声优对于他们是十分有吸引力的。声优的加入，是充分抓住了二次元群体对于日漫的归宿感，也让各个角色的情感更加丰沛，使得用户在听觉层面更有代入感地沉浸在游戏剧情之中。在推广初期，官方充当意见领袖活跃在社交平台之上，带动二次元群体针对喜爱的游戏角色进行有奖励的二次创作。《阴阳师》官方不定期举行的"大触觉醒""百绘罗衣""映像祭""百魅夜行"等各类同人创作的比赛活动。"百绘罗衣"大赛的初衷是官方鼓励二次元玩家为游戏中的宠物设计皮肤，通过互动活动鼓励用户积极参与，同时把游戏话题炒热吸引更多的受众加入进来。经过一系列画风旖旎的同人创作，在活动期间将微博话题＃百绘罗衣＃的热度带到 3 亿次阅读量，33.9 万个讨论帖子，为"阴阳师"带来巨大的网络流量。[②]

（二）独特的游戏文化提高玩家心理认同感

网络游戏的功能除了给玩家提供消遣和娱乐，还能为玩家带来交际、寻找归宿感等其他服务。优美的游戏画面、震撼的游戏音效、跌宕的游戏

---

① 李壮：《论电子游戏的叙事和文化逻辑》，《南方文坛》2019 年第 1 期。

② 周臻：《新网络环境下竞技类网游的营销传播策略研究》，武汉体育学院，2014 年。

剧情以及有趣的游戏技能等都是吸引玩家的因素，这些因素可以产生话题，玩家们通过各个社交网站，例如论坛、微博、视频网站等进行互动交流，就形成了游戏文化。独特的游戏文化能够为游戏带来玩家的忠诚度，提高玩家的心理认同感。打造游戏文化可以赋予网络游戏独特的精神气质和情感归属。

另外，打造游戏文化内涵还可以构建以游戏为中心的多层面的文化系统。例如《阴阳师》《剑侠情缘》等从游戏衍生到了电视剧、电影书籍等其他文化产品，形成了多层面的文化系统，不但扩大了文化影响，还互相促进，进入了一个良性的互动循环。《英雄联盟》将游戏人物和虚拟偶像相结合，为电竞文化和粉丝文化相融合提供了新的思路。在此背景下诞生了虚拟偶像团体——KDA，据了解，这个新虚拟偶像团体的出道专辑主打歌POPSTARS一经推出，便在"流行数位歌曲销售""数位歌曲销售"榜单中分别拿下第10名、第30名的好成绩。

《英雄联盟》制作公司还在其游戏服务器中更新了KDA女团的新版游戏皮肤，这也引起了广大玩家的追捧。[①] 如《剑侠情缘3》中，创作者给游戏人物设计了一大批精美的古风服饰，激发了女性玩家极大的购买欲，如藏剑门派的外衫"肃肃松下君子风"、万花门派的"墨色晕染质清霜"。游戏推出的秋季披风"万态皆寐"系列添加了白云、冬雪、紫蝶与绩罗的传统元素；翠鸟与丝路的时装海报中，"楼兰旖语"透明轻纱显出丝路楼兰的异域风情，"绸云提雨"是传统国风的演绎，彰显温润气息。

（三）游戏传播过程中时刻体现互动性

网络游戏中用户的人数是至关重要的，玩家的人数直接关系到游戏的新鲜程度和生命力。在游戏初期就建立庞大的用户群，需要运营商和开发商利用各种手段吸引用户。

---

① 徐越、付煜鸿：《虚拟偶像KDA女团——电竞文化与粉丝文化结合的典型范例》，《新媒体研究》2019年第5期。

《英雄联盟》在游戏运营过程中，在发布新的英雄皮肤之前会让玩家提前预览，如果玩家不满意，可以在官方微博底下留言，设计师会根据玩家的意见对皮肤进行 2～3 次的修改。同时游戏设计师在每个版本都会权衡游戏中人物的强弱，不断修改游戏平衡性和其他小问题。玩家不仅在与游戏设计者的互动中提供大量游戏反馈，为游戏提供更多的媒介信息内容，而成为游戏的生产者；更是在与其他玩家的互动传播中构建起"虚拟社区"——游戏公会，进行着各种游戏内以及与游戏相关的传播行为。玩家喜欢在游戏世界内与其他玩家进行信息的沟通共享，包括分享秘密攻略、讨论游戏机构或者投票选举新的队长等，以及与亲密的朋友进行深入交流。

　　除此之外，玩家还会组成各种各样的"小团体"，成为游戏内信息传播的固定单位，通过电子邮件、信函、语音、视频聊天、第三方交流等互动渠道协作进行游戏和社交行为。除了玩家与玩家之间在游戏内的互动传播，玩家还会聚集在游戏相关的网站、论坛、社区等围绕游戏内容进行各种信息的加工、编辑和传播活动，这些信息内容包括游戏攻略、游戏视频、游戏小说、游戏漫画等。[①]另外，很多玩家将自己或者别人的优秀游戏历程、精彩游戏战斗片段以及动人心魄的游戏故事等在抖音、微博、微信等新媒体平台上发布，这都成为玩家之间，以及玩家与游戏研发者之间，在游戏世界之外的互动传播行为的组成部分。

（四）游戏主播和明星共同助力

　　在如今直播当道的时代，直播平台开展精细化管理活动，使直播内容拥有较高认可度。多款网络游戏也是利用直播平台，让主播与玩家互动，进而扩大了整体宣传效果。通常游戏主播们会根据用户们的喜好市场的流行而决定直播的游戏内容，游戏主播利用游戏热点提高网民关注度，进而扩大自己知名度，同时游戏也借助主播的人气进行游戏宣传。根据各个直播平台的统计，《绝地求生》已迅速登上游戏热门排行榜之首，在热门社交

---

① 关萍萍：《互动媒介论——电子游戏多重互动与叙事模式》，浙江大学，2010 年。

搜索微博中，与"绝地求生"相关的话题阅读量呈现爆发式增长状态，而"今晚吃鸡""跑毒了"等由游戏衍生的词语也成为网络流行语。

此外，与《绝地求生》相关的视频开始在抖音、微博等平台循环播出，高频率推送给年轻用户，并吸引流量无数。明星身份地位的特殊性使得他们本身就具有一种良好的传播效果，他们自身就是话题的焦点。邀请明星代言可以利用明星的人气为产品和品牌造势。明星代言游戏主要是通过微博或者游戏官方网页这些核心渠道来制作各种明星和游戏相关的海报并投放到粉丝群体中，让他们知晓明星参与到了游戏的宣传环节，另外一种则是从明星在线下活动中亲自体验某款游戏，突出游戏的可玩性和趣味性来吸引受众。

六、网络动画

互联网时代平等的传受关系是新型传播模式的起点，动画制作公司从题材选取开始就时时注重受众的意见，网络使这种行为更加便利，从官方网站、社交平台官方账号、动画作品弹幕池评论区里，都能很便捷地获悉受众的想法，并适当地对作品进行调整。本部分将从传播过程中的两个行为主体——官方和受众出发，探讨两种相互区别又联系紧密的传播模式。

（一）官方主导的传播

官方主导的传播主要包括 IP 的选择，作品本身元素的推广，与其他二次元产品的合作，跨界的合作与多语种的开发。

1. IP 选择

与改编动画相比，原创动画占少数。动画制作公司为了保证产品收益，也倾向于改编已经积累了一定人气的漫画、小说和游戏作品，因其投资风险小、制作难度较原创动画低。

其实网络动画片的传播从选择要改编的 IP 时就已经开始了，动画制作公司对高人气的 IP 有预判，若将这些 IP 动画化，那么它在原有粉丝圈内的有效传播基本上是可以保证的。

IP 热度高，证明原作品本身就足够优秀，很有进一步传播开来、扩宽粉丝范围的潜力，只不过可能囿于原本的体裁，未能达到更好的传播效果。动画是一种受众接受程度更高的形式，看小说、漫画需要受众有解读文字、分镜等信息的能力和精力，而受众看动画作品就只需要动动手指，在视频网站上点开动画，随着时间的流逝，观赏一个故事就行了。因此改编成动画作品的 IP 除了原作粉之外还能吸引一批动画粉，这是优秀 IP 和动画简洁形式的附带红利。

2. 作品本身元素的推广

预告片是影视作品在播出之前释出的交代作品世界观、主要角色的短片，通常会简单交代故事情节的主要矛盾，为即将正式播出的作品留下悬念。动画受众经常主动搜索将要播出的动画，好的预告片能迅速引起他们的兴趣，该作品将会被列入他们的"追番日程"。在新媒体时代，动画制作公司可以将预告片投放到视频网站或公开的社交平台上，借助"排行榜"和"热搜"等功能，把作品推到受众面前，让作品相关话题发酵，在动画播出之前蓄起最初的影响力。艺画开天的原创动画《灵笼：INCARNATION》定于 2019 年春季播出，该动画公司从 2017 年 8 月就开始陆续放出预告片，因其在预告片中展现出的出色制作水平和完整、震撼人心的末世世界观，使大量受众对它产生浓厚的兴趣。

推广主题曲也是很多动画公司宣传的选择，主题曲需由创作人员结合动画剧情和其他元素编写，如果主题曲歌词提炼的意蕴丰富，曲调也好听的话，随着歌曲的传唱，动画作品也会随之被传播开来。《狐妖小红娘》第二季的主题曲《梦回还》无论是词还是曲，在动画主题曲中都属于上乘，一时间主打二次元文化的视频网站 Bilibili 上充满了这首歌的翻唱视频，有不少"狐妖粉"都被该歌曲感动，因歌曲而决定追这部番剧。

3. 与其他二次元产品的合作

为了扩大受众群体，网络动画类产品经常和其他二次元产品有合作。

比如绘制漫画形式，除了原本改编自漫画的动画，很多动画公司都会委托画手绘制动画的漫画版，在剧集末尾或者单独在社交媒体中推广，拓展喜爱漫画形式的二次元群体。和手游、轻小说的联动也是同理，在使作品广泛传播的同时获得可观的经济效益。玄机科技的大型 3D 动画《秦时明月》中就经常推广同名游戏，让意犹未尽的粉丝在游戏中解锁新剧情、抽取角色卡牌。

4. 跨界的产品合作

除了和同根同源的其他二次元产品合作，动画公司有时会和跨界的产品合作，在商品上印制动画形象、让动画中的虚拟角色代言商品都是常见的联动方式，喜爱相应动画的受众会贡献自己的购买力，对动画不太了解的人在购买商品之后可能会对动画产生兴趣，搜索并观看该番剧。《全职高手》的人气角色周泽楷曾代言麦当劳的"那么大甜筒"，不仅麦当劳店中会张贴周泽楷手握甜筒的海报，在《全职高手》动画里也经常出现麦当劳的广告植入。

5. 多语言的开发

有的网络动画片会同时开发多种语言，方便作品的跨国传播。二次元文化起源于日本，动画是其重要的组成部分，中国的二次元粉丝很多都听惯了日语配音的动画。现在有很多国产动画也会一式两份地出日语版本。比如泡面番《快把我给我带走》，它在聘请国内一线配音演员参演的同时，邀请日本多名著名声优制作出日语版，在让受众感受不同语言魅力的同时，便于动画作品在国外的传播。

（二）受众自发的传播

除了官方主导的传播，互联网时代越来越主动的受众也积极承担了部分宣传动画功能，他们想让自己喜爱的东西被更多人了解、接受，互联网开放的社交平台让他们能更广泛地分享自己的看法。

同人创造是受众自主性的最佳体现，拥有一定专业技能的同人作者不仅是简单地转发、分享动画作品，因喜爱动画作品而作的同人画、同人文、同人视频、同人广播剧等凝结了他们的劳动，若不是官方约稿，他们收不到实际可见的收益，于是同人创作有时被戏称为"用爱发电"，"同人圈"热度能间接说明原动画作品质量、衡量作品传播效果。"全职高手"同人圈是目前发展较为完善的，它的原作是蝴蝶蓝的网络小说《全职高手》，在动画版本出现之前，网络上已经出现了大量的同人作品，包括播放量300多万的《半道英雄》同人曲，《秘密》《轻狂不老》等同人文，更不用提微博和 Lofter 上数不胜数的同人图了，动画版本一经播出，又引起了圈内同人创作的新一波高潮。对同人作品感兴趣的受众很自然地会对原作品产生兴趣，很多受众都表示看了同人之后补起了漫画，甚至去阅读篇幅巨长的原著。

官方主导和受众自发的传播行为并不能完全分开，官方需要考察受众的想法选择最佳的宣传方案，受众的传播行为可能受到了官方的暗示，也可能受到了官方的明示。动画公司清楚地知道同人作品能很好达成宣传效果，会跟已经有一定粉丝量的画手、写手、剪刀手等约稿，这种做法如同买了软广告，受众难以鉴别或者不在意同人创造者是否有官方授意，在他们分享同人的同时将原作推广开来。

第二章　新媒体虚构影像的叙事视角

　　叙事视角，顾名思义，就是叙事者从事叙事活动时所采取的方位或角度，是"视觉与被'看见''被感知'的东西间的关系"。[①] 叙事视角是创作者讲述故事的角度和立场。面对包罗万象的复杂世界，叙事作品的创作者会从自己能够把控和擅长的角度去吸纳和筛选错综复杂的现实素材，依托自身的知识储备、丰富的人生经验、艺术感知能力，将主观认知与客观世界结合起来。正如托多罗夫所指出："构成故事环境的各种事实从来不是'以它们自身'出现，而总是根据某种眼光、某个观察点呈现在我们的面前。"[②] 叙事视角是叙述者观察和叙述故事的角度，是创作者和受众心灵的结合点，是创作者把他体验到的世界转化为叙事话语世界的基本角度。

　　"叙事角度是一个综合的指数，一个叙事策略的枢纽，它错综复杂地联结着谁在看，看到何人何事何物，看者和被看者的态度如何，要给读者何种召唤视野和观览的文化扇面。"[③] 热播的新媒体虚构影像叙事作品往往能够从受众的角度来进行叙事，这需要创作者能够很好地揣测受众的接受和审美习惯。"叙事视角是一部作品，或一个文本，看世界的特殊眼光和角度。"[④] 换言之，叙事视角就是叙述者观察和叙述故事的角度，而且角度本身就包含创作者的情感倾向。从何种角度去叙事，成为故事成功叙事的重要

---

① ［荷兰］米克·巴尔：《叙事学：叙事理论导论》，中国社会科学出版社，1995，第114页。

② ［法］兹维坦·托多洛夫：《叙事学研究》，中国社会科学出版社，1988，第65页。

③ 杨义：《中国叙事学》，人民出版社，1997，第191页。

④ 同上。

因素，创作者在作品中常常会以叙述者身份来对故事进行讲述和引导，以受众喜闻乐见的方式来传达信息和表达情感，在互动性更强的新媒体虚构影像叙事的创作中也应该遵循这一规律。

在叙事作品中比较常用的叙事视角主要有"全知视角叙事、限知视角叙事和流动视角叙事"。本章将从全知视角叙事、限知视角叙事和流动视角叙事三个维度来对新媒体虚构影像的叙事视角进行分析，试图揭示新媒体虚构影像创作主体的叙事视角与主体身份的建构机制。

第一节　新媒体虚构影像的全知视角叙事

全知视角是一种上帝视角，就是站在上帝的角度叙述事件，即叙述者从一个全知全能的角度介绍被叙述的故事，他知道的比任何一个人物都要多，对故事中每一个人物的行为、心理及其命运的发展都了如指掌。作者，尤其是虚构叙事的作者，对其作品中的人事、心理和命运，往往拥有全知的权力和资格。"源远流长的历史叙事，在总体上是采取全知视角的"。因为关于历史不仅要多方收集材料，全面地实录史实，而且要探其因果原委、来龙去脉，以便"究天人之际，通古今之变"。没有全知视角，是难以全方位地表现重大历史事件的复杂因果关系、人事关系和兴衰存亡的形态的。[1]

可见，全知视角往往用于对宏大主题的叙事，特别是历史文献中已确认的已经发生的历史事实，或者已经确证发生的新闻事实和现实事件。全知视角是从宏观的角度，不受时间、空间、人物的约束，叙述者像一个全知全能的上帝，既可以详细交代故事的背景和环境，也可以随时对人物的思想行为做出解释和评价。

---

[1]　杨义：《中国叙事学》，人民出版社，1997，第282页。

一、网络微电影

在微电影中，全知视角可以将人物之间的复杂关系、戏剧化的场景表现出来。除此之外，全知视角也可以用来深入表现一些细节，实现对微电影局部的灵活控制，进一步增强微电影的叙事功能及艺术效果。

微电影中的全知视角最常见的表现方式就是画外音，通过运用画面外的声音，即旁白、独白、解说等来对故事背景、人物情节等进行补充说明。在微电影《一个馒头引发的血案》中，由于人物关系比较复杂，全篇由画面外第三人称的解说串起，让观众快速进入到故事中，随着解说一步步了解故事的全貌。首先交代了故事的主要内容警察奉命抓捕逃犯，紧接着按顺序介绍出场的人物，介绍了故事的发展和转折，最后对故事发表评论："呼吁家长们要重新考虑一下教育子女的方式，不要学谢无欢这样因为一个馒头记仇 20 年，要让子女形成正确的人生观和世界观。"无厘头台词体现了影片的恶搞特质，成为恶搞视频的鼻祖。

除了运用画外音，微电影的全知视角还可以通过画面中的物体来展现，比如说画面中的电视、广播等物体。微电影《老男孩》讲述的是两个最普通的北京小人物的梦想与现实，主角之一肖大宝做完婚庆主持工作被客户殴打之后，一边打电话给客户道歉，一边开车往回家的路上赶，车里的广播播放的是 "70 个大中城市房屋销售价格同比上涨 8.9%，其中新建商品住房销售价格同比上涨 10%" "全国应届毕业生的数量达到了 610 万，加上去年还没就业合计有 710 万大学生需要就业" ……广播就充当了一个叙述者的身份，从旁观者的角度讲述当时的社会背景，房价上涨、就业压力大等问题是普通人都会面临的，很容易引起观众的共鸣，使观众能够深入感受和理解画面形象的内在含义，而且能够通过具体生动的声音形象获得间接的视觉效果，强化了影片的视听结合功能。除此之外，这样和现实生活息息相关的广播媒介也创造了真实的声音环境，烘托气氛，加强了生活场景的实感。

二、网络剧

全知视角就是站在上帝的角度来叙述事件，了解故事发展过程，以宏观的姿态和方式来讲述故事。网络剧的全知视角通过同期声的旁白和字幕体现，游离于剧集外的声音阐释人物的心声、时间的发展，受众跟随这样一种上帝视角置身事外地观看人物间的爱恨情仇。

《延禧攻略》和《如懿传》作为古装宫廷剧以历史为蓝本，作为群像剧集视角的选择相对比较宏大，受众在观看的途中有种近似翻阅历史的体验。后宫间的争斗、推动剧情发展的每一次小事故以及《延禧攻略》中女主角魏璎珞的两次情感变化，富察傅恒对魏璎珞的感情心路历程等都是事无巨细地展现给受众，人物间情愫流动是不被感知的，但是观众拥有纵观一切的上帝之眼。

三、网络综艺

全知视角能够相对全面客观地呈现事件的各个方面，并尽可能地保证真实的事件选择和客观的事实陈述。在网络综艺节目的叙事活动中，这种全知视角的叙述方式具体表现为观众可以从一个上帝视角感知在节目内部发生的一切事情，这些事件一般在节目中参与的嘉宾里只是片面的了解。从这种视角出发，将观众置身于第三者的角度，对节目的背景、人物情节感知全面。

比如在爱奇艺自制综艺节目《潮流合伙人》第二季当中，节目表现的是陈伟霆、范丞丞、周扬青、欧阳娜娜、刘雨昕等几位艺人在成都开潮牌店卖衣服的叙事线。节目中整体都是由客观性镜头串起，观众站在一个上帝的视角，可以很清楚地看到节目中几位嘉宾的行为，观众的视角与节目中故事发展方向的内容是同步叙事的。例如在节目中，欧阳娜娜跟周扬青和刘雨昕说店面的大门是可以声控的。并且叫她们尝试用声音控制开关门，这时的镜头聚焦到了欧阳娜娜的口袋，告诉了大众其实遥控器在她的口袋里，并且给到了陈伟霆的反应镜头，代表了此时陈伟霆是知晓其中的玄机的。镜头的表现很客观地给了受众一个全知的视角，向观众完整地展现了节目中的状态。

除了这种客观性镜头来表现全知视角之外，网络综艺的全知视角还可以通过字幕来展现。综艺节目中的字幕有三种形式：第一种是与音画同步显示的文字内容，也就是同期声字幕；第二种是节目开头或结尾出现的节目名称、logo、节目主题语、演职人员表等；第三种也是真正具有全知视角的一种字幕，即综艺节目中惯用的"花字"。"花字"是在没有对白的情况下，通过后期制作的字幕来告诉观众一些他们不知道的信息或者是站在旁观者角度做出的评价，以更好地诠释节目内容。在芒果 TV 自制的综艺节目《密室大逃脱》中，嘉宾在节目中的信息会在一开始就以花字的形式展现，例如在 2020 年 9 月 9 日的第十一期节目《神秘写真》中，郭麒麟、邓伦、杨幂等嘉宾在上车出发时，他们的身份信息就以花字的形式在荧屏中展现，而且在节目中很多解谜的信息都是通过花字的形式重点强调告知观众。花字并非是同期声或旁白，但通过字幕对整个节目情节进行了补充说明，其实有时花字字幕就充当了一个上帝视角的身份，配合画面、解答画面内容，构成了完整的叙事。并且花字潜移默化地引导着受众对解谜产生倾向，使节目叙事更加完整。

四、网络广告

在广告的叙事活动中，全知视角的叙述方式具体表现为大量画外音旁白的出现，这些画面外的声音叙述者一般会站在一个第三者的角度对故事背景、人物情节等进行补充说明。比如 2011 年支付宝广告《郑棒棒的故事》，讲述了一个以挑担为生的棒棒，在与货主走失之后，信守承诺，14 天苦寻货主的故事。全片由画面外第三人称的旁白串起，首先交代了主人公郑定祥的名字、身份以及故事发生的时间背景，并与广告画面所呈现的内容同步叙述，主控故事情节的发展方向，向观众展现了郑棒棒的心理变化，最后对郑棒棒的故事发表评论："他用肩膀挑起自己的生活，也用心担负每一次承诺、每一份托付。"由此揭示广告故事的核心主题。

除了这种客观性的旁白，网络广告的全知视角还可以通过字幕来展现。广告中的字幕有三种形式：第一种是与音画同步显示的文字内容；第二种是没有对应画面与声音，在广告叙事中对画面内容进行解释说明的文字，还有一种是广告开头或者结尾出现的片名、产品名称、logo、广告语、演职员表等。其中真正具有全知视角的是第二种形式，在没有解说和对白的情况下，通过字幕来告诉观众一些他们不知道的信息，揭示广告的核心内容。如 2012 中国公益广告黄河奖金奖作品《捡珍珠复学计划萤火虫篇》，整个广告在 44 秒的时间内只展现了一个画面：在漆黑的夜晚，伴随着脚步声和喘息声，有一个人打着手电筒由远及近走过来，直至出画。整个画面中没有一句台词，但是通过几行字幕对整个故事进行了补充说明："张子涵 16 岁，甘肃会宁九沟村全校第一名，每天在黑夜中行走 3 个小时上学，再走 3 个小时放学。继续升学，是他们走出这片黑暗大山唯一的路。"在这则广告中，其实字幕就充当了一个表明叙述者的身份，它和画面配合构成了一个完整的叙事。而字幕的叙述中其实隐藏着叙述者的情感倾向，这种情绪渲染以及价值倾向对受众产生潜移默化的影响。结尾处的画外音"现在急需你的资助，和我一起加入捡回珍珠复学计划"，则指出了广告的核心诉求。

五、网络游戏

叙事视角是叙述者观察问题的角度，包含着叙述者明显或者隐晦的情感倾向。同时，叙事视角也是建构叙事行为的出发点，叙述者通过事件的选择、人物的塑造和叙述的语态等来表达自己的立场、观点和态度。在生动逼真的网络游戏世界中，游戏者从实际时空的限制中解脱出来，在相对自由较为平等的环境中进行自我身份的探索、实现与认同。显然，在网络游戏叙事中，图像的重要性就凸显了出来，网络游戏叙事中的视角被直接呈现出来，玩家能清晰地看见游戏虚拟世界中发生的一切。借助不同的视角，玩家娴熟地操控着游戏，不断推动游戏故事的发展。[①]

全知视角最大的优点就是可以全方位、客观地叙述重大事件的因果关系和人物关系，在全知视角叙事中，叙述者掌握的情况是最全面的，了解人物的过去和未来，因此在网络游戏中，游戏世界背景过于宏大，加上涉及的事件题材较多时会采用全知视角展开叙事。在网络游戏中这种从全知角度观察被叙述的故事，纵观前后的叙述方式多表现为画面上全景式的鸟瞰，并且尽可能地保证真实的事件选择和客观的事实陈述。

例如《绝地求生：刺激战场》中，系统匹配队友完成以后，游戏对局中的 100 名玩家都会出现在同一指定区域，这个区域通常被称为"素质广场"。在这个"广场上"，100 名玩家可以自由语音，甚至可以向对手发出挑战，约定好在某一地点碰面进行战斗和交火。在这里能够以全景的视角观察到每一位玩家的动向，随机匹配到的同一队的队友头上会有颜色标志，而其余的 96 名则都是敌人。同时从人物角色的衣服搭配上可以分辨出该玩家是新手还是经常玩的高手，新手的角色外观以短袖和牛仔裤为主，穿着比较朴素，高手的角色外观则是一些色彩比较丰富的外套围巾等，并配有装饰物如面具、墨镜等。"素质广场"上全知视角叙事的运用能够使玩家全面观察游戏中的场景，全方位地获取游戏中的海量信息，从而增加游戏的叙事性和完整性。

六、网络动画

在动画作品中采用全知视角展开叙事是较为常见的，如果要介绍一个宏大的世界观、复杂的人际关系，全知视角无疑是最快捷的。叙事学家一般不考虑文本之外的作者，仅关注文本之内的"隐含作者"（即文本中蕴含的作者的立场、观点、态度等）。[②]采用全知视角的叙述者可以

---

① 李璐：《电子游戏的叙事美学研究》，西南大学，2017 年。

② 申丹：《对叙事视角分类的再认识》，《国外文学》1994 年第 5 期。

是在台后默默操纵的，受众按照叙述者的思路感受整个故事，这时受众与角色的距离最近，因为受众能如同零视角叙述者一样全息全感，看到、感受到叙述者想让受众知晓的角色情感；当叙述者走到台前，这时最显著的特征就是叙述者的声音直接外化为画外音，此时受众与角色的距离最远，只能通过只言片语了解角色身世生平。

（一）全程台前式

任何故事的架构都要在一定的时间范围里，即使是讲跨越几个时代故事的动画，也不可能把这几十年甚至几百年的点点滴滴一一描绘，它会截取几个有意义的时间截面，讲好几个时间段的故事，通过几个故事的交融完成长距离的时间跨度。一个时间段对应的是一个社会，社会影响人的思维，从而影响剧情的走向。因此在讲故事的时候，交代时代背景是尤为重要的。

叙述者有时会全程站在台前，以"讲坛式"的语言贯穿剧集，动画剧集全程除了叙述者的画外音，还有衬托画外的音效，偶有配音，画面成了声音的"背景"。讲中国历史的《如果历史是一群喵》就采取了这种让叙述者"照本宣科"的方式。这部动画将历史上的人物"拟猫化"，配以符合人物身份的服饰以相互区别（如图一）。猫们的出场退场、动作等都受画外音支配，猫们没有台词，但有表达情绪的"喵"声，每一集都"喵"生四起，历史被讲得妙趣横生。

图一 《绝地求生：刺激战场》游戏截图

图二 "拟猫化"的蚩尤

　　叙述者有意靠近受众，力求使用受众最能理解的语言，例如将《三五历纪》中的"天地混沌如鸡子。盘古生在其中，万八千岁，天地开辟。阳清为天，阴浊为地"，译为白话"在很久很久以前，天地还未形成，宇宙宛如一个巨型的鸡蛋，在巨蛋中睡着一个巨喵，它劈开巨蛋，蛋壳中清的物质变成了天空，浑浊的物质变成了大地"。但是这种如同听讲坛的动画片可能不适合长时间观看，为了迎合受众碎片化的观看习惯，这种形式的动态漫画通常将每一集的时长压缩，做成 5 分钟左右的泡面番。

（二）半途退场式

　　有的动画会让直接叙述者在动画内有一定的存在感，更多的是叙事者操纵的叙事，交由角色的交流与冲突交代剧情。《那年那兔那些事儿》是一部讲历史的动画片，在动画中有直接叙事者即作者的形象，更多的是通过兔（中国）、熊（沙俄－苏联－俄罗斯）、象（印度）、鹰（美国）、牛（英国）、鸡（日本）之间发生的故事隐喻中国近现代史。该动画的第一集，叙述者站到台前，先来了一段开场白"那年宇宙的一边有一颗美丽的蓝星，上面有一个地方叫种花家，在这里，炎总和黄总首先统一了这片地区，所以种花家居民都以炎黄自称……然而，一切繁华都是有限的"。接着通过谈判桌上熊鸡之争、签订条约等讲了一段清末到民初的故事，等讲到国内战争结束时候，旁白又上线了："而那年的结果，大家都是知道的。"画面中蒋某离海，逃往台湾。

这种"半途退场式"很容易调控动画的节奏，就如同上一个例子，中华上下五千年的历史，画外短短几句话就简单交代了。这种方式也有让受众靠近角色的机会，如讲述朝鲜战争长津河战役的时候，受众在叙述者引导下，先聚焦于伏击在冰天雪地中的两只兔子身上，这两只兔子互相鼓励要挺住，等到最后冲击时，一只兔子却没有站起来，这时画面拉远，叙述者让受众看到，在冲击的战友身后，还被雪埋藏着很多在伏击中失去生命的兔子。这时受众自然会想起在抗美援朝战争中前仆后继的中国志愿军，配合片尾插入的英烈遗骸归国新闻，让受众不禁潸然泪下。

（三）全程退场式

有的叙述者很少站在台前，画外的存在只是为了补充，起交代背景的作用。如《天行九歌》第三集开头："天子已死，诸王纷争。逐鹿中原，乱世七雄。春秋逝远，寒冬将至。天下无常，聚散流沙。逝者如川，天行九歌。"简单交代了战国末年诸国纷争的时代背景，后面故事的展开则交给角色来表现。

第二节　新媒体虚构影像的限知视角叙事

"限知视角是通过故事中的某个人物的视野观察事物，只了解部分的情况"。[1] 限知视角是相对于全知视角而言的，全知视角是无所不能的"上帝"视角，那么限知视角就是有限的视角，只能了解部分情况。"限知视角所表达的乃是一种感觉世界的方式，由全知到限知，意味着人们感知世界时能够把表象和实质相分离。限知视角的出现，反映了人们审美地感知世界的层面变得深邃和丰富"。[2] 在叙事作品中，限知视角的叙事能够增强故事的

---

[1] 何纯：《新闻叙事学》，岳麓书社，2006，第46页。

[2] 杨义：《中国叙事学》，人民出版社，1997，第286页。

悬念和吸引力。

同时，相较全知视角，限知视角更接近现实生活中的真实人物视角，因此，限知视角的运用能把故事讲述得更加生动有趣，也更易激发情感共鸣。由于新媒体传播强调以受众为中心，新媒体虚构影像叙事往往以网络用户的审美诉求为导向，为了吸引更多受众、拉近与受众的距离，往往更多地运用限知视角进行叙事。

一、网络微电影

从热播的网络微电影而言，多以小人物故事取胜，较多地运用限知视角来进行故事的讲述，增强了故事人物的主体身份角色的建构，也拉近了与受众的心理距离，从而强化了故事的艺术表现力和感染力。

（一）内在限知视角

内在限知视角就是事件相关者的视角，即事件的经历者或者与事件相关联的人物视角，这种视角叙述的眼光往往较为主观，带有偏见和感情色彩，只能限于"我"的所见所感，让角色来解释自己的内心世界。

《天堂午餐》是河北传媒学院大三学生刘啸宇用相机拍摄的一条视频短片，仅有短短的 6 分钟，故事内容十分简单。叙述者的视角是儿子小翼，开篇就是儿子的视角为天堂里的母亲精心准备着午餐，这是他第一次下厨，切菜、洗菜、做饭，他始终面带微笑，一边做饭一边回忆起和母亲的点点滴滴：妈妈叫他吃饭，妈妈笑着说："妈多会儿能吃上儿子给我做的饭？"做完饭，小翼把亲手做的小菜一一摆上桌子，为母亲盛上满满一碗饭，让妈妈坐下，示意妈妈多吃菜。回过头来扒拉着自己碗里的饭时，泪水却一滴滴掉了下来。妈妈的位置上，根本没有人。前几天，妈像往常一样提着菜正准备上楼，却昏倒在地上，再也没起来。"妈，你还没吃上我做的饭呢！妈……你怎么就走了呢！"儿子看着座位上妈妈的遗像，痛哭流涕。妈妈没有回来，满桌子的菜，妈妈一口都没有吃到。整个过程借助儿子的视角展现了从母子团圆的美满画面到一个人看着母亲位置发呆的转变，没有华丽的镜头，没有复杂的故事，却直击人心灵。

（二）外在限知视角

外在限知视角就是旁观者的视角，叙述者作为旁观者观察事件的发生过程。在微电影《保安日记》中，是通过弟弟的视角叙述整个故事，弟弟通过念哥哥日记的方式实现角色对自己的解释和陈述。通过弟弟的视角，身为小区保安的哥哥为女业主追上了小狗，还给女业主，女业主却批评保安追得不够快，而哥哥非但没有生气，反而傻笑着向女主认错，最后感动了女业主，让小狗向哥哥说了谢谢，这让哥哥体会到"在我们小区，连小狗都生活得那么幸福"。

从旁观者的角度来讲述整个事件增强了可信度，也显得客观。这样的视角多运用于宣教类微电影，可以留给观众自己思考影片意义的空间，《保安日记》就是将一位保安的思想情怀提升到了很高的境界，体现了保安职业的责任感和尊严，从而引出"干一行爱一行"的核心价值观。

二、网络剧

限知视角就是选取一个个体的视角进行叙述，可以是剧中一个人物角色的视角，将个体的经历展现出来，其真实度和心里波折更能感染观众。网络剧的叙事中内视角与外视角一般是相结合的，尤其在古装剧集中，需要外在限知视角在故事时间线上做转折陈述。

（一）内在限知视角

网络剧的内在限知视角从剧中主线涉及的人物以及与之相关的经历者的视角出发，极大程度地体现情感情绪以及处理问题的主观性，极大地增进和观众之间的距离，更能具有故事体验感，在情节的体会上也更深切。

《传闻中的陈芊芊》采用女主陈芊芊的视角，作为"七流"（没名气的）

编剧穿越到自己写的剧本中，陈芊芊知晓整个故事的走向和自己的命运，原本站在上帝视角的她，在单纯跟随故事走向的同时，也在自己的命运道路上化险为夷、步步为营，迅速增强受众的体验感，剧中剧的观感既有代入女主的紧迫感，也有预知故事的安定感。《致我们单纯的小美好》中采用女主陈小希的视角，讲述和男主江辰 19 年间的共同成长，从青梅竹马到错失爱情再到最后牵手的故事，作为青春校园类的网剧，内在限知视角可以快速带给观众主观感受和心理情绪，陈小希喜欢江辰时的暗恋心理展露无遗，开篇时的自我独白："我是陈小希，我人生最重要的事情就是画画、画画还有画画……"极快拉近了和受众之间的距离，受众会不自觉将自己代入一个暗恋者的情境，以及陈小希想尽办法让江辰喜欢自己的过程中的心理活动和行为表现由第一视角呈现，少年时期美好的情愫瞬间引起观众的共鸣。

（二）外在限知视角

网络剧中的外在限知视角从线索表达上来说主角以第一视角进入到故事的发展中，《庆余年》中男主首先是通过写小说的引子将故事呈献给大众，紧接着在剧情发展的过程中担任讲述者的角色，而后又成为故事中的一员，带有现代人的记忆，一开始男主角就表明了自己主导者的身份，奠定了一种体验式的叙事基调。此外，叙事过程中多个角色参与，多个人物推动也是外在限知视角的表现。《如懿传》剧如其名，主要是以凸显主角如懿的一生，在对如懿的刻画过程中，愉妃、皇上、惢心、容嬷嬷等人物都是不可或缺的一部分，叙事视角也呈平行化线性展示，主要人物、次要人物通过彼此间的角色摩擦和冲突共同完成对整体故事的叙述。

三、网络综艺

限知视角，是指叙述者或者主动放弃全知的权利，只是通过故事中某个人物的视野观察事物，或者只了解部分情况，并把了解到的部分当作整体。① 如果说全知视角指的是"全知全能的，甚至能透视人物内心最隐秘之处"，那限知视角则是"通过故事中某个人物的视野观察事物，只了解部分情况"。限知视角可以分为内在限知视角和外在限知视角。网络综艺对事件的叙述多采用限知视角，通过合理运用限知视角，使节目更具悬念，更有看点。

（一）内在限知视角

内视角，即叙述者以故事中人物的视角进行叙述，展现人物的所见所闻所感。这种叙述方式能够充分展现人物的外部行为与内心世界，从而拉近人物与受众之间的距离，给人一种熟悉感和亲切感。内视角是如今一些推理类网络综艺节目比较常用的一种叙述方式。又有固定内视角和不定内视角之分。

固定内视角，即叙述者视角是固定的，从头到尾都来自一个人物。2015 年战旗 TV 打造的首档电竞类真人秀综艺节目 lying Man，它召集了电竞圈的几位名人，在线下的演播厅进行"狼人杀"的游戏，嘉宾的身份分别是平民、狼人和神，用语言讨论的方式决出胜负。其中有几期节目就采用了固定内视角，节目叙事从其中一位身份为"神"的嘉宾入手，跟随他的视角，受众也不知道其他嘉宾的身份。整个过程借助这位"神"的视角，展现节目中的嘉宾如何隐藏自己的身份赢得胜利。网络综艺中运用的固定内视角，增强了观众的代入感、认同感，使节目更有悬念，引起观众对节目的兴趣。

不定内视角，即通过几个不同人物的视角来呈现不同事件，同时要求在某一特定范围内必须限定在单一人物身上。芒果 TV 自制的推理类综艺节目《明星大侦探》，由何炅、撒贝宁、魏大勋等明星参与。每期节目都有一个特定的主题，艺人嘉宾来扮演其中的角色，进行推理。其中有一个环节就是进行搜证，在这期间节目的视角就是先通过一位嘉宾，例如魏大勋，

---

① 邓秀军：《纪录片叙述者的主体性研究》，华中科技大学出版社，2013，第 104 页。

通过他的搜证视角进行叙事，再切换到下一位嘉宾。通过不定内视角，用不同的人物来体现节目"推理""探索"的节目立意，使节目更加生动有趣，整个节目串联的内容也更加立体饱满。

（二）外在限知视角

外视角同样也是一种限制视角，在这种视角中叙事者处在一个旁观者的角度，只叙述或者呈现故事人物的外在行为和语言，他知道的比故事中的人物还要少。通过节目中行动者面对镜头的神态和语言，可以感受到镜头后叙述者的存在。网络综艺通常采用这种叙述方式来营造一种神秘莫测的情景，使得整个故事富有悬念、耐人寻味。在腾讯自制综艺《令人心动的 offer》中，第一现场分别记录了 8 位实习生的一切表现，镜头始终严格记录着他们的细节，这就是一个旁观者、见证人的视角，经过 3 个月的节目录制，实习生们完成几项课题后排名，最终决定两位实习生拿到 offer。而第二现场的明星嘉宾，就站在跟观众一样的视角下，与观众同为见证者，来辅助观众进行推理判断。又例如在《创造 101》这类选秀类综艺中，在几期节目的时间节点中是有选手淘汰的，其中导师和节目组的工作人员知道哪几位选手将要离开，但选手和观众不知道，节目组拍摄选手给观众一种共情的感受，体现了一种外在限知的视角叙事效果。

四、网络广告

限知视角，是指叙述者或者主动放弃全知的权利，只是通过故事中某个人物的视野观察事物，或者只了解部分情况，并把了解到的部分当作整体。[①] 限知视角可以分为内在限知视角和外在限知视角。网络广告通过合理运用限知视角，拉近与受众的心理距离，营造一种客观、真实的情景，更有效地实现说服意图。

---

① 邓秀军：《纪录片叙述者的主体性研究》，华中科技大学出版社，2013，第 104 页。

（一）内在限知视角

内视角，即叙述者以故事中人物的视角进行叙述，展现人物的所见所闻所感。这种叙述方式能够充分展现人物的外部行为与内心世界，从而拉近人物与受众之间的距离，给人一种熟悉感和亲切感。内视角是网络广告比较常用的一种叙述方式，根据在广告中聚焦的稳定程度，又可以将内视角分为固定内视角和不定内视角两种类型。

固定内视角，即叙述者视角是固定的，从头到尾都是来自一个人物。2017 年德芙新年广告《年年得福》采用的就是固定内视角，影片从关晓彤饰演的女孩田田切入，在街上卖花的女孩田田看到一对母女，由此回忆起自己过年与母亲一起写福字的故事。透过田田的视角，受众可以看到小时候田田因为贪玩乱写了一张，看到长大后因为和朋友吵架田田撕烂了福字，后来又看到她因为追梦离开妈妈，最后观众又跟随田田回到了家，看到她和孤单的妈妈团聚，整个过程借助田田的视角展现她们从亲密到生疏、从分开到团聚的过程。2018 年戛纳金狮奖公益广告《没有医院就没有希望》采用的也是固定内视角，广告讲述了一位父亲开车急于将受伤的女儿送往战区医院的故事，而当父亲抱着失去意识的女儿来到医院门前，却发现医院已经被炸毁。通过一个想要挽救女儿性命的父亲的视角和内心活动，呼吁人们关注战乱地区的医院和医护人员的安全问题。网络广告中内视角的运用，增强了观众的代入感、认同感，强化了广告的宣传效果。

不定内视角，即通过几个不同人物的视角来呈现不同事件，同时要求在某一特定范围内必须限定在单一人物身上。2018 年德芙的新年广告《一起德芙，年年得福》则是通过马思纯饰演的女儿花花和父亲两个人的视角，讲述了一家三口除夕夜的故事。广告首先通过父亲的视角回忆了女儿小时候，父女俩在除夕夜一起"挂灯笼"的事情，而随着女儿慢慢长大，父母不再是女儿的全部。然后切换到女儿花花的视角，她诉说着自己想要为梦想努力，成为父母骄傲的心声。随着花花的视角，受众看到她在外遇挫之后回到家里，看到父亲正在等着自己一起挂灯笼。通过不定内视角，用不同人物来阐释"虽然世界很大，梦想很远，但是家能让我们一直身在福中"的广告立意，使得整个故事更加立体丰满。

（二）外在限知视角

外视角同样也是一种限知视角，在这种视角中叙事者处在一个旁观者的角度，只叙述或者呈现故事人物的外在行为和语言，他知道的比故事中的人物还要少。网络广告通常采用这种叙述方式来营造一种神秘莫测的情景，使得整个故事富有悬念、耐人寻味。比如2016年台湾ADK广告《凶手是Nick》，整个短片没有一句台词，开场就是昏暗的走廊，男主被人刺杀重伤倒地，男主的真实身份以及他被伤的内幕我们无法得知，这必然造成悬念和期待。故事接着发展，被刺伤的男主艰难地蘸血写下"凶手是Nick"，写完后他倒下了，过了一会儿他醒来挣扎着擦掉了墙上的字迹，重新写下"凶手是Nick"后又倒下了，然后他又重复一次垂死惊坐起，将墙上字体进一步修改，最后他含笑而死。整个广告观众只能看到男主角不停重复修改字体的行为，既没有对凶手Nick和这次刺杀事件的内幕做出解释，也没有剖析男主一直修改字迹的真实心理企图，这种空白反而更容易激起观众主动思索问题的答案，最大限度地调动他们的参与度。

五、网络游戏

限知视角是选取其中一个个体的视角进行叙述，可以是事件中一个人物的视角，或者是探索这个事件的外来人物的视角。采用限知视角，从一个具体的、真实的角度展开叙述，将个体的经历展现出来、个体经历的波折起伏更能吸引受众。限知视角可以分为内在限知视角和外在限知视角两大类。内在限知视角主要是事件内部有关人物的看法、叙述以及对事件的推进。外在的限知视角主要是从叙述者的视角展开对事件的叙述。

（一）内在限知视角

在内聚焦视角中，每件事都严格地按照一个或几个人物的感受和意识来呈现。它完全凭借一个或几个人物（主人公或见证人）的感官去看、去听，只转述这个人物从外部接受的信息和可能产生的内心活动，而对其他人物则像旁观者那样，仅凭接触去猜度、臆测其思想感情。[①] 显然，网络游戏的叙事视角更多的是这种内聚焦型，因为网络游戏视角的承担者是玩家，总是以玩家的眼睛来观察一切，这与内聚焦视角总是固定在某个人物身上相似。一般而言，内聚焦的作用就在于能够缩短人物与读者的距离，让读者获得一种亲切感与现场感。网络游戏的叙事采用玩家视角，也就是为了营造"代入感"，让玩家真正代入剧情中。

网络游戏中这种以玩家真正代入剧情中的视角，又可具体分为以下几种情况：第一人称视角，即玩家代入到游戏角色身上，屏幕上显示的角色的视角即为玩家的视野。大多数第一人称视角游戏的屏幕上并不会出现玩家所控制的游戏主角的身影，只能看到游戏主角的双手和手中所拿的武器、物品，个别游戏能看到游戏主角头部以下的身体部位。第一人称视角游戏多为射击游戏，即第一人称射击游戏（FPS: First Person Shooting）。腾讯旗下的网络游戏《穿越火线》就是一款第一人称射击游戏，玩家电脑屏幕上只会显示主角双手拿的道具，可能是枪或刀，玩家通过使用道具击杀系统中的怪物"丧尸"来获得胜利。

第三人称视角，玩家的视角相对自由，在游戏故事中，他既可以追踪游戏角色的视角，以俯视的角度来进行游戏，也可以像局外人一样跳出角色视野的局限，全景式地观察游戏场景。[②] 这样的视角通常在动作类游戏中较为常见，而且大多可以切换成第一人称视角。手游《绝地求生：刺激战场》所展示的第三人称视角，玩家从角色视线可以拉成往背后方向看，也可以直接往前方看，视野开阔，玩家可以迅速察觉周围的危险状况，即使

---

① 胡亚敏：《叙事学》，华中师范大学出版社，2004，第28页。

② 关萍萍：《互动媒介论——电子游戏多重互动与叙事模式》，浙江大学，2010，第178页。

是隐藏在角落里的敌人悄悄跑过去，也可以通过这一视角迅速掌握。在第三人称视角下，玩家可以全方位查看敌人情况，了解整个故事场景的布局。值得注意的是，网络游戏中的这种以玩家为中心的视角，又不能完全等同于传统叙事的内聚焦。传统的内聚焦是一种具有严格视野限制的视角类型，它必须固定在人物的视野之内，不能介绍自身的外貌，也无法深入地剖析他人的思想。[1]但在网络游戏的叙事中，由于网络游戏的技术便利，玩家通过选择，也能看到自己的相貌（玩家在游戏中的虚拟角色）。

（二）外在限知视角

外在限知视角也称外聚焦型视角，在外聚焦型视角中，叙述者严格地从外部呈现每一件事，只提供人物的行动、外表及客观环境，而不告诉人物的动机、目的、思维和情感。[2]这种视角在网络游戏的叙事中也存在，通常来说是当玩家自身扮演的角色已经在某场游戏对局中被淘汰，那么玩家可以选择观战模式，此时他并不参与游戏故事的生成，只能看见其他玩家之间的交互，无法知晓各游戏角色（玩家的化身）的动机、目的、思维和情感。

在游戏《糖豆人：终极淘汰赛》的观战模式中，玩家可以查看比赛里面每一个玩家的游戏视角和游戏操作，但是对游戏正常运行是不能有任何操作的，因为他扮演的游戏角色已经被淘汰了，也就是说，他无法对游戏故事的进程与结局产生任何影响。在这种情况下，玩家是相当被动的，类似于传统叙事中的读者，只能接受游戏画面所提供的信息，一般来说，选择这种模式的玩家较少，多数玩家更愿意通过自己的亲身操作参与故事的生成，因为玩家之所以选择玩游戏就是为了获得体验感和趣味性。

---

[1] 杰斯帕·朱尔：《游戏讲故事？——论游戏与叙事》，关萍萍译，《文化艺术研究》2010年第1期。

[2] 热拉尔·热奈特：《叙事话语新叙事话语》，中国社会科学出版社，1990，第14页。

六、网络动画

全知视角适用于大背景的铺排、长时间跨度的概述。若要实现更加精巧的情节设置和情绪表达，限知视角更具优势。限知视角就是叙述者放弃在云端观看的、全知全能的优势，或者潜入某一个角色或多个角色，采用内限知视角，与角色知道的一样多；或者完全置身事外，采用外限知视角，比角色知道的还要少。叙述者用受限程度不同的视角，多层次地讲述故事。

(一) 内限知视角

内限知是完全站在某一或多个角色的角度，让角色的眼睛代替叙述者的眼睛，叙述者阐述的就是角色的所看所思。"内聚焦"的特点为叙述者仅说出某个人物知道的情况，可用"叙述者＝人物"这一公式来表示。[①] 内限知视角又可以被分为第一人称内限知和第三人称内限知视角。

1. 第一人称内视角

当叙述者就是角色本身，并以"我"自称的时候，就是第一人称内视角了。这时候角色与受众之间的距离很近，甚至可以形成和受众直接对话的效果。第一人称内视角最明显的形式就是独白，这种情况下的角色常常直视镜头，仿佛正在和屏幕外的受众对视。如《我家大师兄脑子有坑》第三坑中大师兄的自白，就是直接说给受众的："我知道你们在看，我也知道你们一定都猜到了，没错，我是个穿越过来的人……"简单阐述他以为自己是NPC[②] 的心路历程，以及拼尽全力抱主角大腿的原因，为前几集的怪异行为解释，为后面的剧情铺垫，与最后一集被告知自己是主角遥相呼应。

2. 第三人称内视角

叙述者借用角色的感知来讲述故事，虽然叙述者仍然讲述着角色感知

---

① 申丹：《对叙事视角分类的再认识》，《国外文学》1994 年第 5 期。

② NPC 是一种角色类型，是 Non-Player Character 的缩写，一般指"非玩家角色"，指的是游戏中不受玩家操纵的游戏角色，这个概念最早源于单机游戏。《我家大师兄脑子有坑》的意思是被主角完虐的被迫陪玩的配角 NPC。

到的、角色内心想到的，但是叙述者与角色并非完全重合，他和角色有一定距离。采用第三人称内视角既可以避免全程第一人称的单调和实现全程第一人称的技术难度，又可以利用内视角拉近受众和角色距离的优势，让受众充分了解角色的情感和境遇，产生共情作用。基于此，第三人称内视角大多追随主角或重要配角的视角，让受众较为"沉浸式"地体验故事。

以玄机科技的《天行九歌》为例，它的时代背景设置为战国末年，故事从主角韩国公子韩非拜离老师荀子开始，以他的角度看韩国末年的政治危局。受众知道韩非的雄心（"七国的天下，我要九十九"），也知道韩非面临的多方敌对势力的强悍，明白韩非的身不由己，为韩非最后必将迎来的离奇死亡而揪心。

（二）外限知视角

外限知视角是完全站在角色之外，只能看见角色之所做，不能知晓角色之所想。热奈特认为外聚焦的特点就是叙述者说出来的比人物知道的少，可使用"叙述者＜人物"这一公式来表示[1]。动画中外视角多用于悬念的设置和剧情的补充。

对于故事中的反派人物，叙述者有意让受众与他们保持距离，我们往往在前期不知道他们为什么要这样做，只对他们残害主角的行为深恶痛绝。赵高是《秦时明月》的反派，他的策划让帝国调查儒家的小圣贤庄、使始皇帝放逐公子扶苏，受众根本不能透过他压在帽檐下阴鸷的眼睛，看出他究竟在想什么。叙述者通过这种手法，给反派增添了神秘感。

值得注意的是，外限知视角并不一定是完全的外限知。《进击的巨人（第三季）》的第 11 集叙述者完全站在主角之外，讲述了艾伦父母的相遇，在巨人侵入巨壁时父亲对艾伦的所作所为，艾伦进入军事训练营为何遭遇训练仪器损坏。在这一集，叙述者不知道人物的行事逻辑，只描述人物的

---

① 申丹：《对叙事视角分类的再认识》，《国外文学》1994 年第 5 期。

动作。上述相对于主角的外限知的描述，实际上是以调查军团前团长的内视角来讲述的。

第三节　新媒体虚构影像叙事的视角流动

"历史叙事在总体上采取全知视角，但并不排除其局部描写上采取限知视角。在某种意义上，限知视角是对全知视角的有限性的认可、突破和发挥。一些精彩的历史叙事片段由于采取限知视角，在事件原因、过程和结果的发展链条中出现了表现和隐藏、外在事态和深层原委之间的张力，使叙述委婉曲折，耐人寻味。此类片段往往成为历史叙事趋于精致化的标志。限知视角所表达的乃是一种感觉世界的方式，由全知到限知，意味着人们感知世界时能够把表象和实质相分离。因而限知视角的出现，反映了人们审美地感知世界的层面变得深邃和丰富。"[①] 可见，叙事作品中的叙事视角并不是完全单一的，根据情节建构和人物表现的需要，创作者可以通过不断变换叙事视角来更好地实现叙事效果。

尽管全知视角具有不受任何约束的权力，在叙事文本中能够博古通今、无所不知，但在细节表现上要逊色于限知视角，也容易让受众产生距离感。限知视角能够更好地拿捏细节和传达情感，也能拉近与受众的距离，但是限知视角受限于个体认知的偏差和缺失，往往不能给受众全面透彻的信息呈现。鉴于全知视角和限知视角各有优缺点，创作者往往巧妙地将两种视角结合起来使用，这就产生了叙事作品中叙事视角的流动。

一、网络微电影

全知视角不受时间、空间、人物的约束，可以从多角度客观地进行描

[①] 杨义：《中国叙事学》，中国社会科学出版社，2006，第282页。

述，而限知视角可以让观众有身临其境之感，显得亲切自然，可以缩小观众与作品之间的距离，表达也更加流畅。全知视角和限知视角各有优点，在微电影叙事中，常常将二者结合起来运用。

相机品牌佳能在 2009 年制作的一部微电影《把我留下》（*Leave Me*），开始的时候是以男主角的视角讲述妻子的离世，在整理妻子遗物的时候发现了还留存着妻子照片的数码相机，男主角的父亲发现相机并没有损毁，还可以使用，当他对着男主角试拍的时候，神奇的事情发生，男主角被拍摄进相机留存的照片中的时空里，至此视角转到了老人的全知视角，看着儿子在相机里发生的一切。相机外的老人慌乱中不断回放着照片，而男主角则在不断变换的场景中转换时空寻找妻子，他毅然决然地拿出笔在手上写下 Leave me（把我留下），告诉相机外的父亲，让他永久留在相机中陪伴他的妻子。这部微电影构思独特，突破了关于相机和摄影故事的惯有思维模式，片中没有唯美的画面、艳丽的色彩和诱人的精彩瞬间，而是完全换一种视角来看相机和照片的存在空间。

二、网络剧

网络剧中的视角流动体现在由全知（限知）视角到限知（全知）视角的转换，既能拉近与观众之间的距离，也能在某种程度上满足观众的窥私心理，增强对剧情感知力的同时也丰富情节的内涵。

《庆余年》开篇以全知的视角展开叙事，主人公通过撰写文学小说将自己代入剧中剧的角色完成视角的流动，男主范闲在小说里的时空以第一视角出生、长大、经历磨难的同时，小说外的范闲则担当故事解说者的角色，以一个上帝视角讲述整个故事的脉络。在需要人物内心活动与情感交流的时候视角流动到限知范围，将人物的心理活动通过个人化的形式展现出来，给予观众极其强烈的代入感；在需要宏观的故事主线叙事与线索提示时，视角又流动到全知范围，男主充当解说者的角色，推动整个故事的发展。

三、网络综艺

全知视角和限知视角各有优势，在网络综艺的叙事中发挥着不同的作用。事实上，在一些网络综艺当中，更多的是全知视角和限知视角的综合运用，根据叙事的需要，发生内视角与外视角的转变、全知视角和限知视角的转变，最常见的就是多个限知视角之间的流动和转换。

在 2018 年腾讯自制的选秀类综艺节目《创造 101》中，他们分别有练习室环节和打歌舞台的环节。在练习室的环节中，就会以不定内视角进行叙事，比如在练习室中，分别记录 A、B、C、D、E、F 几个班的训练情况，抑或是从几位练习生的角度出发，以他们的视角对节目进行叙事。而在打歌舞台上，就是一个全知视角，观众可以参与投票，为自己喜欢的练习生"打 call"。这就是一个从见证人到参与者的视角流动。

四、网络广告

全知视角和限知视角各有优势，在网络广告的叙事中发挥着不同的作用。事实上，在一些表现复杂的网络广告中，更多的是全知视角和限知视角的综合运用。一个比较常见的叙事框架就是用限知视角使观众了解故事中人物的行为表现和内心真实情感，在揭示广告核心诉求的时候使用全知视角从比较权威客观的角度为观众提供具有信服力的事实和结论，揭示故事情节中关键的产品、服务或理念。

例如在 2016 年益达口香糖《再见了，下辈子再疼你》广告片中，站在主人公的视角，叙述"发小"陪他一起吃喝玩闹，随着他们一起长大，这位"发小"的脾气越来越大，身体越来越虚弱直至死亡，最后主人公帮"发小"办了一场葬礼，看到墓碑上的字观众才恍然大悟这个"发小"是主人公的一颗"六龄齿"，然后转换成全知视角，用权威数据介绍因忽视和不良习惯产生的口腔问题，结尾处以沉稳男声画外音"从小养成良好口腔护理习惯，能有效减少和预防口腔健康问题"做出结论，将"关爱牙齿"这一核心诉求阐释得十分清晰。

五、网络游戏

全知视角在网络游戏中可以对整体游戏结构进行一个全方位的呈现，限知视角为网络游戏中人物叙事的常用视角，具有强烈个人化体验的色彩，常在人物命运高潮起伏时出现。限知视角的个体化体验式呈现能够给人亲身经历的感觉，形成传者和守者之间的心理同构，但是限知视角的过度运用也会存在一定弊端，单一的限知视角容易把网络游戏变成简单场景的展现。因此为了更好地叙事，网络游戏中同样也存在着限知视角和全知视角之间的转换。

《绝地求生：刺激战场》属于 FPS 类游戏，即第一人称射击游戏，是以玩家或角色的主观视角来进行的射击游戏，玩家从游戏设备的模拟显示器中主动观察目标对象，进行射击。但是，《绝地求生：刺激战场》提供玩家能够切换第一人称视角和第三人称视角。不仅能以虚拟人物的视角身临其境地体验游戏，还能像局外人一样跳出角色视野的局限，全景式地观察游戏中的场景，玩家可以获得更多的信息，从而增加游戏的叙事性。

六、网络动画

多个叙述段的结合，构成完整缜密的故事。除了仅描述日常的短小番剧，为了更有技巧地讲述故事，成熟的动画叙述者一般会在作品中采用多个视角，各视角之间的合理转换是一部优秀动画的必备条件。

（一）全知与限知的流动

简单地说，全知就是什么都知道，限知就是知道的是有限的。无论怎样为视角分类都离不开这两大类，在动画作品中，经常出现这两大类视角之间的流动。

内视角与零视角切换，可以产生搞笑效果。例如在《侠肝义胆沈剑心》第二集，出现了主角和画外音的交流。

> 画外："前程渺茫的沈剑心独自走向山门，他心里很清楚，如果自己不去争取，机会永远不会降临到山门前。他决定，去找掌门说出自己的想法。"
>
> 主角："谁，谁在说话？"
>
> 画外："难道我说得不对吗？"
>
> 主角："我，等等，他说得好像有点道理。"

叙述者知道主角接下来要去找掌门，为了给角色一个理由，就走到前台，用旁白的形式和角色直接对话，开导角色，使角色从失意落寞重新变得积极，给剧情造成转折。

限知也可为全知的补充。《进击的巨人》在第三季之前，已经有条不紊地讲清楚了该世界的弱肉强食关系和从主角出发的主要剧情。在其上一节讲到的"旁观者"，是以调查兵团前团长为内视角讲述的，给动画前期埋下的一些伏笔做了解释。

（二）限知之间的流动

纯粹的固定式内聚焦很少出现，转换式内聚焦和多重式内聚焦都属于限知视角之间的流动。除了内限知视角之间的流动，限知视角之间的流动还包括外限知与内限知之间的流动。

1. 内限知视角之间的流动

内聚焦往往只能展现某一角色的所作所为、所思所想，以及该角色周围角色的动作。当故事发展到单一的内限知视角难以囊括的时候，叙述者往往会选择将另一个角色的视角作为出发点讲述补充的故事，与采取单一视角所述的内容构成完整的故事。

以 *Banana Fish* 的第三、四集为例，男主亚修被关到了监狱里，在监狱里得知自己的哥哥可能会有危险，就借男二英二来探视的机会，递送出了情报，希望英二能够通知照顾自己哥哥的医生尽快转移。上述都是以亚修为内视角展现的故事。但监狱外是当前亚修无法到达的地方，剧情需要却不得不讲到，于是叙述者决定聚焦到英二身上，讲述监狱外发生的故事。英二探视亚修的那一幕就是叙述者交代的聚焦角色已经发生改变的场景。

实际上整体的全知与相对的限知很难明确地划分。就如上面的例子，当叙述者的聚焦点从亚修流动到英二身上的时候，叙述者本身知晓的就不是单一内视角所展现的，而是两个故事单元的相加，当叙述者聚焦的对象越来越多，他知道的就是所有角色知道的，这个时候叙述者是全知的还是限知的呢？为了充分领略叙述者的叙述艺术，建议在讨论视角流动的时候从部分出发，关注从一个故事单元到另一个单元的视角的转变。

内限知视角之间的切换还可以造成诙谐的效果。以泡面番《我家大师兄脑子有坑》为例，在其上一节讲到的大师兄的自白是典型的第一人称内视角叙事，实际上这一节并不完全是大师兄东方纤云的剖白，还有以他为中心展开的第三人称内视角叙事。

> "哎，不要以为穿越过来的就都是主角。在这边，我很快就确认了自己的身份。我乃，逍遥门大师兄，双灵根，没有悲惨的过去，父母安康，得富家赏识，顺利拜入师门。（我）这妥妥不是被主角虐成炮灰，就是叛出师门再被主角弄成炮灰的节奏啊。因此，我的原则只有一个。怎么看，（二师弟）都是主角，真是踏破铁鞋无觅处，得来全不费功夫。"

说完这句话，叙述视角就从第一人称内视角转向第三人称内视角，展现主角是怎样抱他认为的"主角"大腿，以求结局平安的。当他剖白自己为什么要抱"主角"大腿的时候，受众已经知道了东方纤云的动机。但是放到第三人称内视角之后，我们可以从二师弟三师弟四师妹的奇怪表现印证标题的合理性——"我家大师兄脑子有坑"，动画中角色的认知和动画外受众的认知产生了差异，正是这种差异造成了搞笑的效果。

2. 外限知视角与内限知视角之间的流动

热奈特总结，外限知视角可表现为公式"叙述者＜人物"，内限知就是公式"叙述者＝人物"。因此，当视角从外限知流转向内限知的时候，叙述者阐述的关于某角色的内容会增多，受众与其角色的距离也会被拉近。例如，也许受众原来不理解某反派角色为什么与主角为敌，后来因为视角的切换理解了，受众原来觉得嫌恶的会更加嫌恶，或者恰恰相反，开始同情反派。这种视角流动的方式适用于复杂人物形象的塑造。

就如《进击的巨人（第三季）》中出现的拥有超强战斗力的新角色凯利，受众前期一直不知道为什么他要屠杀调查兵团，很自然地对他残杀主角团的行为反感。外限知视角下，受众只能感受到他非一般的战斗力与机械般的冷血。后来，动画中加入了两个以他为内视角的叙述单元，一个是他和前隐秘国王之间的故事，一个是他和人气角色利威尔之间的纠葛。受众对他有了一定了解之后，会对凯利最后的竭力而亡产生同情。

第三章　新媒体虚构影像的故事人物

　　人物是故事的基本构件之一。在故事中没有脱离开人物的纯粹事件，也没有与人物无关的背景渲染。新媒体虚构影像叙事艺术同其他叙事艺术一样，其中心任务是表现人物，事件和背景都是为表现人物服务的。在现实主义理论中，人物即形象一直占据着中心的地位，有关形象的"典型""个性""共性"等，都是现实主义的经典命题。[①]可见，人物或行动者是故事的核心要素。

　　杰克·哈特的《故事技巧——叙事性非虚构文学写作指南》一书中，他认为"叙事需要三大支柱：人物、动作和场景。排在第一位的是人物，因为人物能够推动动作和场景，主人公的性格、价值观和欲望引发了动作，而事件人物需要在特定的位置创造场景。"[②]故事人物是叙事作品中叙事的焦点和聚焦，也是展现故事情节的主力，所有的故事内容都要通过人物的对话、交汇以及矛盾展现出来。成功的新媒体虚构影像叙事作品中往往能够塑造鲜明独特的故事人物形象，成功的叙事离不开故事人物。同时，主要人物与次要人物的关系建构呈现了故事人物的社会处境与故事中的地位，能够展现故事人物的身份角色。故事又通过复杂的人物行为来诠释人物自身的性格特点与思想情感，从而呈现出不同类型的人物角色，受众通过对这些人物行为的了解和熟悉又进一步重构了故事人物本身的形象角色。可

---

① 黄昌林：《电视叙事学》，电子科技大学出版社，2003，第170页。

② ［美］杰克·哈特著：《故事技巧——叙事性非虚构文学写作指南》，叶青、曾轶峰译，中国人民大学出版社，2012，第74页。

见，故事中的人物关系、人物行为和人物性格是人物塑造的主要元素。

第一节　新媒体虚构影像的人物关系

一个叙事文本里一般会出现至少两个以上的人物，"这些形形色色的人物存在是制造矛盾冲突形成故事的可能性"。[①] 人物之间交织的复杂关系是戏剧冲突的前提，通过人物关系的精心设计和建构，可以展现人物之间、人物与社会、人物与环境的联系，从而进行人物角色的身份定位和展开精彩故事的讲述。

叙事文本中的"人物关系不是指人物之间的血缘关系、职务关系、是非关系、友敌关系等，当然，戏剧里的人物之间也有这样那样的生物学或者社会学上的关系，而是特指作为戏剧情境的重要构成因素的人物关系，指的是具有丰富个性的人物之间构成的性格和心理关系"。[②] 新媒体影像虚构文本中的故事人物关系往往是根据不同的情景来进行建构，人物关系的设计是为更好地把故事讲述得更加吸引人，展现人物之间的复杂心理关系和性格冲突，增强故事的叙事性和情感性。

一、网络微电影

故事人物是叙事性作品中叙事的聚焦和焦点，聚焦就是研究什么被看，聚焦的过程就是叙述者选择被叙述者并赋予他们特定的人物性格的过程。[③]微电影中的人物就是微电影叙事的焦点，人物之间的关系可以引发出事件的始末，表达微电影的主题。微电影中的人物可以分为主要人物和次要人物，主要人物是用来制造矛盾突出主题的，次要人物则辅助这个过程，对

---

① 宋家玲：《影视叙事学》，中国传媒大学出版社，2007，第191页。

② 唐礼兵：《论"人物关系转变"在戏剧场面选择（及推进）中的核心作用》，中央戏剧学院，2005，第37页。

③ 邓秀军：《纪录片叙述者的主体性研究》，华中科技大学出版社，2013，第119页。

故事背景、主要人物性格等起补充作用。

（一）故事人物之间的关系

人物与情节、主题并称为"电影三要素"，往往是整个剧本创意的灵魂所在。相较于电影而言，微电影受制于时长和情节规模，人物关系不宜太过复杂，要在有限的时间里将故事完整呈现。通常来说，微电影中一个形象丰满的人物往往就能支撑起全篇的艺术表达，使整部影片熠熠生辉。虽然微电影中人物关系简单，但是也有主次之分。微电影中的主要人物是指微电影叙事文本中的重点叙述对象，是主要情节内容的承担者，对事件的发展起着决定性作用。而次要人物就是在叙事过程中对主要情节发展起辅助作用的人物，在一定的程度上影响情节的发展，可以是衬托主要人物，也可以是对微电影中的必要情节进行证实。

微电影《致父亲》男主角王浩然（李晨饰）是一个很有潜力的时尚摄影师，家中独子，从小受母亲的宠爱，但严厉的父亲总是让浩然感觉有一些距离。正处在事业的瓶颈期，面临着摄影大赛资格被取消的危机。经营着老照相馆的父亲却在这个紧要关头，让浩然回家，只为给邻居家关系紧张的母女拍一张合照。性格要强的父子两人，矛盾一触即发。浩然却意外地从邻家女孩口中得知父亲的眼睛有问题。但公司又催促他返回片场，争取最后的摄影比赛资格。处在十字路口，他左右为难。经过思想斗争，他还是掉头回家。浩然找到叛逆的邻家女孩，说服她和母亲拍照。当为这对母女用心拍完合影后，父子俩也拍了一张难得的合影。父亲向浩然敞开心扉，浩然的心结也因为一本老相册而彻底打开。生气回家的儿子王浩然和性格要强的父亲就是这个叙事片段中的主要人物，矛盾在他们之间展开。而邻居母女则是这个叙事片段中的次要人物，推动了故事情节的发展。

（二）故事人物与现实人物之间的关系

在创作微电影剧本的过程中，故事人物都是根据现实人物原型创建的，而人物具体的优点、缺点、特质等是根据故事发展需要来增减的。世界顶级心理学家荣格提出世界上有 12 种角色原型，通常一些电影人物会符合多种角色原型，因为最好的角色往往具有复杂的人格，赋予角色的维度越多，他们带给观众的感觉就越真实。

1. 故事人物与原型之间的关系

不同类型的微电影有着不同的人物特征，对人物原型的处理也有所不同。情感类微电影中的故事人物往往是现实中大部分人的缩影，目的就是引起共鸣。例如微电影《老男孩》中，两位主人公就是普通得不能再普通的北京小人物，他们有梦想但是追梦路上困难重重，最后不得不向现实低头，这不过是万千追梦青年的真实生活写照，让观众产生强烈的情感认同，感动了来自"60 后"至"90 后"的各年龄层的广大观众，很多人留下了唏嘘的泪水，交口称赞这是国产的少有代表新青年心声之佳作。

而恶搞类微电影中的故事人物与原型之间的关系并不明显，通常是在原型的基础上进行大胆的创新。《勺子杀人狂》就是一部非常优秀的恶搞微电影，大胖子杰克走在回家的路上，突然一个全身穿着黑色紧身衣、死神般面容狰狞的怪异男子冲到他的身后，用一把汤匙猛敲杰克的身体。杰克起初并不在意，只将其当作是个精神失常的人。但是在接下来的日子这个黑衣杀手无时无刻不对杰克进行攻击，一把勺子被敲断，接着又拿出新的勺子，最可怕的是周围的人都看不到黑衣杀手。这部微电影运用了大量的恐怖元素，但却让人狂笑不止，充满了对经典惊悚片段的消解意味，影片的主题也就是对凶杀和武器的极大消解。

2. 故事人物与演员之间的关系

微电影的人物选角一般会贴合故事人物，演员的特征要符合故事人物的特征，这样才能将故事人物更好地展现出来。微电影《郑棒棒的故事》中的人物在现实生活中是有人物原型的，主人公"郑棒棒"也是有意识地选择一个现实生活中真正的棒棒，说着充满方言味道的普通话。这样的选角贴合生活，观众也更容易接受。青春微电影《老男孩》讲述的是热爱唱歌的两名青年追梦的故事，选择的演员在现实生活中也是作为组合出道的歌手，但是一直没有什么名气。这样的选角贴合了故事人物，让简单的故事呈现得真实有力，感人至深，体现了短片"奋斗"的主题。

二、网络剧

网络剧中的人物关系相对比较单一，大多集中于矛盾和协同，强调的是双方基于情感、重要性、利益等超越生理层面的关系。从角色出发就可以大致表现为主次关系，从立场情感出发就是矛盾关系，指的是人物之间立场相反或者存在竞争，人物之间的矛盾可以增强剧集的趣味性和戏剧性，最有代表性的就是悬疑剧和古装剧中的敌我关系。

（一）主次关系

最直观的主次关系表现在人物设定的重要性程度上，无论是网络剧还是传统电视剧都存在人物角色的主次之分，主要人物贯穿情节始终，也是情感和矛盾的最终指向。次要人物则推动故事的发展，为线索的展开提供矛盾和冲突。

1. 主要人物

主要人物在网络剧中担任主导性角色，像人物传记类的网络剧大多围绕一个人物展开叙事，这个主要人物既是故事本身也是情节推动的根本力量，所以网络剧在主要人物选择上追求关联性和连贯性，主要人物通过自身的经历和剧中的其他人物产生联系。《隐秘的角落》中张东升、朱朝阳、严良和普普作为主要人物，通过一起又一起的案件紧密地联系在一起，张东升为主的谋杀岳父岳母的案件与朱朝阳妹妹坠楼案件交织在一起，朱朝阳、严良和普普无意间撞见张东升杀人，普普和朱朝阳又成朱朝阳妹妹坠楼的目击者，四个人作为案件发展中的核心人物，以彼此的对话、行为、巧合重叠揭开隐秘的角落。

2. 次要人物

次要人物可以理解为主要人物之外的背景性人物，网络剧中的次要人物相比主要人物体量更大，仅靠主要人物的故事线填满剧集是远远不够的，次要人物的出现避免了围绕主要人物叙事的单薄，也在一定程度上推动情节的发展，让主要人物的性格、形象呈现等能够更加饱满。《传闻中的陈芊芊》中女主所在的花垣城与男主所在的玄虎城分别代表女权与男权社会，花垣城男子的境遇如斯：生不出女儿，丈夫便是罪魁祸首，比较有代表性的次要人物出现在集市上，商贩叫卖洋葱，说"吃了洋葱，保你生女儿，不用受恶婆婆的气"，人群聚集着对衣衫不整的男子指指点点，说"你看他露这么多，一定不正经"等，通过一些背景人物的言行丰富画面的同时完成一个特定语境与场景的介绍，从而营造特定的故事氛围。

（二）情感关系

情感关系是超越生理层面的父女、姐妹、兄弟等亲情关系，强调的是双方情感的关联，例如甜宠剧中的男女主处于一种协调关系中，古装宫廷剧中则存在大量的矛盾与对抗。情感关系的存在是双方得以联结的前提，也是故事发展得以深入的催化剂。

1. 矛盾关系

《如懿传》和《延禧攻略》中含有大量的矛盾关系，君臣之间的对抗、后宫嫔妃之间的争宠、皇子之间的较真。《如懿传》中如懿与弘历的关系经历了一个由协同到矛盾的转变，一开始的两小无猜、青梅竹马到如懿在船上断发的情节将二人的冲突对抗拉向极点，怒火之下，皇帝说如懿不如孝贤皇后，也不如炌贵妃；而如懿则反驳说皇帝刚愎自用、薄情寡性、自私虚伪。两人积压了许久的怨气，终于在船上爆发出来，你一句我一句，越说越不能自己。剧中的富察·琅嬅皇后与如懿的对立关系也是一大主线，一开始羡慕又嫉妒如懿与皇帝的两心相许，后期陷入金玉妍设下的陷阱中，替人背黑锅。皇帝和如懿都以为是她所为，死前也没有得到皇帝的恩宠，含泪含恨而终。

《长安十二时辰》则是将多个人物放置同一场景中，制造矛盾，剧中负责长安城安保的靖安司司丞李必，为了确保城中百姓安危，不惜铤而走险启用死囚张小敬破案并因此惹上麻烦，不仅职位不保，最后甚至招来杀身之祸。而剧中另一大主角"不良人"张小敬是反常规英雄，因违法被打入死牢，本是一心求死，但是为了长安百姓的安危，他义无反顾查案，不惜亲手杀掉自己最信赖的暗桩（卧底），背上冷血无情骂名。展现了传统文化中"以人为本"的重要思想，超越了一般古装题材纠缠于宫廷权谋斗争的阴暗，展现主流价值观。

2. 协同关系

网络剧中的协同关系表现在双方情感关系的和谐性，多通过两性的爱情、家庭关系中的亲情、社会中的同事情、友情等来体现，弱化矛盾存在或是简化矛盾的关系。《致我们单纯的小美好》中就不存在绝对的好人与坏人，人物的情感关系相对比较简单，对立面也比较少，几乎不存在大的矛盾冲突。男主角江辰与女主角陈小希之间从青梅竹马开始的爱情故事，既没有狗血的堕胎、失忆，也没有复杂的情感线。

三、网络综艺

人物和人物关系是故事情节发展的动力，人物关系是人与人之间某种性质的联系，人们通过这样的联系在社会生活中互相影响。在网络综艺中往往会涉及众多人物之间的关系，综艺节目本身就是通过人物关系的叙述传达节目所想要表达的核心内容。人物以及人物关系设置会影响到综艺节目的内容与传播的效果。

与其他虚拟叙事的文本相比，网络综艺中人物关系有着独特的特点。相对于网络电影、网络电视剧等而言，网络综艺基本上是以嘉宾作为人物自身的身份或者嘉宾扮演节目中某个角色进行叙事。一般不会设计特别复杂的故事情节以及人物关系。同时，作为一个目的性很强的叙事活动，网络综艺中所有人物的选择、人物关系的设计，最终都是为了节目最终效果的呈现。网络综艺作为一个娱乐性的节目，通常是多人合作完成的，极少的综艺节目是一个人物独立完成，所以在综艺节目的叙事中，人物承担了不同的作用。一些节目中,每个人物所承担的分量是不同的,因而,可以将人物分为主要人物与次要人物两种。同时,根据人物在节目中的内容又可以将人物关系分成矛盾关系与协同关系。

(一)主要人物与次要人物

在网络综艺节目的虚构影像叙事中,人物有主要人物与次要人物之分,主要人物是在节目中起到了主导作用,影响和决定了节目中故事的发生、发展和结果;次要人物在叙事上主要起到了辅助、衬托的作用。

1. 主要人物

主要人物,是在综艺节目中起到主导地位的人物,在综艺节目的圈层文化中也叫作节目中的"主咖",在节目中的故事情节以及矛盾冲突一般都是围绕着主要人物展开叙事的。一期综艺节目中的"主咖"一般为 1~2 位,在主要人物的选择上,特别强调人物的个性特征与节目的理念宗旨的一致,才能取得更好的节目效果。

在腾讯自制脱口秀综艺节目《吐槽大会》中,就是典型的以主要人物为核心进行叙事的。在 2020 年 2 月 1 日的《吐槽大会》第四季第 10 期的节目中,"主咖"为萧亚轩,其他嘉宾为王建国、马苏、容祖儿、贺军翔、张绍刚等。节目的叙事内容就是各位嘉宾轮番对场上的嘉宾进行"吐槽",尤其是对"主咖"萧亚轩进行"吐槽"。整个节目的事件进行和发展都是围绕着萧亚轩作为主要的叙事。创作者,也就是节目的编剧会把事件的施行者,即节目中的嘉宾,尤其是主要人物嘉宾作为叙事的焦点。节目中对于主要人物与次要人物的区分也是十分明显的,在演播厅中,"主咖"独自一人坐在舞台的右边,并且座椅特别大,还有一个巨大的"台灯"雕塑作为衬托,体现出她是整个舞台的焦点,而其他的次要人物一起坐在舞台的左边。在整个节目中,萧亚轩的叙事地位和功能已经远远超过了舞台左边的人物,成为推进叙事发展的主要人物。

2. 次要人物

次要人物，在综艺节目中也称之为"副咖"，在网络综艺叙事中处于边缘地位，一般是为了构成某种场景或者营造某种氛围而存在，起到了一种辅助衬托的作用。在网络综艺中，这种次要人物通常是以群体的形式出现，陪同主要人物共同进行节目叙事，通过这种情绪渲染来引起受众的共鸣。例如在腾讯自制综艺《令人心动的 offer》中，节目设置了第二现场，是对第一现场，也就是几位实习生在律所实习的现场解说。其实第二现场并不是主要内容，第二现场的 6 位嘉宾也不是节目中的主要人物。他们的出现起到了辅助节目内容的作用，便于观众理解节目故事，相当于在"实习生"们与观众之间搭建了一条无形的故事线索。

（二）矛盾关系与协同关系

1. 矛盾关系

人物之间的矛盾关系指的是人物之间立场相反或者存在竞争。网络综艺节目偏爱塑造具有矛盾关系的人物关系，用人物之间的矛盾对抗来增强故事的趣味性和戏剧性。矛盾双方相互对抗、相互斗争，在对抗与斗争中的人物关系增加了故事的趣味性与戏剧性。在许多的网络综艺节目中，都喜欢运用分队形式来进行对抗，例如《奇葩说》《脱口秀大会》这类语言节目就是运用分队对抗的形式，人物之间两两 PK，使节目情节更加跌宕起伏。《创造 101》这类选秀节目中，节目本身的主旨就是"优胜劣汰"，本身就是一场比赛。它的赛制就是几位练习生形成一个小队，与另外的小队进行角逐，节目中充满了矛盾关系。其次就是《创造 101》中有 101 位选手，观众不可能把目光放在每一位选手身上，所以每一位练习生又会努力争取自己作为中心位，让观众的目光聚焦到自己身上。

2. 协同关系

协同关系指的是亲情关系、爱情关系、友情关系等不存在对立矛盾的关系。在这样的人物关系里，人物大多时间里都是彼此和睦融洽的关系气氛、共同合作完成一些事情，或良性地往来互动，偶有摩擦也是关系递进的调剂品，不存在仇恨、对抗等绝对矛盾。在很多网络慢综艺真人秀节目中都体现了协同关系的人物关系。例如爱奇艺自制综艺《潮流合伙人》第二季中，陈伟霆、欧阳娜娜、周扬青、范丞丞、刘雨昕五位嘉宾在四川成都共同开了一家潮牌服装店，他们的任务就是在一个月的时间内销售业绩达到 1000 万元。在这一个月中他们同吃同睡，一起工作，彼此不仅是友情关系，也是合作伙伴。

四、网络广告

人物和人物关系是故事情节发展的动力。在网络广告中，人物以及人物关系设置会影响到广告的传播效果，形象生动、直观可感的人物能唤起受众对品牌和价值理念的理解与认同，促使受众按照广告创作意图来行动。网络广告叙事活动中，叙事者十分重视人物关系的设置。下面从故事人物之间的关系和故事人物与现实人物之间的关系两个方面进行阐述。

（一）故事人物之间的关系

与其他虚构叙事的文本相比，网络广告中人物关系有着独特的特点。受到叙事时长和受众观看心理的限制，网络广告一般不会设计特别复杂的故事情节及人物关系。同时，作为一个目的性很强的叙事活动，网络广告中所有人物的选择、人物关系的设计最终都是为了广告传播诉求服务。在一些网络广告叙事中，虽然出现了多个人物，但是他们可能只是行为的承担者，甚至是充当广告背景。在另外一些网络广告中，虽然只有单个人物出现，但是人物是占主导地位，通过人物的行为、经历来传递广告理念。因而，简单按照故事人物着墨多少将人物划分为主要人物和次要人物的分类不太适合网络广告叙事。这里我们根据人物在广告中的作用，将人物分为主体性人物和背景性人物两种。

1. 主体性人物

主体性人物，是在广告作品中占据主导地位的人物，故事情节以及矛盾冲突一般围绕人物的典型经历或行为展开。在广告叙事中，往往通过主体性人物直观生动、通俗易懂、平易近人的形象塑造，突出广告产品或品牌的个性特征，由此建立受众的联想，刺激他们的情感共鸣。网络广告在主体性人物的选择上，特别强调人物的个性特征和广告产品或品牌理念的一致性，只有二者一致才能强化产品形象，增强受众的记忆点和认同感，取得良好的传播效果。2017 年 New Balance 的广告《致未来的我》，以知名网红 Papi 酱为广告主角，以她给未来的自己写信的形式，平静地讲述了 12 年来不断尝试、打破常规，从一个来北京上学的学生变身"Papi 酱"的心路历程。广告中 Papi 酱那种反转之后专注用心、努力追求梦想的形象与 New Balance 品牌的价值理念相契合，受众在观看广告时可以从中获得深度情感共鸣。广告中的主要人物不一定都是单个人物，也可以是多个人物。2017 年 999 感冒灵广告《总有人偷偷爱着你》，是由 6 个故事线交叉组合在一起，深夜想要割脉的抑郁症患者、买杂志却被粗鲁拒绝的女孩、匆匆赶路却又被交警拦下的年轻男子、快要迟到却被冷漠赶下电梯的外卖小哥、深夜跟跄走在街边的醉酒女孩、蹬三轮意外剐蹭豪车后被骂的大爷，他们每个人都是这些叙事片段中的核心人物。该则广告通过反转的形式，展现社会生活中总有些时候会被陌生人温暖善意的行为治愈心灵，从而传递出"致生活中那些平凡的小温暖"的品牌诉求。

2. 背景性人物

背景性人物，在广告叙事中处于边缘地位，一般是为了构成某种场景或者营造某种氛围而存在。在网络广告中，这种背景性的人物通常是以群体的形式出现，共同展示因为产品或者品牌而形成的和谐、时尚、激情、温馨、浪漫等氛围情境，通过这种情绪渲染来引起受众的共鸣。2017 年百威广告《放》，讲述未来世界中的人失去个性变得循规蹈矩，直到神秘灵魂导师陈奕迅的出现，他唤醒了未来人一员中的女主释放真我的渴望。结尾处女主冲破禁锢进入另一个空间后，看到的拿着百威、戴着发光红手环随音乐起舞的人群其实就属于背景性人物，最后男女主在狂欢的人群中相视一笑的画面也是广告创作者根据广告主题设计的，希望通过画面向观众传达出一种欢乐、释放真我的气氛情绪。

（二）故事人物与现实人物之间的关系

在广告这种虚构叙事活动中，故事文本中的人物是不等于现实人物的。不管是原型叙事还是明星代言，广告中的人物都是经过艺术加工之后呈现的，为了传达广告主题的人物符号，这种人物符号是具有独特的个性和情感性，因而也可以与现实生活中的人物完全区分开来。

1. 故事人物与原型之间的关系

网络广告中有很大一部分是根据真人真事改编的，将现实生活中的事件进行艺术加工，通过演员表演之后所展现出来。因而广告叙事中的人物并不可能和原型人物一模一样，它会比原型人物更加集中、强烈、个性更加突出，而且同样能给观众带来一种极强的真实感。支付宝广告《郑棒棒的故事》就是根据真实事件拍摄的，广告中主人公"郑棒棒"也是有意识地选择一个现实生活中真正的棒棒，我们可以看到广告中的主人公脸部黝黑，满脸皱纹，身穿破旧的棉袄和布鞋，说着方言味很重的普通话，这些都突出了他作为一个穷苦的劳动人民的身份，这种经过选择之后刻意呈现的形象，能让观众更快速地在现实生活中找到原型，也更容易产生身份认同或者情感共鸣，从而接受并理解人物形象传达出的支付宝"诚实守信"的品牌理念。

2. 明星演绎与现实人物之间的关系

明星形象是广告中常用的形象类型。明星身份地位的特殊性使得他们本身就具有一种广而告之的能力，邀请明星代言可以利用明星的人气为产品和品牌造势。明星代言广告，主要有两种形式：一是将明星塑造成现实生活中不存在的完美的形象，引导观众产生偶像崇拜心理，进而影响消费者选择明星所推荐的产品；二是利用明星演绎现实生活中的人物形象，让明星更接近于真实生活中作为普通个体的那一面。在新媒体环境下，受众的偏好也发生了很大的变化，明星直接推介的传统广告形式吸引力慢慢减弱，普通人的生活情感更容易使受众产生情感认同。因而，网络广告中使用明星来演绎现实生活的故事类型会比较多一点。但是，不管是哪一种形式，广告中所展现出来的明星形象都是广告创作者设计出来，想让观众看到的，可能并不是他们生活中真正的样子。比如吴磊一直以乖巧伶俐的好孩子形象示人，2016 年吴磊代言读书郎平板，在广告中吴磊演绎了一个轻松完成各项学习任务的学霸，而 2018 年芬达广告虎妈篇中，吴磊饰演了一个不学习被妈妈批评后，就拿出芬达靠其提供的法术把妈妈赶走的调皮学生。一个大学霸、一个是贪玩不学习，吴磊真实的性格到底是哪一种我们无从得知，但是可以知道的是，广告中的人物形象是广告创作者根据广告主的需求进行创作加工的，而明星只是为了广告效果根据要求进行演绎。事实上，在拍摄广告作品之前，名人就已经是带有某种意义的文化符号了，因而也不能简单地将明星看作是现实生活中的人。

五、网络游戏

人物关系是指叙事作品中存在的人物之间通过社会、观点、人际等建立的关系，人物之间的关系处理得较好时，网络游戏的内容会更加生动形象。在网络游戏中，较为常见的人物关系有游戏内各个故事人物之间的关系以及故事人物与现实人物的关系。

（一）故事人物之间的关系

在网络游戏中往往包含了几种故事人物关系，有人物之间立场相反的矛盾关系或者是人物之间彼此和谐相处的协同关系。通过展示游戏画面中各人物围绕某些事件进行相互之间语言、表情、动作等的交流，可以充分体现出人物所属的阵营（正义或者反派），进而可以争取到玩家的认同感和关注度。

1. 矛盾关系

人物与人物之间的矛盾关系是指人物之间立场相反或者存在竞争。在游戏中可表现为我方对抗敌方、光明对抗黑暗、少数对抗多数的情节，矛盾双方互相斗争，对抗与斗争的人物关系增加了游戏的戏剧性。

在游戏《第五人格》中这种矛盾关系表现为不同玩家扮演的"求生者"和"监管者"这两大阵营之间的对抗。求生者常常被游戏玩家称为"人类"，求生者如果想要获胜，就必须破译 5 台密码机，地图中共有 7 台，能使大门通电，三人以上逃出即可获胜。监管者也常常被玩家称之为"屠夫"，监管者想要获胜，就必须在 5 台密码机破译完之前至少抓住三位求生者。监管者具有强大的抓捕能力，能在短暂的时间内迅速移动。对求生者进行追捕，最初的设定中，求生者可以依靠等待音乐，判断监管者所使用的角色。由于不是孤军奋战，需考虑到整体，可以依靠监管者行动较慢的设定，利用走位、视野、技能道具或团队配合来使脱离监管者，但遇到队友被绑上椅子时，心理斗争是在所难免的，救与不救有时会关乎整个局势，产生内心纠结的情感，让玩家融入其中。队友人数的减少，幸存者的压力和信心会随之改变，而监管者将信心倍增。求生者倘若是随机匹配，更考验玩家的团队协作能力，而这样的游戏氛围可以给玩家带来更多快感和成就感，从而打败对手，获得更多的喜悦感。玩家可以在《第五人格》中感受到做屠夫疯狂抓人的成就感，也可体验做求生者被疯狂追击的刺激感。

2. 协同关系

在这样的人物关系里，人物之间会处于一个友好的来往互动状态，共同合作完成一个剧情或者共同战胜一个敌人，不存在仇恨、对抗等绝对的矛盾。在大多数网络游戏中，Boss 对所有玩家来说都具有一定的挑战性，因此需要多人组队，在同一时间内使用大量技能对 Boss 进行攻击，才能收获 Boss 身上掉落的战利品，这种多人组队打怪的方式就是协同关系的具体体现。以网络游戏《剑侠情缘网络版叄》为例，在这个虚拟的游戏世界中，玩家可以选择各种形式的游戏体验方式，如组队升级、组队任务、频道聊天、买卖交易、比武切磋、绿林镖师、方士任务、宠物成就、江湖奇遇、风景截图、要饭卖艺等。

(二)故事人物与现实人物之间的关系

网络游戏故事文本中的人物不能和现实中的人物划等号，游戏故事文本中的人物和现实中的人物是有一定差异的，游戏角色的某部分特质取材于现实人物，也可能是与现实情况毫无关系的虚构人物。

1. 故事人物与英雄原型之间的关系

网络游戏中很多富有古典文化气质的人物都是取材于历史上存在过的真人，再加上叙述者对角色特点进行二度创作和深化，使得网络游戏中的人物比原型人物更加突出、更有吸引力和现代感。如《王者荣耀》中的英雄以中国古代著名人物命名，这些英雄在每个中国人眼中皆是高高在上，有着卓越的功勋和伟大的贡献，但只要进入这个游戏里，你就可以召唤任意英雄，他们可以随时听从调遣。游戏设计者为迎合观众，秉承着"无所不可为娱乐"的态度，以各种话语方式去制造"爽点"以娱乐玩家，而玩家不假思索地接纳了这一福利，不仅作为娱乐文化的接受者，更成为一个掌握主动权的接受者，主动参与其中，成为这一文化的传播者。游戏中为"庄周"这一英雄配上了别具一格的台词："天地与我并生，万物与我为宜""一群人在人家梦里打来打去，有意思吗"等，很好地将"现代的庄周"和"古代的庄周"融合在一起，使得庄周这一英雄的人物特色非常鲜明。

2. 故事人物与现实人物之间的关系

故事人物与现实人物之间大致可以分为两类，一类是故事人物尽可能地还原现实，另一类是故事人物和现实是完全不相关的。《绝地求生：刺激战场》游戏设置在二战后的克里米亚的一座小岛上，玩家在游戏中扮演真实度非常高的特种兵角色，该岛被打造成一个秘密基地，并把它从所有地图上抹去，还在当地人身上进行生物和化学实验。但是，一群反抗军炸掉了多个生物研究所，导致所有人撤离这座岛，随后该岛被遗弃。在该游戏过程中还会出现蓝色的圆圈，规定玩家到指定的安全地点。这个蓝圈俗称"毒圈"，是某种电力发射器释放的电厂，原先用于镇压当地人的反抗行动。游戏中的整个建筑物都充满苏联时期的风格，残破的围墙、破旧的房屋、废弃的炮楼、空旷的军事基地等场景的建模极为真实，很自然地将玩家带入游戏设计者建构的特定年代，仿佛自己就是反抗者，为了家人、为了自由参与抗争。

六、网络动画

动画片是一种发展较为完善的艺术形式，和电影、电视剧等一样，它的叙事文本主要也是由人物、事件和叙事行为构成。叙述者为了把故事讲得引人入胜，人物是最好的切入口。故事的矛盾和摩擦来自故事里的人物，人物的碰撞交锋构成跌宕起伏的故事剧情。网络动画片除了故事人物关系，因为视频弹幕等技术的发展，故事人物和受众之间也会形成新型的人物关系。

（一）角色与角色的人物关系

角色之间的人物关系是动画片在网络时代到来之前就拥有的人物关系，网络动画片继承保留了这种传统的人物关系。

1. 主次关系

一部动画片若要将主要和次要部分合理安排，很大程度上依赖于对主配角之间关系的处理。主要角色是叙述者聚焦的角色，引导事件的进展；次要角色配合主角的行动，于剧情发展而言，是起辅助作用的。

网络动画片往往围绕主角的命运展开叙事。《秦时明月》以天明为最重要的主角，从他和盖聂逃离秦宫开始讲起，一路上他们遇到了墨家、项家和当时作为反派阻挠他们的组织流沙，虽然对除主角以外的势力都略有着墨，但是很明显故事的偏重在天明身上，连带着与天明最为接近的项少羽人物也被塑造得较为丰满立体。

主次关系是相对的概念。主次关系并不意味着对主角的描写永远是动画片的重点，其某个部分的主次关系可能发生变化。叙述者对某一角色或某个团体展示较多往往只是因为这样最方便把故事讲好，为了达到这个目的，叙述者甚至会短期改变某一单元的主次关系。《秦时明月》的故事发展到后面铺陈甚广，到第五部以天明为中心的主角团体偏居一隅，飘到海上的蜃楼上探险。农家、纵横家在第五部占的比重更重。

网络动画中也有主次关系不那么明显的番剧，如《无头骑士异闻录》，每个角色都得到了差不多的叙事篇幅。但是就故事主线而言，角色们纠缠在一起的中心仍然是那个在四处寻找头部的爱尔兰妖精杜尔拉汗。

2. 对立或协作关系

动画人物在故事发展的过程中，产生了对立的关系。比较普遍的对立关系表现为正面角色和反派角色的冲突关系。《狐妖小红娘》中的涂山狐妖的主业是帮助情侣在身死转世之后还能再续前缘，而故事中的反派黑狐妖则专门破坏转世续缘的各个环节以获得妖法。

对立关系并不一定是敌对关系，也可以展现为竞技关系等。竞技关系通常出现在竞技体育题材中，以《全职高手》为例，主角的对手往往是同样拥有竞技梦想的选手，他们在叫作"荣耀"的网游里属于不同的战队，在比赛场上他们是对手，回归日常生活，他们又是关系不错的朋友。他们之间的对立与是否正义无关，只与立场相关。

协作关系是多个角色暂时为了同一个目标而合作。动画很少以反派角色作为主角，所谓得道多助、失道寡助，通常代表正义的主角会得到他人帮助，如《秦时明月》的主角天明，他是荆轲的儿子，流落街头时，剑圣盖聂就算叛出秦国也要护他周全，之后天明又遇到了墨家、儒家等不满秦帝国统治的组织团体，在他们的保护与帮助下成长不少。协作式人物关系往往围绕主角人物展开，虽然他们在合作的过程中会出现一些矛盾，但大多会在剧情发展过程中尽释前嫌，接着向最终目的前进。

动画人物之间的对立或协作关系往往不是绝对的，会随着故事进展相互转化。协作的角色可能因利益情感等原因关系破裂，走向陌路。原本对立的角色可能因为互相理解、利益趋同等原因而握手言和。以《秦时明月》的盖聂与卫庄为例，即使他们刚开始因为师门旧怨、立场不同等原因大打出手，后来秦始皇覆灭百家的意图越来越明显，覆巢之下无完卵，在张良的劝说下，两人决定通力合作，在第五部的农家纷争中大显身手。

（二）角色与受众之间的人物关系

在现实世界中，人们如果对周围其他人产生了好感，很容易产生和他交往的欲望。这种愿望是很容易实现的，只要建立联系即可。但是受众若是对动画中的二次元角色产生了这种想法，他们之间是很难直接对话的，中间似乎隔了一层"次元壁"。

随着互联网技术的发展，受众和角色之间的"次元壁"似乎有望被打破。Horton 和 Wohl 提出了"准社会交往"的概念，意在解释受众在持续观看节目时发展起来的一种与媒介人物的特殊关系，这种关系与真实的人际关系类似，但只是单向的。媒介人物可以是运动员、演员和歌手等，也可以是动画里面的虚拟角色。研究人员认为，受众在视频评论区的留言就是受众准社会交往的一种有效的表达。[①]

现在弹幕视频网站发展势头很好，有很多看动画的受众已经习惯了这种即时评论的方式，同时这种方式也让受众和角色交流的"即视感"更加明显。以《我家大师兄脑子有坑》第三集为例，叙述者采用第一人称内视角，让大师兄自白一段，他直言自己虽然是穿越过来的，但不是主角，而是被主角所虐的 NPC。这时候看过漫画原作的受众"组团"刷弹幕告诉他："不，你就是主角。"形成了一种屏幕内外直接交流的错觉。

---

① 马志浩：《日本动画的弹幕评论分析：一种准社会交往的视角》，《国际新闻界》2014 年第 8 期。

第二节　新媒体虚构影像的人物行为

人物是叙事作品中的行动者。"人物不是为了表现性格才行动，而是为了行动才需要性格的配合。……没有行动即没有悲剧，但没有性格，悲剧却可能依然成立。""悲剧的目的不在于模仿人的品质，而在于模仿某个行动；剧中人物的品质是由他们的'性格'决定的，而他们的幸福与不幸，则取决于他们的行动"。[①] 人物行动是呈现人物性格，表现人物情感思想，推动叙事进程的重要因素。

一、网络微电影

"人物行为指其受思想支配而表现出来的外表活动行为，它是一定的社会角色在社会生活中形成的程序化、规范化、模式化的活动。"[②] 人物的行为是受思想支配的，也是其社会角色的体现，依托于以往的生活经验。微电影中的人物行为对于整个叙事片段的呈现效果存在较大的影响，尤其是对人物行为的取舍。微电影中的人物行为包括人物的动作、语言和表情行为等。

（一）动作行为

在微电影中，人物动作是最直接的人物行为。所谓人物动作，是指剧中人为达到一定目的而进行的一种活动或采取的手段。更准确地说，它主要是人物有意图的行为，而不仅限于形体的活动。微电影中的人物的动作行为是人物内在思想性格、作者创作意图得以表现的基本方式。

微电影《致父亲》中，正在工作的浩然看到了父亲的来电，犹豫了一会没有接起。第二次电话响起的时候才接起，父亲叫浩然回家一趟。电话

---

① 亚里士多德：《诗学》，商务印书馆，1996，第36页。

② 邓秀军：《新媒体纪实影像叙事：文本的解构与话语的重构》，中国社会科学出版社，2017，第125页。

挂断，浩然找出手机里和父亲的照片看了几分钟，打电话取消了明天的工作决定回家，但公司又催促他返回片场，争取最后的摄影比赛资格。处在十字路口，他左右为难。经过思想斗争，他还是掉头回家。尽管再三犹豫，浩然仍然回了家，这一系列的动作表现的是深深的父子情。

（二）语言行为

在电影中，人声除了具有表达逻辑思维的功能外，还因其音调、高低、强弱、音色、力度、节奏等因素，具有情绪、性格、气质、年龄、职业等形象和感性方面的丰富表现力。微电影中人物的语言行为也同样具有这样的功能，可以表现一个人的阶级地位、地区特征和心理状态等，几句对白就可以传达所有必要的信息。微电影《调音师》开篇便是主角的自白，交代了自己是天才盲人钢琴师，在伯恩斯坦钢琴大赛失败之后变成了一名钢琴调音师。简短的几句台词就交代清楚主角的身份，也暗示了主角的性格，用较短篇幅塑造了主角的形象。

除此之外，语言也可以增加故事的真实性。相较于普通话，方言更具有亲和力，可以拉近作品和观众之间的距离。方言鲜活的生命力穿插在影片中，生动地传达出一方水土一方人的性情和趣味。微电影《郑棒棒的故事》中的主角说的就是充满方言味道的普通话，不仅给电影增加了诙谐幽默的色彩，还赋予了影片浓郁的生活气息。

（三）表情行为

表情行为可以有多种表现形式，比如著名无声电影代表人物卓别林，就是因为其夸张的表情行为演绎出无声电影角色的精髓。微电影中的表情行为也是人物情感的表达，可以更好地表现人物特征。微电影人物的表情行为一般会用特写镜头来表达，其精妙演绎可以突出表现微电影的主题。

在微电影 *The Black Hole* 的开端，男主角就通过其出色的表情动作演绎制造了叙事片段所需要的疲惫气氛。独自加班到深夜的男主角一脸疲态地操作着打印机，办公室灯光昏暗，工位上一个人也没有，紧接着发现水杯从打印纸上的黑洞掉到了地上，脸上的疲态消失，立马变为震惊且兴奋表情。在男主角利用黑洞去贩卖机成功拿出零食之后，盯上了公司的保险柜，随即脸上露出了贪婪的笑容，想利用这个洞去偷保险柜里面的钱。从一脸疲态到逐渐兴奋再到贪婪的笑，主角表情的变化丰富了影片的内涵，揭露了人性的贪婪和欲望。

二、网络剧

人物行为主要集中在语言行为、动作行为和表情行为，通过这些行为的表现能够快速了解人物当下的心情，补充剧情，增加情节的紧张感。

（一）动作行为

在网络剧中人物的动作行为使得人物形象能够更加饱满，《致我们单纯的小美好》中女主陈小希对男主江辰的暗恋，就体现在许许多多的动作行为中，上课时的偷看、每天上学前等在家门口、午休时刻偷亲江辰等，相比于成年人果敢热烈的爱意表达，两个人之间的情愫流动也通过一些细微的动作表现出来。陈小希在不小心撞见江辰和其他女生亲热后生了很长一段时间闷气，在同学的有意安排下江辰给陈小希辅导数学题，午后的阳光洒进来，江辰用手里的笔轻轻将陈小希的头发拨到耳后根，双方年少时期的懵懂、暧昧一览无余。

（二）语言行为

语言是情绪的表达，尤其是在特定的语境下，语言能够很大程度地推动情节的发展。《摩天大楼》中警官杨蕊森面对沈美琪有关美丽原罪论的陈述感到悲痛与愤怒，她说："你觉得一个女孩子穿得性感一点，让男人起了色心，就活该被强暴吗？一个女孩子打扮得漂亮一些，让男人动了情就是她的错吗？犯错的是男人，伤害别人的也是男人，但是为什么大部分的人都把所有责任习惯性地推到女人身上呢？"剧中的这段话刻画了杨蕊森正义、爱恨分明的形象，以及在"经验丰富"的老警官钟敬国断定钟美宝死于情杀时，也引来杨蕊森的不满"师父，你这话就有点歧视了"，话语直白、一针见血，是杨蕊森作为一个三观正、有同理心的警察的典型特征。

《陈情令》中魏无羡面对尸横遍野愤怒困惑悔恨，但仍坚守侠义，情感复杂，大雨打湿了帽檐，魏无羡大喊"孰强孰弱，孰黑孰白！这难道就是你我誓死守护的诺言吗"以及"你说你仰慕我，那为什么在你仰慕我的时候我没有见过你，而我一人人喊打，你就跳出来摇旗呐喊？你的仰慕也太廉价了吧！你的憎恶与仰慕都如此廉价，怎么也好意思拿出来叫嚣！"这里人物的失落感在台词中展现得淋漓尽致，也表达了魏无羡不被世人待见的低落和被众人"消费"的无奈，强化了性格上的孤傲感。

（三）表情行为

表情行为作为肢体符号之一，可以作为故事发展的参考线索，网络剧中的元素越来越多元化，叙事形式也相对复杂，尤其是在悬疑剧、古装宫廷剧中，线索成为承上启下的重要元素，一方面引导受众进一步了解故事，另一方面为后面可能出现的重点情节做出提示完成呼应。例如《隐秘的角落》中，朱晶晶坠楼后，朱朝阳当晚写日记时神色凝重地撕去被鼻血点染的一页纸，又去洗净手上的血污，小小年纪的不安与紧张中又透露着冷静。再如，朱朝阳在妈妈的注视下瞪大了眼睛饮尽牛奶，眼神里是对这样的母亲的一丝害怕，同时也是自己小小的反抗。这里也暗示了朱朝阳并非是一个只会读书的孩子，他遇事时的沉着冷静甚至比大人都要明显。

三、网络综艺

网络综艺中人物行为对于整个节目效果、节目叙事有着较大的影响，人物行为是受思想支配而表现出来的外表活动行为，包括动作、语言、表情、情绪等各个方面。通过人物的观点、态度以及行为的展现可以让人物的形象更加立体丰满，使节目更有吸引力。在互联网的交互式沟通特征的影响下，网络综艺中人物的行为对观众的影响很大。

（一）焦点人物行为

在网络综艺中，人物动作是最直接生动的人物行为，它可以使人物的行为更为真实，人物的形象更加饱满生动。摄像机对焦点人物行为的记录是相对详细的，因为在网络综艺节目中，尤其是真人秀中，通常是围绕焦点人物进行叙事，焦点人物的行为会对整个节目叙事产生一定的影响。例如在《创造101》中，节目中除了打歌舞台的呈现，还有就是选手们在练习室中练习的叙事场景。选手们作为焦点人物出现，他们的行为是摄像机关注的重点。在叙事中，为了强调重点，会突出某个细节。选手李子璇在起初是一个胆子很小的女生，只要让她独自唱歌就会哭。此时的摄像机将焦点对准这位选手，记录下她一点一点突破自我，自己不断在练习室练习，慢慢变成一个自信的女生。通过放大和强调作为焦点人物的李子璇不断练习，体现出这档节目的核心精神就是顽强拼搏，引导主流价值观。

（二）其他人物行为

在网络综艺中，对非焦点人物行为的记录和展现有两种情况：一是通过记录非焦点人物的行为，对焦点人物进行更深层次的刻画；二是通过记录非焦点人物的行为，进一步推进故事的发展。在《超新星运动会》第三季中，比赛的选手是节目中的焦点人物，比如在女子射箭比赛中，硬糖少女303的赵粤作为比赛选手应该是焦点人物，但镜头经常给到其他硬糖少女303的队员，而且通常是摄像机镜头给到赵粤后，接着下一个镜头就会转向拉着横幅加油鼓气的队员。以这样的叙事手法，用其他人物的行为体现出节目对体育精神的理解。

四、网络广告

网络广告中人物行为对于整个广告产品、服务以及品牌价值理念的呈现效果有着较大的影响。人物的行为包括动作、语言、表情等方面，通过人物的观点、态度以及行为的展现可以让人物的形象更加立体丰满，使广告更有吸引力。在互联网的交互式沟通特征的影响下，网络广告中人物的行为对观众的影响很大，很多脍炙人口的广告中人物语言、动作等元素都能激起观众的热议以及主动的模仿创作。

（一）动作行为

在网络广告中，人物动作是最直接生动的行为，它可以使人物的行为更为真实，人物的形象更加饱满生动。在网络广告，尤其是幽默类网络广告中人物动作会比较夸张一些，通过这种戏剧化的动作吸引受众注意，让他们在欢乐的氛围中潜移默化地接受广告主的推销意图。2017 年可口可乐广告 *pool boy*，讲述了一对兄妹为了给家中性感的泳池清理工送去冰镇可乐，展开一场激烈竞争的故事。广告开头就是一个性感的腹肌猛男在游泳池边认真工作，兄妹两人分别在家中的不同窗口、双手托腮爱慕地看着这位清洁工帅男，然后不约而同跑去冰箱拿可乐，广告运用慢镜头将动作夸张化，突出他们争先恐后、互相陷害地跑向型男的过程。但是当两人好不容易终于走出去，却发现母亲早已为猛男送上冰凉的可口可乐。这个广告故事情节比较简单，1 分钟的时长内没有一句台词，只依靠人物动作来塑造人物形象，推动故事情节发展。

（二）语言行为

在广告中，语言对人物形象的塑造起着至关重要的作用，有些时候单纯依靠外在动作行为很难让广告故事人物的形象深入人心，只有加入声音语言，人物形象才能变得更加鲜活生动。受到流行文化的影响，网络广告中人物的语言具有网络化、个性化的特点。在方太广告《男人就是"欠收拾"》中，邀请沈腾和马丽出演，以自黑的方式讲了一个"夏洛特烦恼续集"的故事。广告中马冬梅怀孕了，夏洛在厨房给马冬梅炒鸡蛋，油烟弥漫。开篇就是夏洛打电话怒斥方太客服："你们广告语不是说四面八方不跑烟吗？我现在家里四面八方都跑烟！我这都迷路了！""别以为3·15过了就没你们什么事儿了啊！告诉你，油烟可以跑，你们跑不了。"由于广告篇幅的限制，单纯依靠画面很难在较短时间内突出人物个性，但是语言可以快速吸引观众注意，让观众对人物产生整体感知。在方太的这个广告中，通过简简单单的几句对白，凸显了主要人物夏洛的性格特点与内心情绪，同时在一场欢乐反转的闹剧中巧妙揭示了方太油烟机的卖点。

网络广告中的语言除了同期声，还可以通过旁白和画外音的方式树立人物形象。农夫山泉二十周年广告《一个人的岛》，通过第三人称旁白的方式，讲述农夫山泉员工徐忠文四年来一直孤独坚守岗位的故事。全片由旁白贯穿，除去徐忠文在广告视觉上呈现的动作行为，声音语言在人物形象塑造上发挥了巨大的作用。当然作为一支广告来说，人物形象的塑造并不是重点，而是要通过塑造鲜明个性的人物形象来达到突出产品与品牌的最终意图。这则广告就是通过这名恪尽职守源头守护员来彰显农夫山泉对水源品质的追求。通过质朴无华的语言叙述给受众营造出一种很强的真实感。

（三）表情行为

单独的肢体上的动作并不能很全面地展现人物的性格和内心情感，还需要通过表情表现人物心理的细腻情感变化。在网络广告中，一般会使用特写镜头来展现人物表情，达到渲染情绪、深化广告主题的作用。2017年可口可乐广告 *Eyes Closed* 混剪了多个生活中闭上眼睛享受生命的瞬间。用大量特写镜头展现人们的面部表情变化，比如喝着冰可乐的酷爽时刻、坐过山车时刺激尖叫的瞬间、在越野旅行中高兴大喊、雨中与爱人深情相拥时幸福的表情、喜欢的球队获胜激动欢呼的神情等，由此表达其"Taste the Feeling"的品牌理念。像可口可乐这种广告都是靠人物表情来展现的并不常见，大多广告是在叙事过程中，将表情和故事内容、节奏配合出现。在支付宝广告《郑棒棒的故事》中，主人公在与货主走丢之后，用几个面部特写展现棒棒黝黑的脸庞上沉默严肃的表情，凸显他的焦急与无奈。而在故事结尾，棒棒在警察的帮助下找到货主时，将棒棒欣喜的面部表情，与之前棒棒和货主走丢时的面部特写进行交叉呈现，通过表情的对比突出主人公信守承诺的性格特点，使得故事情绪达到高潮。

五、网络游戏

（一）动作行为

在网络游戏中，人物动作是最直接的人物行为，玩家可以通过人物的动作去判断这个游戏角色的战斗技能、从属于哪个阵营或者这个角色的强弱，都可以从人物动作中直观展现。

1. 女性游戏角色动作体现柔美与舒畅

大部分网络游戏在设计女性形象时会借鉴狐狸、猫咪、小鹿等这些动物身上的一些特质，来体现女性游戏角色的娇媚、可爱或者灵动。在游戏《永劫无间》中游戏人物选择界面，如果玩家选择了女性角色"胡桃"的话，就能看到胡桃的整体造型是头上有猫耳和毛茸茸的小尾巴，两只手交叉着放在背后，头微微往下低，整体仪态是非常具有少女感和可爱气息，加之角色飘逸的秀发和姣好的面容，营造出浪漫主义情怀与氛围，能够获得女玩家的欣赏和喜爱。而游戏《英雄联盟》中，设计师给一位名叫"悠米"的英雄设定是一只拥有魔法的小猫咪，它的人物动作就是很自然地在队友身上飞来飞去，还可以一直附着在队友身上，很巧妙地形成了两人之间的一种依赖感，相互依存，共存亡，也为这款游戏在激烈打打杀杀的画面中增加了一些温情。

2. 男性游戏角色动作充满力量和霸气

网络游戏中，男性角色的数量是非常大的，游戏设计师的创作重点也会集中展现在体现男性角色魅力这一方面。大部分网络游戏中想要体现的男性角色是拥有炫酷的技能，给人霸气十足的感觉，因此在角色动作设定方面也通过展示肌肉力量的身材，展示风格化的武器，展示帅气的脸庞来吸引玩家的注意。如《绝地求生：刺激战场》中的男性人物，可以快速地使用4倍镜、8倍镜精准瞄准敌人，走位和攻击的身法都十分帅气，像是经过标准军事化训练的战士。在《英雄联盟》中，一位名叫加里奥的英雄可以使用他的终极技能"英雄登场"，从很远的地方降落到队友旁边，设计师给他的技能做的特效也十分精致，他落到地上的时候，周围呈现出一个壮观的陨石坑，充分增加了这一英雄的亮眼程度，也吸引了更多玩家使用这一英雄体验游戏。

（二）语言行为

目前网络游戏市场同质化现象严重，有的使用色情、暴力元素，刺激玩家的视觉和欲望，使得网络游戏市场低俗化，这是需要引起关注的。有些时候单纯依靠外在动作行为很难让网络游戏人物的形象深入人心，只有加入声音语言，人物形象才能变得更加鲜活生动。在网络游戏中，语言对人物形象的塑造起着至关重要的作用，好的游戏语言耐人寻味，能够极大程度上刺激玩家的听觉，让玩家深深喜欢上某一游戏的角色。

1. 富有隐喻的人物台词

网络游戏中，在游戏人物选择界面，很多游戏中的英雄登场都是伴随人物台词一起的，炫酷的人物外观配上简短有趣的人物台词能够让玩家在短时间内有个大致的印象。这些游戏语言的存在，还原了英雄的部分品格，极大程度上提升了玩家对于角色的认识，也进一步增加了内心感知的表达层级，迎合了各种玩家的个性化感受需要，而且还实现了玩家在虚拟中的情感交流。这些人物语言的表述无疑使英雄角色形象的塑造锦上添花。《英雄联盟》中，女性辅助英雄索拉卡在游戏中主要是为队友加血、提供治疗，她的台词"只要我还活着，就不会有人遭受苦难"，这句台词既能体现她为队友加血的技能属性，也能体现她活着就在努力奉献的责任和担当，是极具深刻意义的台词。男性中路刺客英雄艾克的台词"我宁愿犯错，也不愿什么都不做"也被很多玩家所喜爱,这句话结合了该英雄的背景故事而诞生,同时也表达了该人物勇敢尝试不害怕从头再来的勇气,增加了玩家对该英雄的认可和喜爱。

2. 信息丰富的人物旁白

人物旁白在游戏中的出现就是对游戏世界中某一事件主导者传递的信息进行整体的把握。例如在《英雄联盟》中,每当有敌人被杀或是队友发出求救信号,系统的广播能让英雄第一时间就知道,还有大龙的刷新时间、敌我方召唤师水晶的重生时间都会通知玩家。通过人物旁白和画外音的出现,能够让玩家更清晰地知道整个游戏世界的构成,从而有选取性地接收自己目前所进行的任务中需要的信息。极具特色的旁白音一响起,观众就能立刻知道这是哪个游戏,部分旁白音还被高频率地应用到抖音、微博等短视频平台的内容制作当中。

六、网络动画

与主次人物关系的设置相对应的,网络动画片的人物行为可以分为主导行为和配合行为。主导剧情的角色引导着事件的发展,配合剧情的角色使事件的发展更加丰满,更加具有可看性。

(一)主导行为

动画的创作者创作一个故事之前往往有一个从起始到结局的想法,主角就是实践这个想法的行为主体,在他或者她的身上体现着创作者想表达的核心思想,叙述者在讲述故事的同时将创作者的思想表述出来,他最重要的任务就是把主线有技巧地表达清楚。

动画的主角对于自己的目标往往非常清楚,他从产生想法到实现想法的过程就是故事的主要线索。以《狐妖小红娘》为例,主角涂山苏苏的愿望一直只有一个:"成为一个堂堂正正的狐妖。"这在该动画的语境中指的是成为一个实行着狐妖天职——为相爱的妖和人转世续缘——称职的狐妖。

与这条线索相对应的，是苏苏和白月初一次次地为他们遇见的"客户"完成续缘业务的章节故事，在自成段落的章节的推进过程中，苏苏与自己的目标越来越接近。《无头骑士异闻录》的主角赛尔提女士的愿望也非常明确——找到不知道流落到哪里的头部，但是受到东京多个势力组织的影响，她的这个简单的愿望却没那么容易实现，她在不停地搜寻线索，成为穿行在东京街头的传奇。

（二）配合行为

配角们对主角的配合行为有时表现为与主导角色的合作。他们适时出现在主角的身边，为主角助力。《全职高手》的第一集中，叶修直接表达了他短期的目标："休息一年，然后回来。"他因为个人不愿意参加商业演出和难以调和队员矛盾的原因离开了原战队嘉世，只能栖身于一家小网吧，为一年后回归职业比赛的目标努力。在这家网吧，他遇到了手速极快的战斗法师唐柔（其时只是在网吧打工的收银人员）、出招难以预测的流氓（职业名）包荣兴和负责后勤大事的新战队老板陈果。在他们的协作下，叶修迅速积攒了实力，组建了新的战队，回归了职业联赛。

配合的角色也可表现为给主角的目标制造困难，这可能由于正派与反派之别，也可能缘于立场之分。以 *Banana Fish* 为例，主角的愿望是弄清楚让自己的哥哥从战场回来神志不清的药物"Banana Fish"的真相。他最大的对手即为制造药物、利用药物操纵政经精英的反派组织，在他寻求真相的过程中，该组织不停地给他下绊子，陷害他进监狱，迫使他杀害好友，使他的命运不停地下坠。

第三节　新媒体虚构影像的人物性格

故事中的人物形形色色，人物的性格也千人千面。著名的人物类型划分是在爱·摩·福斯特的《小说面面观》中提出，他根据人物是静态或能够变化的将人物区分为扁形人物和圆形人物，并阐释了人物类型划分的标准。"17世纪时，扁平人物称为'性格'人物，而现在有时被称作类型人物或漫画人物，他们最单纯的形式就是按照一个简单的意念或特性而被创造出来"①，扁形人物的人物性格相对单一，符号化的人物标签明显。

相较扁形人物，"圆形人物周围有无可限量的生活——在一部作品版面范围内的生活"，"那些人物能全面发挥作用，即使作者的故事对他们提出了比现在更大要求，他们也仍然可以胜任"。②圆形人物在故事中往往能够展现性格的多面性，让人物形象更饱满、更真实、更深刻，更能打动受众。新媒体虚构影像作品中根据不同的叙事诉求，会选择不同的人物性格类型来进行塑造。

一、网络微电影

人物性格是指表现在人对现实的态度和相应的行为方式中比较稳定的、具有核心意义的个性心理特征。不同时代、不同阶层、不同社会环境中和具有不同生活经历的人，其性格特征就不相同。微电影的人物性格表现了人物对现实和周围世界的态度，反映出作者想要表现的价值观。根据微电影中不同人物的性格表现，可将人物性格分为扁形人物性格和圆形人物性格。

（一）扁形人物

扁形人物是指人物的性格比较单一，能够比较明确、直接、集中地反映人物的形象，这类人物的特点是性格没有形成与发展的过程。微电影中的扁形人物一般以直接纯净的性格形态出现，能够比较明确、直接、集中地反映人物的典型化。例如《老男孩》中，主人公王小帅的老婆郝芳就是一个扁平人物，从始至终都喜欢着王小帅。在学生时代送过情书，默默付出，

---

① 爱·摩·福斯特：《小说面面观》，花城出版社，1984，第59页。

② 爱·摩·福斯特：《小说面面观》，花城出版社，1984，第62页。

结婚后无条件支持王小帅的梦想。由此可以知道郝芳是一个专一且长情的人，除此之外，我们就无法在这单一的情节中观察出她其他的性格特征。

（二）圆形人物

圆形人物是指文学作品中具有复杂性格特征的人物。在微电影中，圆形人物则是指人物的性格有发展变化的过程，这种人物性格打破了好的全好、坏的全坏的简单分类方法，是按照生活的本来面目塑造人物形象，更真实、更深入地揭示人性的复杂与多元。

微电影《致父亲》中，浩然的父亲是一个不善言辞的人，性格很要强。父亲的话很少，打电话叫儿子回家时也是简短的几句话就结束。浩然放弃了参加摄影比赛的机会回到父亲开的照相馆，替父亲给邻居母女拍了照片。父亲也看到了浩然的努力，打开了心扉。父亲向浩然解释了为什么在他第一次摄影展上没有露面，也说出了自己内心对于疾病的恐惧。至此，父子二人的误会解除。通过对父亲在这一连串事件中的表情、动作等的持续关注，作者成功将父亲的性格塑造成一个不善言辞、刚强，偶尔也会脆弱，需要人关心的父亲形象。圆形人物给读者一种多侧面、立体可感的印象，往往具有更高的审美价值。

（三）性格特征

微电影受时间的限制，在人物性格的表现上没有电影充分。要在有限的时间内塑造人物的性格，并且让观众印象深刻。因此，微电影中的人物性格往往有以下特征：

1. 鲜明化

微电影中人物性格的鲜明化是为了让受众在短时间内对人物印象深刻，区分出不同的人物性格，更好地理解故事内容。相较于广告，微电影时长更长，叙述的故事更具体，涉及的人物也更多，所以需要将人物的性格鲜明化，在有限的时间内最大限度地推动情节的发展。相较于电影，微电影中的人物性格缺少起承转合，往往是由于某个情节的发展突然展现出来，所以显得很鲜明突出。比如，艺术微电影《钢琴师》在开篇交代男主性格时利用男主内心独白"我是个盲人，我很少在公众面前演出"，暗示了男主一直是怯懦的。但是在揭示了男主是假扮盲人之后，我们才知道男主并不是怯懦，而是陷入了偷窥的快感之中，这也引出了影片的主题：这个世界不是偷窥癖就是暴露狂。

2. 符号化

人物性格符号化是指将人物的性格看成是一种符号来理解和分析，而进行分析和理解这一步骤的人正是构建人物的导演。微电影中的人物不单纯只是代表人物本身，代表的更是一种价值观念，这种价值观念正是微电影想要表达的。宣教微电影《保安日记》通过保安的日记，把一位保安的思想情怀提升到了很高的境界。片子通过保安的日记说出了这样的台词："那天我第一次体会到作为一个保安的责任感和尊严。"影片宣传的官方意识形态通过保安这一小角色体现出来，并且变成了人物的内心世界，在表现人物的同时弘扬了社会主义核心价值观。

卡西尔曾说："符号化的思维和行为是人类生活中最富于代表性的特征，并且人类文化发展都依赖于这些条件。"微电影人物性格的符号化就是为了传达其背后的文化、价值观等，把故事推回到艺术审美的层面。

二、网络剧

网络剧中的人物性格就像是现实生活中的人物性格，因人而异，或强烈或平淡，棱角分明。尤其是群像戏中涉及的人物较多，性格类型丰富，观众的体验感和代入感也随之增强。

（一）群像性

《隐秘的角落》中主要人物张东升、朱朝阳等的剧本形象是丰沛可信的。两个人，一个是杀人老师，一个是目击学生。他们既对立又联系，既是矛与盾又能互为镜。两人都有数理天赋，都孤独、敏感、自律、隐忍、警觉、缜密而坚定。为隐恶，调整了视频证据交易关系；为扬善，调整了朱家父子及三个小孩间的人物关系；为社会正义，还增设了老警陈冠声这个角色，与另一缺失父爱的人物严良形成对应关系。张东升用伪善的面孔劝几位小孩好好学习，并伸出橄榄枝时，普普则一针见血地指出："你读书就是为了杀人吗？"群像式的演绎充分凸显出人物命运的对比，而童真与成人世界的交汇让观众有不明觉厉的领悟。

（二）复杂性

《白夜追凶》则是通过解构二元对立的人物形象，使得人物有了充足的成长空间。关宏峰、关宏宇的人物形象一开始就极为分明：哥哥关宏峰，优秀警察，冷静严肃、心思缜密、工作认真，是一个行走在阳光下的人；弟弟关宏宇，在逃嫌犯，夜间出现，暴躁叛逆，江湖气息极重，是一个行走在黑暗中的人。兄弟二人性格、身份千差万别，但在经历了一系列事件之后，他们的角色开始慢慢互换，人物形象发生逆转。

（三）典型性

传统的电视剧大多以遵循男强女弱的人物路线，《延禧攻略》《传闻中的陈芊芊》打破传统的人物叙事，将大女主的典型性格展现得淋漓尽致。《延禧攻略》中大女主魏璎珞的初始目标就是为亲姐姐复仇，以宫女身份进宫后，面对宫女锦绣的刁难，她先是拎起一桶水泼她身上，紧接着放出狠话："我魏璎珞天生脾气暴不好惹。谁要是再叽叽歪歪，我有得是法子对付她。"开启了一种爱憎分明、快意恩仇的"怒怼"模式。该剧表现一种标准化"爽剧"、大女主的设定、皇宫职场的步步高升，吸引了大量都市职业女性的观剧兴趣。[①]

---

① 陈思等：《中国网络视频发展的爆点、痛点与拐点》，《当代传播》2019年第3期。

三、网络综艺

人物性格的塑造分为扁平人物和圆形人物，圆形人物是指在节目的记录中性格慢慢凸显、形象越发饱满清晰的人物；扁平人物则是指那些在节目叙事过程中性格相对固定的故事人物。由于大部分网络综艺每季的档期有几个月左右，所以说时间相对有限，但在这有限的时间足够去挖掘塑造人物的性格与形象。通常在选秀类综艺里，人物多以圆形人物为主，选秀类节目以素人嘉宾为多数，在此之前观众对人物性格不了解，就需要慢慢凸显人物形象，并且选秀类节目以"养成"为核心，观众需要在节目中看到他们一点一点成长。真人秀类、语言类综艺则多数以扁平人物为主，这两类综艺的嘉宾多数是观众已经有所认知的，需要用嘉宾自身的人物性格来主导事件的发展，所以他们的性格特征是相对固定的。

（一）扁平人物

扁平人物性格特征固定，不受环境的影响，环境的变动只会更凸显其特征的一成不变。例如在《潮流合伙人》第二季当中，嘉宾们在一起吃饭，让观众印象最深刻的就是周扬青爱吃香肠，从始至终她都要吃香肠，以至于成为其他嘉宾吐槽她的一个点，也成为节目中的一个亮点。还有《十三邀》当中的主持人许知远，一直保持一种"偏见""犀利"的态度来对话嘉宾，这种扁平的形象也成为这档节目的核心看点。在《创造101》的节目中，有几位选手就是典型的扁平人物，例如表现优异的来自乐华娱乐的孟美岐和吴宣仪，她们在一开始就受到了所有练习生以及导师的热捧，在节目中的表现也很突出，一直排名靠前。她们就是典型的扁平人物的代表。在节目中一直塑造了一种"优等生""行业模范标杆"的形象，在节目的叙事过程中性格相对固定，没有什么大起大落。

（二）圆形人物

圆形人物性格是指随着事件的发展有所变动的人物性格。网络综艺人物性格的塑造要取决于人物所处的环境与节目叙事内容以及镜头的展现，在综艺节目中多数有所蜕变的人物都是以圆形人物性格进行塑造的。《创造101》是一档养成类选秀综艺节目，意图通过三个月的训练、比赛，让练习生有所蜕变。所以其中的圆形人物形象居于多数。例如前文提及的练习生李子璇，在刚开始时她是一个胆小懦弱的小女生的形象，只要让她唱歌就会哭，于是节目组对其心理活动和性格进行塑造和加强，展示了她高超的舞蹈功底，慢慢塑造成一个充满自信的女生，最终在主题曲中担任了中心位置。另外，徐梦洁也是节目中圆形人物的代表，初上舞台时默默无闻，可以说是节目里的"小透明"，她的排名一直处于中后位，但随着时间的推移，她慢慢走进了观众的视野，在总决赛中以第11名的成绩成团成功。《令人心动的offer》节目也类似，都是以素人为出发点的综艺节目，观众起初对人物性格并不了解，需要通过节目内容进行塑造。在第二季中，实习生詹秋怡一开始给观众的感觉就是一个少言寡语的乖巧女孩，但从第三期"委托炒股纠纷案"开始，她的表现就越来越吸引观众的目光，最终成功拿到offer。

四、网络广告

由于广告叙事时间有限，不能像文学小说、影视作品一样花较长的时间或篇幅，通过大量的人物观点、行为以及心理活动去刻画丰满多元的人物性格，因此在广告中的人物虽然有主体性人物及背景性人物之分，但其主体性人物的刻画更像文学作品、影视作品中的扁平化人物。

（一）人物个性化

网络广告中的人物性格大多表现出一种片面的个性化，他们直观可感且具有鲜明特征，更重要的是人物的个性特征需要和产品或品牌形象所匹配。在当前同质化的市场竞争中，人们往往根据差异化的广告来进行产品细分和品牌区分。当今网络上广告种类繁多、主题多元，为了能吸引目标受众的注意力，增强广告的记忆点和识别度，在广告创作中会集中突出人物某一方面的特点，塑造具有独特个性特征的广告人物。广告中展现的这种个性化的人物在日常生活中比较少见，因而更能让人印象深刻，能在受众心中建立一定的联想，在看到某个人物时想到某个产品或品牌，或者是不自觉地由品牌联想到人物。以此突出广告产品独具的个性特征，树立个性化的品牌形象。益达《酸甜苦辣》系列广告以"阳光小生"彭于晏和"文艺小花"桂纶镁作为代言人，他们把那个敏感爱吃醋又浪漫的加油站女人和那个大大咧咧、有点迟钝的机车男孩塑造得十分准确，益达广告语"你的益达也满了""关爱牙齿，更关心你"在广告中也得到了充分的传播，让人印象深刻。

（二）人物符号化

从表面上看，广告中出现的人物形象多种多样、各具特色，但是究其本质都是一种符号。因为在广告中的人物形象并不代表他自己，往往代表的是一种生活态度或者是某种价值观念。以 2018 年力士广告代言人杨幂为例，杨幂这个人物形象首先是一个精致的美女，拥有一头闪耀柔顺的秀发，这个符号的意义首先就是强调使用力士洗发水，头发能和杨幂一样坚韧闪耀。其次，杨幂在现实生活中一直展现的是拥有强大气场的自信女人形象，在广告中，杨幂的广告词是："每个女人都自带光芒、自信、坚韧、精致，还有你的闪亮秀发。力士柔亮洗发乳，让秀发水润有光泽，让我乐于尝试更多角色，勇于迎接职场挑战，敢于定义自我风尚。"随即用多样的造型角度展现她水润光泽的秀发，传达了一种独立自信、积极向上的人生态度。即使广告中所出现的普通人形象，也都是一些美好、幸福的符号，比如化妆品广告中精致时尚的美女、汽车广告中奢华有格调的精英男士、儿童用品广告中聪明可爱的孩子以及温柔贤惠的母亲等，这些人物形象的出现早已成为一种约定俗成的符号，他们代表着在某种特定情境下人们理想中的生活状态与方式。

在后现代的消费语境下，网络广告中人物符号的意义都是经过广告创作者人为编码的，并最终为广告主的利益与需求服务。通过这种美好的符号化展示唤起受众的欲望与需求，达到传播意义与目的。对于受众而言，他们也通过对某一广告产品或服务的消费，完成了对这一人物符号的认同，从而间接获得这一符号所代表的容貌、性格、身份、地位等象征意义。

五、网络游戏

游戏脚本中的人物，都是游戏创作者设计出来的形象，这些人物形象是否灵动取决于设计者是否赋予了他们以"人性"或"人格"。高质量的游戏画面、逼真的游戏特效和震撼的音乐效果并不是游戏拥有叙事性的必要条件，但是精心设计的情节和丰满的人物性格则是游戏获得强烈的叙事效果的第一要素。

（一）游戏人物体现英雄化的气质

我们对英雄仰慕崇拜，更渴望成为像他们一样的人，成为一个英雄。就我国的传统文化来说，描述英雄蜕变和成长的故事始终是最为主流的。约瑟夫·坎贝尔提出，英雄的故事并不是高置于神殿之上的，它归根结底是我们所有人的故事，在这社会中生存的个体都能讲述出自己曾战胜过环境中的挑战，并因此出现心理上的变化。网络游戏让英雄不再是遥不可及的幻想，只要登录游戏，选择角色并进入战斗，每个人都是自己的英雄。因此，这给很多在现实中受到打击的人提供了解压的空间，特别是在战胜了其他人都无法战胜的难关，找出了游戏中存在的各种漏洞，甚至还能引导其他使用者通关，这都是精神上的肯定和激励。

在游戏开发时，设计师一般会选择把整个游戏中的所有人物动作都表现得非常具有英雄色彩。游戏《英雄联盟》所描述的对象实际上就是英雄的故事，英雄视保护世界的和谐稳定为己任，在背景叙事里，强调了英雄的正义性和高尚性。其中的人设拥有各种击杀技能，总是有着能够影响生死的实力，在游戏世界中他们具有平时生活根本无法具有的实力，操作角色完成打击、绝杀以及征服，能够让使用者感到舒畅。具体来说，在游戏《英雄联盟》中英雄是能够进行传送的，在己方战斗被压制的时候，英雄死亡并重新获得生命以后就能够借助这个能力把自己迅速转移到团队中间协助战斗，这样的从天而降突出了英雄光环。另外，英雄能够进行治疗，不仅可以给自己进行治疗，还能在千钧一发之际为自己团队的角色增加血量，进一步省去回城补给的时间，一起抵御对方的进攻，这也体现了英雄的救助能力。所有的设计都是注重为参与者构建英雄主义氛围的，参与者能够具备在实际生活中不可能拥有的能力，在打击和征服的时候得到自我认同感。

（二）女性游戏人物往往需要保护和拯救

根据《2019 年 1—6 月中国游戏产业报告》显示，截至 2019 年 6 月，中国女性游戏用户规模突破 2.93 亿，占中国游戏用户规模的 45%。随着玩家的体量不断壮大，其性别分布也朝着越来越均衡的方向发展。[①]女性玩家倾向于选择操作难度较低，社交性和休闲性较强的游戏。因此很多网络游戏会着重在人物外观上下苦功，淡化人物战斗技能的强度，目的是吸引女性玩家的关注。

游戏中女性角色的外观显得尤为亮眼，因此相对应游戏人物的战斗技能强度则会被游戏开发者淡化，这样女性玩家在体验游戏的过程中，既能欣赏游戏人物外观带来的愉悦感受，也能参与到紧张刺激的游戏环节中去。而由于女性游戏人物的操作难度不高，因此在游戏中对敌方英雄造成的伤害往往也是不高的，战斗技能上没有一定的自保能力，更容易成为敌方英雄主要攻击和集火的对象，这就意味着女性游戏角色在游戏中的生存处于比较脆弱的地位，需要队友的支援和保护。如格斗类生存竞技游戏《永劫无间》中，三人一组的队伍配置，玩家通过收集地图上的冷兵器来装备自

---

① 新浪游戏：《2019 年 1—6 月中国游戏产业报告》发布，http://games.sing.com.cn/2019-08-O1/doc-ihytcerm7748239. shtml，2019-8-1。

己，加强各方面的能力。队伍中一般会配备一个女性角色"胡桃"，在队内担负治疗队友，给队友加血增加护盾的职能。一旦在地图上几支队伍交火，敌方队伍会首先选择投入时间击杀"胡桃"。首先是因为"胡桃"的血量值较低，身板比较脆，属于比较好击杀的类型。其次一旦"胡桃"死亡，她将无法为自己队伍提高治疗量，这样整体队伍就没有了续航能力，整个队伍的作战能力也会大幅度下降。因此当敌方队伍找机会击杀"胡桃"时，队友也会想办法通过和对面战斗技能的切磋来保护"胡桃"。

六、网络动画

动画片是一种表达故事的形式，在故事推进的过程中，展现出人物性格的方方面面。可以将动画中的人物性格大致分为圆形人物和扁形人物，圆形人物是由多种元素组合而成的人物形象，性格具有多侧面、多层次的特点；扁形人物是个性化与类型化的产物，人物的性格往往非常鲜明且单一。[①] 故事的叙述要详略得当，故事中的人物也要繁简得体，如果每个人物都性格多面、难以捉摸，叙述者和受众都会感到吃力，故事也不可避免地显得冗杂。

（一）圆形人物

动画故事中起主导作用的角色通常是圆形人物，叙述者不吝笔墨地展现他性格上强势的一面，也不惜在他性格的缺陷上下功夫。瑕不掩瑜，主导角色性格的缺点只要不触犯大是大非，反而能拉近受众和角色的距离，让受众感受到角色是一个活生生的人，增加主角的魅力，增添故事的感染力。

以《进击的巨人》为例，主角艾伦是一个一心战胜巨人的战士，随着剧情的发展，我们可以看到艾伦其实并不总是那么坚韧不拔，他性格上有

---

① 张德林：《论圆形人物与扁形人物——小说艺术论》，《文艺理论研究》1999 年第 12 期。

明显的延宕和踌躇，难以下决心。在第一季末尾部分，为了抓到隐藏在皇城的可以巨人化的女巨人，艾伦也需要完成巨人化，将女巨人制服。但是在计划进行的过程中，艾伦因不能接受敌人是自己有好感的女生而犹豫不决。作为计划中最关键的一环，没有艾伦的参与，人类很可能会失去战胜巨人的机会。灭绝食人的巨人是艾伦最远大的梦想，但是逐梦过程中他却因一时的懦弱陷入纠结。这时受众难免为男主的"不争气"而气愤。最终，艾伦想通了——要顾全大局，在他巨人化的一瞬间，受众有"燃"起来的感觉。圆形人物的特点就是角色的性格是发展变化的，不是一成不变的，受众在艾伦思考的情节中，感受到了他两种性格侧面的碰撞，这便是故事人物的张力。

圆形人物不一定都是主导角色，起配合作用的角色性格也可以是多面的。《无头骑士异闻录》中的平和岛静雄就是这样，他经常"暴走"，拆掉路上的路牌挥向一群前来找事的小混混，成为街头一霸。但他偏偏是一个很温柔的人，他（努力）遵纪守法，理解别人的难处，这种对比使他成为一个矛盾体。两种截然不同的气质存于一体，让受众眼前一亮。

为了展现圆形人物性格的方方面面，动画必须要具备完整展现故事的能力，这种能力很大程度上来自于充分的时长。只有足够的时长才能让人物的性格得到充分的展现、让人物性格的变化得以呈现。故而圆形人物多出现在情节完备、故事完整的番剧和大电影中。

（二）扁平人物

扁平人物自身的素质或特征一般都较简单，几乎一望而知。他的性格单一，趋向类型化，对他艺术的描画夸张成分较重。①

受篇幅的影响，泡面番精细叙述的精力是有限的，故而泡面番中扁平人物较多。如泡面番《快把我哥带走》，时秒是一个暴躁的女孩，时分是一个"老好人"，会武术的时秒经常把哥哥压在地上狂揍一顿，兄妹俩日常的

---

① 张德林：《论圆形人物与扁形人物——小说艺术论》，《文艺理论研究》1999 年第 12 期。

校园故事中穿插着一些经典的场面。《那年那兔那些事》中的人物"类型化"表现得十分明显，其以一种动物代表一个地区或者国家，这种"类型化"的灵感有的来自于晚清的《时局图》，俄国为熊，美国为鹰；有的来自于国人对某国家的固有印象。每一种动物实际上显示了人物性格扁平的特征，如鹰就是蛮横不讲理的。泡面番中的扁平人物形象让受众易于理解，看起来轻松，扁平的角色直来直去，有诙谐的效果。

篇幅较长的番剧和大电影中也存在扁平的人物形象。《进击的巨人》甚至将作为反派的巨人"弱智化"，巨人大多是没有思想的怪物，食人是他们的本性。"巨人"世界的世界观已经十分复杂，作者让受众看到巨人的时候第一反应只是恐惧，这给紧凑的故事结构稍稍带来一点空隙。

第四章 新媒体虚构影像的情节结构

　　情节是叙事文本中的重要构件，情节在各类的叙事作品当中是一个客观存在。"它有着独立于故事和话语的特殊规律。它含有时间先后关系，但又不以时间先后为唯一线索；它是对最基本的叙事单位或功能的编排与组合，但又无法脱离故事内容而只存在于纯技巧的形式当中；它涉及事件之间的因果关系，但又不能使用抽象的逻辑分析；它不等同于人物性格的成长过程，但只有通过人物之间相互关系的形成和改变得以展开，总之，情节是叙事作品的深层与表层，结构与话语，事件与人物，普遍规律与个体表征的辩证统一。"①情节是讲述故事的具体环节和补充，情节使叙事更加完整，更加具有戏剧性，更加具有受众接受度，情节的建构支撑起叙事文本的话语框架。

　　叙事文本中的情节并不是简单的堆砌和组合，而是需要围绕特定的叙事目的来进行设置。"从叙事学的角度讲，情节不妨视为影片本文叙事策略的一个组成部分，它是叙事主体为了表达某种叙事意图，围绕某一或几个叙事主题，试图达到某个叙事目的而建构的话语。"②情节是叙事作品中以人物为中心的话语建构，情节的设置要遵循叙事艺术的规律。按照悉德·菲尔德在《电影剧本写作基础》中的方法，电影剧本的写作大致分为三大部分：建置—对抗—结局，在这三个部分中，每个部分都需要情节的填充，而

---

①　周靖波：《电视虚构叙事导论》，文化艺术出版社，2000，第42—43页。

②　李显杰：《电影叙事学：理论与实例》，中国电影出版社，2000，第49页。

每个部分的过渡又需要一个强烈戏剧性的"情节点"，使事件从一种状态顺理成章、水到渠成地进入另一种状态。[1]情节是通过人与人、人和环境之间关系的具体事件和矛盾冲突来展开，一般包括故事开端、故事发展、故事高潮、故事结局等部分。依据传统的叙事理论，情节设置主要从故事线索、矛盾冲突和悬念设置三个方面来展开。

第一节　新媒体虚构影像的故事线索

故事线索就是贯穿整个作品情节发展的脉络，能把作品中的人物和事件串联起来，使得整个故事结构清晰。叙事作品是围绕故事人物安排情节，情节也会按照一定的内在逻辑加以串联或编排，形成故事的叙事线索。无论是小说、戏剧，还是电视剧、电影，为了更好地进行故事的讲述和表达，不同作者往往会选择不同类型的故事线索，常见的有单线故事线索、双线故事线索或复合故事线索。并且会根据时间逻辑、因果逻辑等不同的逻辑关系来进行情节结构与故事线索的设计。在新媒体虚构影像作品中，为了达到更好的叙事效果，创作者会精心设计故事线索，既有为了在相对短的篇幅里集中表现故事冲突而选择单线故事线索，也有随着情节容量的不断增加，选择复合故事线索来进行叙事，强化叙事的表现力和多义性。

一、网络微电影

顾名思义，故事线索就是故事发展的脉络，是作品中故事情节的串联的方式。不同的故事线索可以达到不同的叙事效果，掌控故事发展的节奏。由于受制于时长，微电影中的故事线索比电影简单。按照叙事线索的复杂程度，可以将微电影中的故事线索分为单一故事线索和复合叙事线索。

---

① ［美］悉德·菲尔德：《电影剧本写作基础》，鲍玉珩、钟大丰译，中国电影出版社，2002，第99页。

（一）单一故事线索

单一故事线索是指微电影局限于一个单一的集中的叙事情节，围绕某个中心事件来展开。微电影中的单一故事线索就是只有一条故事线索，按照开端、发展、高潮、结局四个阶段来编排，情节简单、逻辑清晰。微电影 *The Black Hole* 就是一个典型的单一故事线索模式，讲的是一个公司职员发现纸上的黑洞可以到达障碍物的后方，于是他利用黑洞去贩卖机成功取出零食，最后盯上了公司的保险柜，想利用这个洞去偷保险柜里面的钱，因为太贪心，想要拿得更多，于是整个人都探了进去，最终他被关进了保险柜。发现黑洞到取出零食，再到被关进保险柜，这一系列的动作是按照时间顺序展开的，故事线索只有公司职员逐渐暴露出贪婪面目这一条。

（二）复合故事线索

复合故事线索就是采用多条叙事线索的交叉和互相推进来结构影片，这些线索只是这个中心事件的不同侧面而已，往往体现为多个事件的平行发展，事件本身各自具有相对的独立性。校园微电影《天堂午餐》中，儿子小翼为天堂里的母亲精心准备着午餐，这是他第一次下厨，切菜、洗菜、做饭，他始终面带微笑。在做饭的过程中，他回忆起和母亲的点点滴滴：妈妈叫他吃饭，妈妈笑着说："妈多久能吃上儿子给我做的饭？"做完饭，小翼把亲手做的小菜一一摆上桌子，为母亲盛上满满的一碗饭，让妈妈坐下，示意妈妈多吃菜。回过头来扒拉着自己碗里的饭时，泪水却一滴滴掉了下来。其实妈妈的位置上，根本没有人。这部影片采用插叙的方式，形成了今昔对比，将母子团圆到阴阳相隔的故事穿插起来，短短的时长却节奏紧凑，让观众在不知不觉中泪流满面。

顾长卫导演的艺术微电影《龙头》是由精心拍摄的纪实影像部分和采访段落构成。著名作家阎连科和一位文艺女青年薇薇等几个人一起讨论人类社会繁衍生息的诸多细节，如婚姻、生育、住房等事情。阎连科讲述的是房子被拆的无奈，薇薇则讲述对生孩子的担忧，故事在几个人的交谈中展开。看似不相关的人物却有着千丝万缕的关系，这样多线索的交叉就不再来自中心情节本身的性质，而是对现实生活的概括方式发生了变化，形成了丰富多彩的情节叙述方式，给故事结构形态造成了很大的影响。

二、网络剧

故事线索关系到网络剧的叙事节奏安排、故事情节走向、人物形象的呈现等，节奏感是最能体现线索的要素，尤其在悬疑剧中更能凸显。

（一）多线型故事线索

多线型线索能够极大程度地丰富剧情，尤其适用于群像性的网络剧集，通过一条又一条的线索，一层又一层的铺垫引出大环境下的从宏观到个体的刻画。《延禧攻略》中女主角的两次"复仇"构成了一条最为明显的故事"主线"，为了避免故事结构的扁平化与单一化，在故事主线之外，"你死我活"的后宫争宠、女主爱情道路的"一波三折"又构成了相辅相成的两条"副线"，将暗流汹涌、步步惊心的后宫大环境与坎坷曲折的个人命运、细腻刻骨的情感纠葛、复杂难测的人心向背巧妙融合。

（二）单线型故事线索

单线型线索是网络剧最常见的元素，故事主线的单一使得剧集能够更加紧凑。尤其在甜宠剧中最为明显，古装剧也常以此为引铺开故事叙事。《长安十二时辰》情节主线是张小敬需要在十二个时辰之内缉拿恐怖分子，这样一条主线贯穿剧集始终，观众以为只要抓到狼卫曹破延就可以结束危机，但后来发现曹破延只是一个外围的爪牙，主谋是假痴不癫的何孚。随着剧情发展，观众又发现何孚只是被推到前台的傀儡，被幕后主使龙波而利用，情节历经多次反转，观众仿佛始终处于坐过山车般的起伏之中。

三、网络综艺

故事线索就是贯穿整个作品情节发展的脉络，能把作品中的人物和事件串联起来，使得整个故事结构清晰。网络综艺是主要以人物为主导的影像，虚构的影像就包括了节目中对故事情节的设置，都是为节目本身内涵核心而服务的。网络真人秀的故事情节都是此起彼伏、有起有落的。因此，可以将故事情节的设置分为对节奏的把握、逻辑顺序设计和细节的凸显。

（一）节奏把握

网络综艺因其特殊的娱乐性质，它区别于网络电影或者网剧，一部几十分钟或是十几集的一个完整的故事。网络综艺本身就是一个周期为3个月左右，每期节目之间既有联系又相对独立，所以对于情节节奏的把握是尤为重要。情节紧凑、环环相扣、有张有弛的故事情节可以牢牢吸引住受众，反之故事拖沓、情节松散、起承转合的力度不够会让受众感觉到索然无味。

《创造101》作为网络选秀类综艺的代表性节目，其整体对于节奏的把握是相对成熟的。在传统的印象中，选秀类节目就是一群参加选秀的男孩女孩在舞台上唱唱跳跳的表演节目。但在《创造101》中，相对于传统的选秀节目，它整体的故事情节基本上属于一期练习室或者平时练习生们的生活与其他的团体活动，一期正式在演播厅或在舞台中的打歌舞台，对于节奏的把握十分到位。单纯的舞台表演容易造成节目的单一，观众也会因此感到视觉疲劳。并且一周一期的节目更新若全是选手在舞台上的表演，对于她们而言时间过于紧张。这样的节奏把控属于一起一伏的节奏，一期是紧张刺激的比拼环节，一期是较为平缓的生活化情节。

这样的故事情节设置，首先有益于满足受众的好奇心，选秀类节目，尤其是这种养成类的选秀节目，最终的结果需要观众的投票，所以观众希望看到的不仅是选手在舞台上的那几分钟，更多是想看到她平时的训练或是日常活动中的表现，才决定是否能成为自己心目中的"idol"（偶像）。其次这样的情节起伏不会显得索然无味、叙事单调，观众反而会在这个过程中被吊足了胃口。看了选手们在练习室中的情节，更加好奇她们在舞台上最终呈现出来的效果。此外，选手之间的对话、摩擦，或是在选歌、宿舍中发生的一些事件的画面预告，也能有效地使叙事节奏紧凑，设置悬念，增加趣味性。

（二）逻辑顺序

网络综艺节目的叙事逻辑顺序通常都是以故事发展为准。网络综艺基本上都是周更节目，如果不以时间顺序为故事的逻辑顺序，容易造成受众的混乱。但有时为了增强节目叙事的趣味性，使得叙事前后对比更加明显，有时候也会适当选择倒叙或者插叙。例如在《潮流合伙人》第二季中，节目的整体逻辑顺序就是按照时间顺序进行叙事的。一期节目分为上下两集，上集通常是嘉宾们在家中生活做饭的场景以及在仓库中挑选衣服进货的场景，下集则是嘉宾们在店铺中进行销售，整体的逻辑顺序清晰明了。但在节目中也运用到了倒叙插叙，有一期节目里嘉宾范丞丞突然倒在地下说："有个 110 斤的人打我。"然后节目运用画面快退的剪辑方式回到事发 1 分钟前。再整体交代事发的全过程。

顺叙的逻辑顺序使节目清晰明了，倒叙手法的运用使得节目的叙事情节跌宕起伏，使观众对叙事情节不断保持新鲜感、保持惊喜。

（三）细节凸显

细节是节目故事化的重要组成部分，细节往往也是节目中最突出、最具有故事性的一部分，在真人秀节目当中，拍摄的镜头是相对客观的，所以在镜头中每一个细节都会被放大凸显。例如在《潮流合伙人》第二季的第六期的上集中，在第 27 分钟左右，飞行嘉宾孔雪儿因为劳累在试衣间里独自哭泣，这一段内容本身可以不用出现在节目当中，但是节目的后期剪辑还是将这件事情放大展开，用暗黄色的画面来回忆孔雪儿在店内一天的工作，还有她的队友刘雨昕安抚她。不仅体现了孔雪儿认真努力工作，还体现了队友之间珍贵的情谊。这些细节可以生动真实地反映人物的性格以及人物之间的关系，使得真人秀类的网络综艺更加真实。

四、网络广告

网络广告中情节结构的设置都是为广告主的核心诉求服务的，因而在分析网络广告的情节结构时，最核心问题应该是研究故事情节是怎样实现说服目的。针对网络广告叙事的独特性，结合影视作品的分析方法，可以将网络广告的线索分为单一线性、双线型和复合型。

（一）单线型故事线索

单线型就是只有一条线索，故事情节一般按照时间顺序开展，遵循"起因－发展－高潮－结局"的模式。考虑到制作成本、时长篇幅以及受众观看习惯，网络广告大多采用这种线性结构。这种叙事方式逻辑清晰，能让观众在较短的时间内理解故事内容以及广告主想要传递出的产品信息、品牌理念或社会价值观念。在这种以故事因果关系作为叙事动力的线性结构中，广告品牌理念处于十分重要的地位，大多是作为推动故事情节发展的转折点或关键点。2017年可口可乐蜜语瓶广告之分手篇就是一个典型的线性模式，广告讲述了一对年轻情侣从相恋到分手，后来又因为可口可乐和好如初的爱情故事。整个故事中可口可乐是作为线索，从他们第一次见面、第一次约会、第一次接吻、第一次争吵再到第一次分手，可口可乐一直都在，最后它又作为故事的重要转折，成为他们和好如初的重要因素。通过故事的讲述传递出"无论甜蜜还是悲伤，可口可乐一直都陪伴在你身边"的主题。

（二）双线型故事线索

非线性结构是在线性结构基础上发展出来的，在叙述时会刻意打乱时间顺序。在网络广告的叙事中，这种结构大多以主人公的回忆为线索，利用插叙的手法在故事发展过程中插入未来想象或者过去的回忆，以此呈现曲折复杂的故事情节。在这种结构模式中，品牌或产品会作为对比的某一部分，也就是说成为一种意义象征。2017年德芙广告《年年得福》在开始的时候，关晓彤扮演的女孩田田扮成小丑在街头卖花，看到街边一对母女经过，回忆起当初和妈妈一起过年"写福字"。小时候的田田和妈妈一起快快乐乐地"写福字"并互道新年祝福，着急和朋友出去玩的田田胡乱写完"福"字，后来因为生气，田田撕掉了"福"字，长大之后的田田因为追求梦想独自离家闯荡，影片末尾，田田回家和妈妈团聚，一起写"福"字。这个广告利用插叙的手法，以"写福字"作为线索，将母女俩从亲近到疏远、从分别到团聚这四个时间段的故事穿插起来，并通过每年过年写"福"字的行为与德芙"年年得福"的广告理念联系起来。广告中德芙的产品以及品牌理念被反复提到，不断加深观众的印象。

（三）复合型故事线索

有些广告并不是由一个故事构成的，而是由多个故事组合起来凸显同一个广告主题。每个故事之间并没有因果联系，需要一个中心情节将它们串联起来，在网络广告中一般是将品牌作为串联故事的主线。这种结构多出现在系列广告中，比如2017年泰国导演为滴滴出行拍摄系列广告片《中国式安全》，用五个独立的幽默小故事呈现中国社会存在的一些典型的"安全感"场景，在毫不违和的前提之下，将这些生活化的场景分别和滴滴三证验真、号码保护、人像认证、行程分享、紧急求助这五大安全科技做直接的类比，由此清晰明确地诠释滴滴安全出行的主题。在一些篇幅比较长、故事线比较复杂的微电影广告中也会采用这种团块式结构。比如2013年天创时尚推出的微电影广告《爱的定制》，影片邀请演员连凯与五位现实生活中的都市精英女性共同演绎，在"爱的定制"的主题下讲述了五个治愈系故事。这五个小故事分别从线条、纬度、棱角、色彩和质感的角度来阐述，每个故事都是独立的，故事主要人物也不一样，但是连起来就可以发现它们共同呈现了一双定制鞋从线条设计到质感成品的完整制作过程，这其中也蕴含着对于爱与人生的思考。这则广告针对当代都市女性群体，以爱之名向她们传递出时尚、品质、舒适的品牌理念。

五、网络游戏

网络游戏中存在的故事线索具体表现为玩家所扮演的角色在时间轴纵向行进中的高潮低谷，也可理解为游戏主人公所遭遇的问题设置与解决。网络游戏要想把游戏故事打造得吸引人，需要在情节结构上考量对游戏人物命运起伏的设计，完成优秀的布局谋篇。

（一）线性叙事

在网络游戏中，线性叙事模式通常是玩家按照设定好的故事情节向前推进，游戏中会出现设定好的关卡，玩家无法跳过这些关卡直接进入接下来的情节。线性叙事包括了游戏的故事背景和游戏的情节发展过程，情节的发展方式可以分为待解决的问题、待改变的关系、待克服的障碍等动态情景。大部分采用线性叙事的网络游戏都为玩家的游戏旅程安排了大致的发展方向，一直通过游戏内触发对话或者是完成一系列游戏人物来把玩家引导到最终结局，无论是哪个玩家都会经历相同的故事情节。虽然不同的玩家会关注不同的游戏环节、会在不同的游戏关卡获得胜利或遭到失败，为了获得冲关的胜利继续游戏，玩家还会出现很多重复性行动，但是最终的游戏结果都是为了获得胜利，取得游戏成就。

以《阴阳师》为例，在这款游戏中玩家扮演"阴阳师"，主要负责占卜施法来驱散妖怪、维护人类世界的和平。整个游戏是随着探索关卡剧情的推动而展开的，截止到 2017 年 12 月，《阴阳师》手游一共推出了 23 个探索章节。每一章节的独立故事串联起来，共同组成并演绎了平安京时代大背景下阴阳师拯救世界同邪恶之源"八岐大蛇"相抵抗的故事。例如，第一章"雀食奇谭"讲述的是友情，式神犬神为挚友雀报仇的故事；第二章"幸福的彼岸"讲述的是亲情，式神座敷童子眷恋养母，守护养母亡灵的故事；第四章"桥上的雨女"讲述的是爱情，式神雨女在桥上痴情地等待爱人早日归来的故事。玩家在进入章节之后可以选择手动点击"阅读"故事的发展，也可以选择"自动播放"的形式进行"观看"。游戏的整个剧情以线性方式排列，玩家只有在完成上一关卡以后才能进入下一剧情或关卡，如果玩家在某一关卡通关失败，整个剧情的发展就会止步不前。玩家只有通过其他方式提升过关需要的能量数值，才能够进入接下来的剧情。

（二）非线性叙事

网络游戏区别于传统媒介叙事的主要方面，在于玩家的游戏行为构成了游戏叙事的重要组成部分。不同的玩家通过选择不同的角色、不同的合作者、不同的战斗方式和武器等，会形成玩家各具特色的个人叙事要素，不同的人进入同一款游戏，其结果是完全不同的，事件发生的顺序也有不同。传统媒介叙事主体主要是由传者即媒介生产者建构的，而游戏则是由受者即玩家建构的，其叙事体系是在玩家游戏过程中形成的，是一种基于玩家个性化选择之上的"过程叙事"样态，导致其叙事意义体系无固定的结构，意义多样化、片段化。[①] 玩家与游戏、玩家与计算机、玩家与玩家的互动使得电子游戏中的叙事展现出区别于传统大众媒介宏大叙事的新型叙事特征，直接导致了网络游戏叙事模式的变革，颠覆了传统叙事的线性模式，而呈现出一种非线性的、片段性的特征。

不同于传统叙事的线性特征，《绝地求生：刺激战场》并没有明显的故事主线，它在为玩家建构了游戏背景和平台之后，玩家选定游戏角色开始战斗之旅，可以说玩家的游戏行为构成了游戏叙事的重要组成部分。这种基于玩家选择的叙事，其主题和情节都是不确定的，即一种"非线性叙事"的方式，同时叙事时间和空间是跳跃的、不连贯的，甚至有倒叙的可能。在《绝地求生：刺激战场》中，玩家可以主动寻找或背后偷袭对手，也可以与对手正面刚枪或是为了保命而逃跑，亦可以中途放弃游戏。虽然游戏

[①] 关萍萍：《互动媒介论——电子游戏多重互动与叙事模式》，浙江大学，2010。

的结果不是失败就是胜利，但是过程的选择却具有多样性，在整个地图中玩家都可以自由选择路线、选择打法，每个玩家都拥有独一无二的游戏体验感。

游戏中的另一个亮点在于，当玩家选择双排或是四排时，可以开麦与队友即时联系、分享情报，能够随时掌握全方位的动态，这种玩家与玩家之间的互动以及玩家与游戏的交流使得手游"刺激战场"的叙事有了更多的可能性，变得更加个人化和独特化。电子游戏设计师 Craw ford 对电子游戏的叙事与传统叙事的不同进行了详细的论述，他将游戏的"非线性叙事"称为"互动故事"，认为设计游戏故事的方法和传统创作一个故事不同的是，游戏故事创作者需要创作的"互动故事世界"，而不只是故事。建立一个互动故事的世界，必须先忘掉那些固定过程的情节，把思考的重心转回到一个充满各种剧情发展可能性的故事世界，选定一个故事的大方向，然后探索各种可以跟随大方向前进的可能性。[①] 互动故事世界的关键就在于一个故事世界是大于一个故事的，玩家在故事世界中的一次完整互动过程，等于创作了一个新故事，而玩家所经历的过程，就是故事情节的发展过程。值得注意的是，玩家个人选择可能会触发即时事件。虽然游戏有最基本的规则，但是玩家可以安排自己是否购买装备、是否变换角色服装等。可以说，在特定时候，游戏的情节安排掌握在玩家自己手中，并以一种有限的方式参与到游戏设计的过程中，同时为玩家参与到叙事中提供了空间和可能。

（三）共时叙事

共时叙事是网络游戏中一种全新的叙事模式，最大限度上利用了新媒体快速传播的特性。Diane Carr 认为在游戏常规线性的叙事部分和根据玩家游戏行为不同叙事结果不同的非线性叙事部分之外，游戏内还有一些是跨越二者的中间部分的情节，如在游戏过程中的突发事件，被以动画视频的

---

① 沈茵菲：《对抗性电子游戏的多重叙事模式——以手游"绝地求生：刺激战场"为例》，《视听》2018 年第 7 期。

形式立刻描述或反馈给玩家。同时，游戏内还设有文本框，用以将屏幕内的行动、事件、分数变化和角色间的对话传达给玩家。① 所有的行动与发生的事件都是在一定的游戏语境中形成的：由游戏的物质属性和规则所决定。

在《剑侠情缘3》的世界聊天窗口中，玩家可以发布信息，在约定的游戏地点进行物品的交易，每时每刻世界聊天窗口都在不停地刷新，涌现着大量新鲜的游戏资讯，能带给玩家很多的惊喜和期待。该游戏除了能刷游戏副本、做任务之外，特色推出的婚恋系统也吸引了很多玩家参与。在游戏中每天都有很多的玩家结成情侣，天空中不定时会突然出现烟花的特效来表达男女之间的心意，并且这个特效需要花钱购买，使用该特效后，游戏世界里的玩家都能看到美丽的烟花。即将结婚的玩家可以邀请自己的亲朋好友一起来观看婚礼，获得祝福。因此很多参加婚礼的亲友团选择在世界窗口上通过"刷屏"来向自己的好友表达祝福。通过这些案例可以看出，共时叙事和玩家游戏动作是同时发生的，并且没有叙事者能预测到动作什么时候发生，这些游戏动作在一天 24 小时的时间段里属于随机出现的类别。

六、网络动画

动画片的故事人物往往有多个角色，每个角色都有自己的命运，亦即动画有多条故事线索。这些故事线索并不是杂乱无章的，它们围绕着主导角色的线索编织起来，形成完整的有张有弛、错落有致的动画故事。

（一）主导人物的命运线索

创作者想要表达的主要思想都在主导人物的身上得以体现，主导人物追求目标的过程就是故事的主线。不排除有的主导角色本身是懵懂无知的，他的所作所为都是被外界逼迫的，即使他是被时局推到了风口浪尖，主导角色也在自己性格的作用下，或是与时代洪流奋力抗争，或是在抗争的途中倒下，或是举手投降，他都是破除命运枷锁的所在，是全动画片世界观

---

① 关萍萍：《互动媒介论——电子游戏多重互动与叙事模式》，浙江大学，2010 年。

中带来新景象的希望。

《天行九歌》的时代设定在战国末年，诸国纷争，韩国是各国家中最弱小的那一个。主角韩非敏锐地察觉到诸国走向统一的时代契机，选择回到故国韩国，他的愿望便是能助韩国摆脱积贫积弱的现状，强国强兵，夺取整个天下，他自己也说："七国的天下，我要九十九。"追求这个目标的过程就是整部动画的主导线索之所在。

Mark Fischetti（2017）认为文学作品中情感轨迹或升或降，总结出来总是六条情感弧线，[①]情感轨迹的上升或下降一定程度上反映了主角的处境，暗示了主角命运的起伏。因为叙述者巧妙的安排，我们习惯性地和主角站在同一战线上，如果主角一路走来畅通无阻，受众也会感到心情舒畅。改编自起点文的《斗破苍穹》便是如此，主角最初因为药老附身占了些修为，由一个天资过人的修仙者变得资质平平，但后来在药老的帮助下修为一路暴涨，披荆斩棘，势不可当，成为修仙大能，在主角意气风发的同时，受众也感到神清气爽。

日常番虽然注重描述主角的日常生活，但主导线索并非不存在，它只是表现没那么明显而已。以《我家浴缸二三事》为例，讲述的就是一个人类和一个他救起的、养在浴缸里的人鱼的故事，场景基本上局限在浴室内，主要内容就是人类如何照顾人鱼。从第一集到最后一集，受众可以看出，两人从刚开始的互不相识变成非常亲密的朋友，情感轨迹有所上升，并非真正的平平淡淡。

（二）配合人物的命运线索

以主导人物为中心，有两种类型的配合角色，一种是与主角形成协作关系的协作式人物，一种是与主角格格不入的对立角色。叙述者将主导角色和配合角色的命运线索相互交织，展现一个完整的故事。

---

① Mark Fischetti. Great Literature Is Surprisingly Arithmetic.Science American. 2017-02.

1. 协作人物

协作人物和主导角色短期或者长期拥有同样的目标，主角与他们在追寻目标的过程中互有助益，可能还激发了协作角色的想法。如前文提到的《全职高手》，叶修在兴欣网吧遇到了不服输的女孩唐柔，她出身富豪之家，家长不拘着她，让她想做什么做什么，她反而没有什么目标，来到一家小网吧打工，因为长期练钢琴带来的手速优势玩荣耀没碰到过什么对手。叶修与她的对战，让她第一次尝到了失败的感觉，她反而毫无惧色，决定参加职业联赛，加入了叶修的战队。在共同的备战过程中，她从叶修那里学习战斗法师的技巧，在密切合作中变得越来越强。

在合作的过程中，配合型人物和主导型人物形成了共同体，他们几乎和主角的命运线索重合。

2. 对立角色

对立角色不会无缘无故地与主角作对，最根本的原因是他的目标与主角的目标不一致甚至相抵触。以 *Banana Fish* 为例，一个是试图以精神控制毒药"Banana Fish"获取巨大钱权利益的大佬蒂诺，一个是要查清毒药真相并遏制其扩散的主角亚修，他们的命运几乎完全对立，一方得意之时就是另一方失意时。

该动画片头曲中的剑拔弩张暗示了这种对立关系（如图三）。

图三　*Banana Fish* 片头曲中对立的主角和反派

第二节　新媒体虚构影像的矛盾冲突

　　故事中的矛盾冲突是故事发展的动力，也是故事能够不断推进的要素。托马舍夫斯基认为：叙事过程中，为了达到完整精彩的故事讲述，必须营造各种特定的情境，情境是"人物之间在每一瞬间所形成的相互关系"，"情节的发展，可一般概括为一情境向另一情境的过渡，并且每一情境都必须充满利害冲突——角色间的矛盾与斗争"。[①] 他强调了矛盾冲突在故事情境营造中的重要性。

　　狄德罗指出："情境要有力地激动人心，并使之与人物的性格发生冲突，同时使人物的利害互相冲突。"[②] 可见，矛盾冲突一般是集中在故事特定人物关系之间产生，形成复杂的人物性格和思想碰撞，拓展故事人物的性格和情感张力。故事中的矛盾冲突也是控制故事节奏的利器，激烈的矛盾冲突往往带来快节奏的叙事效果，反之，则会形成更加平缓的叙事节奏。

一、网络微电影

　　冲突是情节发展的必要条件。微电影中如果没有冲突，就像是记流水账的小学生作文一样平淡无奇。冲突是一个剧本故事的核心，由人物之间的对立关系建构。当人物的发展遇到障碍或者对立方时，人物的性格才得以体现。

（一）挖掘对立关系

　　微电影中的对立关系一般分为人物内心的对立、人物与人物对立的对比以及人物与环境之间的对立。情节发展的过程就是解决对立冲突的过程，所以要想推动情节的发展，首先应该挖掘对立关系。微电影《老男孩》中，

---

① 什克洛夫斯基：《俄国形式主义文论选》，生活·读书·新知三联书店，1989，第112页。
② 里蒙·凯南：《叙事虚构作品》，生活·读书·新知三联书店，1989，第108页。

主人公之一肖大宝与包小白的对立关系在影片开始就已经埋下了伏笔，一直到影片后半部分才表现出来。肖大宝曾经是流氓头子，长期欺负包小白在内的很多人。有一次当校花从面前经过时，肖大宝为了在校花面前展现自己的"大哥"气概，欺负包小白。后来，包小白成为一名电视制片人，还娶了当年的校花，并邀请肖大宝和王小帅参加"欢乐男声"的选秀活动。虽然他们努力去实现自己的梦想，但是这样一场梦还是被包小白打破了，就像预期中的那样，他们最后还是被淘汰了。肖大宝和包小白的矛盾是不可调和的，这也直接导致了最后的追梦失败，揭露了残酷的社会现实。这样的对立关系是属于人物之间的对立，可以让剧情充满紧张感，让观众对接下来的剧情进行猜测，期待接下来的剧情，等着正面冲突的爆发。

（二）强化冲突情绪

确立了对立关系之后，人物之间的立场就明确了，冲突便可以展开了。在微电影中，矛盾冲突可以达到强烈的情感渲染作用，而这一过程缺少不了音乐和同期声的辅助。

1. 音乐。音乐是无国界的，是反映人类现实生活情感的一种艺术。在微电影中，音乐可以让人们在视觉效果的基础上，与听觉效果两者结合，让剧情更充分地打动观众。苏联著名电影导演 E. 吉甘也曾说过："与画面动作配合得适当的音乐，能够创造出独特的、有高度感染力和深刻思想含义的音乐视觉形象。"微电影《父亲》之《父女篇》讲述的是一个普通少女成长过程中与父亲之间感情关系的变化。父女间有崇拜与被崇拜、保护与被保护，也有因过度保护而引发的青春叛逆。影片结尾父亲出现在女儿婚礼上，女儿奔向父亲。当父女二人挽着手走上红毯时，背景音乐《父亲》响起，将整部影片推向了高潮。背景音乐的歌词"总是向你索取却不曾说谢谢你，直到长大以后才懂得你不容易"，正是女儿想对父亲说但却未说出口的话，是对影片内容的呼应。而结尾患有老年痴呆的父亲那句"等你放学，我再来接你"的台词，正好是在"时光时光慢些吧，不要再让你变老了，我愿用我一切换你岁月长留"的歌词出现的时候说出，这一刻，女儿心中所积聚的各种情感彻底爆发出来，给观众带来强烈的情感冲击，深深地被这段平凡却伟大的父女情感动，回味无穷。

2. 同期声。同期声是指拍摄现场的真实声音，它比后期的配音要自然、逼真。一般拍摄写实类、动作类的片子同期声比较多，但事实上在影片后期制作的过程中，也会对同期录音的效果进行修改、完善，剔除不必要的杂音等，所以同期声只是相对真实而已。广告微电影《一触即发》通过90秒的"微时间"讲述吴彦祖在一次高科技交易中遭遇敌手中途突袭，为了将新科技安然转送至安全地带，吴彦祖联手女主角 Lisa 施展调虎离山等计策，几经周折最终成功达成目标。在吴彦祖遭遇突袭时，影片中的众人打斗破坏物品的声音、高科技耳麦的定位语音互动、汽车发动机风驰电掣的声音、遇到转弯急刹时车轮与地面摩擦的声音、直升机螺旋桨转动的声音等交织在一起，营造了恢宏的冲突场面。在剧情发展到高潮时，凯迪拉克广告语"傲然科技，一触即发"得到了充分的传播，让观众印象深刻。

二、网络剧

网络剧中的矛盾冲突是推动故事情节发展的根本力量，语言行为的对立以及性格情绪的强烈对抗等都是矛盾冲突的表现范围。主要表现在：人物关系的对立、线索的交织以及情绪冲突的强化。

（一）人物关系的对立

人物关系的对立是网络剧中最常见的矛盾冲突，这里的对立不是绝对的对立。不局限于亦敌亦友的二元对立，还包括人与物、物与物、人与人以及个体内心的矛盾冲突。有时候矛盾冲突是隐性，不容易被察觉，有时候则非常强烈地通过一些肢体动作、语言表情甚至是情感关系表现出来。

1. 隐性的矛盾冲突

《致我们单纯的小美好》作为甜宠剧中的校园青春剧就不存在绝对的矛

盾冲突，人物关系相对比较简单，情感冲突也没有十分明显，矛盾的对立就显得比较隐晦。江辰和陈小希的相恋、分手再到复合，过程中穿插着江辰忙于工作疏忽陈小希，以及陈小希自己的内心不安全感，两个人的情感主线发展过程中并没有过多诸如生离死别、个人命运多舛等较为重大的矛盾冲突，这得益于人物关系的简单明了和情感走向的清晰简洁。

2. 显性的矛盾冲突

显性的矛盾冲突表现在人物关系的情感对立和绝对化的好与坏之别，比如在《如懿传》中后宫嫔妃之间的相处被塑造成无止境的争斗和敌对，如懿与皇帝之间的情感波折，富察皇后表面的善解人意与私下的心狠手辣形成对比，从嘉贵妃到令贵妃的作恶多端，以及无数个为自己利益做斗争的嫔妃、大臣等，通过一个个具体的事件表现出来。如懿在船上断发与皇帝恩断义绝是比较典型的矛盾冲突，双方的情绪通过你来我往的对话和肢体接触层层递进，最终落在皇帝的一巴掌、如懿的一缕断发。

（二）故事线索的多重交织

网络剧中故事线索的多重交织一定程度上加深了矛盾冲突的呈现，副线与主线的交叠与舒展，不断留下戏剧冲突点。《隐秘的角落》第一集开始主角之一的张东升推岳父岳母下山，被朱朝阳、严良和普普在景区游玩时无意拍下，一下子将节奏感拉至急促的状态，奠定了灰色基调。故事情节也由此展开，每集剧情只在结尾处留一个戏剧点，其他情节全用来塑造人物，呈现生活场景、生活细节和人物状态，主要推动力就是人心的变幻莫测，张东升答应朱朝阳三人每个礼拜都会给他们 3 万元现金，在暑假结束后凑够 30 万元，以赎回他杀人的录像，他与小朋友的协议交易，让人捉摸不定。另一头则是朱朝阳、普普与同父异母的妹妹晶晶发生口角，妹妹不慎坠楼，朱朝阳多方考量决定隐瞒，于是两场命案同时上演，开启双线并行的模式。大人和孩子之间的博弈是最大的看点，曲折的故事情节、密集的线索和接二连三的反转，不断挑动观众的神经，引领我们跟随着主角一起进入故事的发展和人物的成长节奏中。

（三）情绪冲突的强化

情绪冲突的强化在网络剧中通过服化道、音乐以及画面色彩对比等进行叙事呈现，《隐秘的角落》第四集开头部分画面切到张东升低头批改试卷，无意间发现夹在试卷中的信件，表情由平静转向沉重，紧跟着阵阵接近风声的音效混着淡淡的音乐声，一场新的较量开始了……

《如懿传》中如懿当上皇后与嘉贵妃展开较量，借由一对玛瑙红玉髓耳坠，如懿频频施压，画面在嘉贵妃的耳朵与如懿和众嫔妃的表情之间转换，耳垂因为容嬷嬷的强行操作变得血肉模糊，如懿的一席话把情绪的冲突拉至高点，也把和嘉贵妃的矛盾冲突累积到最大。

三、网络综艺

矛盾冲突是故事发展的重要条件，是故事情节的基础，矛盾冲突的主要特点有强化情节的因果关系，通过情节纠葛跌宕起伏，最终将故事推向高潮和结尾。在网络综艺的创作过程中，往往会挖掘人物间的对立关系，从而强化冲突情绪以达到增强叙事戏剧性的目的。

矛盾冲突主要分为人的内心矛盾、人与人之间的矛盾以及人与环境之间的矛盾。不管是小说、影视剧还是广告，其文本内容都是由很多的冲突对立构成的，而叙事就是不断解决冲突的过程。挖掘对立关系即是挖掘被叙述的主人公在性格、文化观念等方面存在的对立性。这样的对立性往往会让整个故事充满起伏跌宕的感觉，在网络综艺节目的矛盾冲突中，主要分为情感型矛盾冲突与对抗型矛盾冲突两种。

（一）情感型矛盾冲突

由于节目类型和主题的不同，有些节目倾向选择情感型的情节设计，但这并不意味着完全没有冲突和矛盾的存在。情感类节目，往往会制造一些内部的小矛盾、小冲突，使得节目更具观看性和趣味性，使叙事情节更丰满。

《令人心动的 offer》中，各位实习生之间处事中的小摩擦，以及第二现场明星嘉宾对于实习生表现的讨论，都是在节目中的矛盾冲突。首先，在演播厅的嘉宾们就当期主题或者实习生之间的行为进行分析并阐述自己的观点，实习生丁辉在 29 岁选择裸辞以后当实习生追逐自己的梦想，对于这一行为嘉宾们就"裸辞是否是理智的选择"进行了观点讨论：何炅和范丞丞认为裸辞是一个比较疯狂的行为；撒贝宁则表示坚决裸辞是对现在想来的律所的决心与期待；何炅再次反对，认为这个时候裸辞就是意志不坚定；撒贝宁反击认为他之前是真不喜欢自己当时的职业和方向。嘉宾们就实习生的行为表达自己的观点，在针锋相对中将冲突从律所延续到演播室。其次，嘉宾需要对当期实习生的排名情况进行竞猜，对实习生的表现看法也不一致，在排名竞猜时嘉宾间的冲突尤为明显。

（二）对抗型矛盾冲突

在部分选秀类、游戏类真人秀中，选手之间是带有一定的对抗性，他们通过彼此之间的竞争决出胜者。对于网络综艺而言，大多数的对立关系都是在节目中自然形成的，他们的矛盾冲突表现，包括对立关系的构建和冲突情绪的强化两个方面。

在《创造 101》第二期比赛中，吴宣仪与杨芸晴进行了 battle（对抗），在节目中将她俩建构成一种对立的关系，直到第三次节目中她们的第一次公演，以两两队伍 PK 的形式，吴宣仪带队的《我又初恋了》又一次对抗杨芸晴带队的 *Sugar*。在吴宣仪的采访中，她就说到自己总是碰到杨芸晴作为对手，也总是输给这位对手，她一定要尽力赢回来，后来两人同时成团成功。挖掘对立关系有助于增强节目的可看性，增强节目的矛盾冲突，使节目情节跌宕起伏不枯燥，现如今大多数的网络综艺节目都会设计一定的对立冲突。语言类节目《奇葩说》《吐槽大会》等，节目整体就是一场比赛，还有《超新星运动会》本身就带有体育竞技的对抗性。这些都是网络综艺节目中的对抗型矛盾冲突，冲突情绪的强化是在挖掘对立关系的基础上进行的。

四、网络广告

冲突是故事情节的基础，在网络广告的创作过程中，为了能在有限的时间内使剧情达到高潮，突出表达广告主题，经常会通过挖掘对立关系、强化冲突情绪等手段来增强广告叙事的戏剧性。

（一）挖掘对立关系

矛盾冲突主要分为人的内心矛盾、人与人之间的矛盾以及人与环境之间的矛盾。不管是小说、影视剧还是广告，其文本内容都是由很多的冲突对立构成的，而叙事就是不断解决冲突的过程。对于网络广告而言，大多时候它都将所要宣传的品牌或价值理念设置成冲突的根源。2018年百事可乐新年广告《把乐带回家之霹雳爸妈》中，将追求音乐理想的叛逆儿子和不善于表达感情的顽固父亲放在对立面，开场就是儿子年夜饭失约，父子俩大打出手。故事中他们之间的矛盾不仅在于儿子失约，更深层次的原因是儿子与父亲之间的代沟问题，儿子认为厨师父亲没有梦想，不能理解他迫切追求梦想的行为。故事高潮儿子在"百事精灵"的帮助下穿越到父亲年轻的年代，发现父亲当年也有一个舞蹈梦，还获得了霹雳舞大赛冠军，只是最后为了家庭放弃了梦想，至此儿子理解了父亲，主动化解与父亲之间的矛盾。广告中父子之间的矛盾冲突其实就是梦想与家庭之间的冲突，通过父子俩的选择传出"虽然梦想很重要，但是在梦想实现过程中对家人的陪伴更重要"的观念，从而强化百事可乐"把乐带回家"的品牌理念。

事实上，该广告叙事都是围绕二元对立的规则展开的，结合故事情节对广告中的矛盾冲突进行解读，则不难发现，这些"对立"最终都回归到"人—物"对立。而这种"人—物"的二元对立是无时间性的，不管是传统的口号式广告，还是现在多元化的网络广告，都是存在这种对立关系的。只不过传统广告可能更加侧重于通过这种对立关系的设置，强调广告产品满足受众功能需求，而现在广告更重视的是受众心理和精神需求的满足。但是，从本质上看，都是广告主为了达到传播目的，通过赋予产品或服务特殊意义，传递一种获得该产品或服务就能解决矛盾冲突、拥有幸福美好生活的观念。

（二）强化冲突情绪

冲突情绪的强化是在挖掘对立关系的基础上进行的，在网络广告中主要是通过音乐的运用以及色调的对比来烘托气氛，强化冲突情绪，将剧情推向高潮。

1. 音乐的运用

音乐可以表达那种语言和行动都无法表达的情感，创造出令人心动的情绪气氛。[①]音乐是网络广告中十分重要的元素，音乐的选择会直接影响到广告叙事节奏以及情绪表达。在广告的叙事中，通常会利用恰当的背景音乐来传递不同情感，强化冲突情绪，从而牵动观众的情感变化。泰国潘婷广告 *You Can Shine*，讲述了一个贫穷而聋哑的小女孩在遭到身边人的嘲笑与阻拦时，仍然坚持实现自己的音乐梦想的感人故事。长达 4 分钟的广告从头到尾贯穿着小提琴独奏的《D 大调卡农》，音乐跌宕起伏，随着故事中人物的情绪变化而变化。在影片开始部分聋哑小女孩站在街头看流浪艺人拉小提琴，小提琴悠扬舒缓的曲调配合着昏暗变幻的画面，营造出一种忧伤的氛围。随着故事的推进，小女孩一直被同学欺负，阻挠她参加音乐比赛，保护她的流浪艺人也被打伤，人物的命运越来越凄惨，哀伤婉转的音乐也在不断强化影片的冲突情绪。最后，小女孩在大赛上独奏的那一段，直接将故事情节推向高潮，破损的小提琴里流泻出卡农的旋律，从平缓突然转向高亢，这一刻，小女孩心中所积聚的各种情感爆发出来，给观众带来强烈的冲击。

2. 色调的对比

在影视作品中，色调是烘托气氛、表达思想感情的重要手段。网络广

---

① 邵清风：《视听语言》，中国传媒大学出版社，2007，第 103 页。

告也会通过色调来渲染剧情情绪，使观众产生强烈的情感共鸣。比如 2017 年网易云音乐广告《音乐的力量》，开场展现了战后废墟的昏暗阴冷环境，用缓慢的节奏配合冷色调的画面，营造一种紧张、压抑的情绪。画面中那个负伤的英国士兵艰难地从怀中取出口琴，看着印有与儿子合影的怀表，吹起一首民谣 *Danny Boy*，回想与儿子一起度过的时光。回忆中画面使用的是温馨的暖色调，影片将回忆中士兵与儿子相处的生活场景和现实中昏暗残酷的战地场景相互交错，冷暖色调的强烈反差更突显士兵内心的绝望，让观众感受到深深的伤感与凄凉。一曲终了，英国士兵平静地等待死亡，却听见战场另一边传来德国狙击手同样悲伤哀婉的笛声，德国狙击手和未婚妻分别的一幕在眼前浮现。影片通过冷暖色调的反复渲染，使得这种理想幸福生活和残酷战争现实之间的矛盾冲突达到了高潮，传达出两人内心对和平、对美好生活的共同向往。

五、网络游戏

在网络游戏叙事的情节结构中，故事的背景是由游戏开发者虚构的一个幻想世界，因此游戏设计者可以通过设置游戏人物之间的矛盾冲突，以及游戏人物内心的矛盾冲突，或者是特定环境下的矛盾冲突，让游戏人物的成长体验更为丰富和有趣，也让人物角色更加饱满。

（一）游戏人物之间的对抗

在网络游戏《第五人格》中，玩家在游戏旅途中会遇到众多帮助者，被告之未来旅途的方向、宝藏的地点、资源获取途径等信息。玩家在游戏过程中需要战胜各种阻碍、战胜各种敌对者，才能进入下一个游戏阶段，敌对者遍布游戏旅程之中。网络游戏中的敌对者设置非常重要，其丰富程度、难易程度直接影响游戏娱乐的获得。游戏设计者会按照游戏进程的不同阶段和游戏任务的需要，设置不同难度的敌对者，同时对应不同类型的帮助者，这一设置的优劣是评价一款游戏质量的重要标准。每局游戏由 4 名求生者和 1 名监管者或 8 名求生者和 2 名监管者组成，求生者解开五条密码机（实际有七条）并开启大门，顺利逃出便可获胜。求生者至少 3 人逃跑才能宣告胜利，2 人逃跑算作平局，少于 2 人逃跑，监管者便胜利。求生者可以依靠复杂的地图隐蔽，并相互配合，以取得最终胜利。监管者想要抓人，求生者想要逃命，这就是非常鲜明的双方任务对抗，也分别从属于两大不同阵营。

（二）特定环境背景下产生的对抗

作为基础的叙事表达方式，场景的基本建构通过场景布局与画面背景向玩家传达游戏的基本环境、情节框架和人物形象。基本场景不仅是对游戏世界观的认同、基本世界的确定以及游戏主要内容的大致了解，更能激发玩家从对游戏世界的浅层理解向深层含义推理。这样一个基本场景可以是和谐稳定的平静运行的，也可以是充满打斗和激烈对抗的。一切都是基于游戏设计者想要这个游戏产生什么样的叙事效果来决定的。在网络游戏中，环境背景往往是需要被拯救的某种虚拟国度或者充满战火与交手的特定格斗环境，这样的特定环境设置更容易产生激烈的矛盾冲突。《绝地求生：刺激战场》游戏中的整个建筑物都充满苏联时期的风格，残破的围墙、破旧的房屋、废弃的炮楼、空旷的军事基地等场景的建模极为真实，很自然地将玩家带入游戏设计者建构的特定年代，通过武装冲突，在争取胜利的同时，游戏中也隐含了对战争的反思，无论倒下的是玩家自己还是对手，死亡都不可避免，让玩家意识到战争的残酷与血腥，与现实世界形成对比，提醒人们珍惜现实生活。

游戏《永劫无间》中的游戏环境设定是在虚构的幻想世界中有一股毒气一直在靠近游戏中的玩家，玩家需要一直往安全区赶路才能求得生存，并在最后的安全区（也就是决赛圈）击败对手，最终取得游戏胜利。这样的一个初始的游戏环境设定就决定了游戏体验过程中一定充满了很多刺激的对抗，因为安全区空间有限，不在安全区内的玩家都会被毒死。

六、网络动画

故事情节中最吸引人眼球的就是矛盾与冲突，角色各自的命运轨迹有的本身就存在矛盾，有的在与他人的相互碰撞中迸发故事的张力。可以说，故事就是在一个个的矛盾中向前推进的，为了不突兀地展现一个矛盾，叙述者必须为它的爆发充分铺垫，为它的后果充分考虑。为了突出矛盾的效果，叙述者务必详细展示涉足矛盾的角色之间的关系，以各种方式强化矛盾产生的戏剧效果。

（一）展现矛盾关系

动画故事中的主要矛盾大多来自于主导角色和配合角色之间因为立场不同、目标不一致等原因而产生的碰撞。如何自然地将矛盾关系铺垫得水到渠成是一门"技术活"。以《全职高手（第一季）》为例，该季动画最大的高潮就是最终话（第十二集）主角叶修和韩文清的较量，两人之间的竞争关系在第五话时就得到了体现。其时韩文清刚刚健身结束，副队张新杰告诉他叶修可能正在"荣耀"网游上和各家俱乐部的网游队伍争抢资源，带领团队创造了打通冰霜森林副本13分半通过的全网最高纪录，韩文清当即表示："要真是他，简直越活越回去了。"从字面和说这句话的语气看，韩文清把叶修看作了一个对手。实际上那个纪录也并不是叶修带领队伍打出来的，他可以做到更好，可见韩文清对叶修的实力有充分的了解。知己知彼，百战不殆。韩文清对叶修一直处于备战状态，期待每一次和叶修在赛场上出手见真章。

（二）强化冲突情绪

动画作为一种成熟的艺术形式，具有和电影、电视剧一样的音像效果，在场景搭建和特效引入方面还具有优势。动画叙事者调用一切可以使用的资源，力求将角色之间的冲突情绪展现出来。

1. 特效加成

在动画中，叙述者可以运用爆裂的特效来展示冲突现场热烈的效果，不论是 3D 动画还是 2D 动画，电脑制作的特效若应用得当，会与动画的画面契合。还是以《全职高手》为例，韩文清为了确认在荣耀 10 区搅得天翻地覆的人是否正是已经退役了的嘉世队长叶秋，拿了队内 10 区账号的游戏卡登录游戏，向叶修讨教一番。一时间飞沙走石、浓烟四起，武器相撞产生的火光红蓝交织，两人对战的火热场面由此展现。

2. 声效加成

利用音效是动画烘托气氛的有效方法。在韩文清和叶修的打斗中，属于不同武器的声音特效紧密出现——金属相撞的声音、火焰燃烧的声音、武器快速挥过空气的风声——两人的对战火热，声音特效很好地衬托出紧张的气氛。

背景音乐的使用也能为冲突的展现加分，所谓燃曲就是让受众感到热血沸腾的音乐，专门用在情节紧张的部分。配合武器和技能的音效，气势恢宏的背景音乐更能表达冲突的激烈。

3. 剪辑加成

有时巧妙的剪辑也能让冲突的展现增色不少。《全职高手》的最后一集，韩文清和叶修的对战中，叙述者将二人九年前初次见面和打第一届职业联赛的画面、九年后两人网游对战的画面有章法地组合在一起，揭示这两个人从九年前就开始的亦敌亦友的关系，将韩文清和叶修的矛盾与冲突清晰地展示出来，为叶修带领新团队与韩文清的霸图战队在职业赛场上的再度相遇埋下伏笔。

第三节　新媒体虚构影像的悬念设置

悬念设置是故事的重要叙事要素和叙事技巧。"悬念是叙事者在将故事底本加工成叙述文的过程当中所采取的一种手法，即在描写某一事件时，有意将对理解该事件至关重要的一部分细节搁置起来，留待以后适当的时机再加以说明。悬置同时也是强化读者和观众的期待情绪的必不可少的情节构成方式"。[①] 新媒体虚构影像作品的创作者常常会利用受众对故事情节的未知而产生的关注与好奇的心理，通过悬念设置这一叙事技巧，以达到吸引受众注意力的目的。

一、网络微电影

亨特说着："悬念是喜剧抓住观众的最大魔力。"微电影亦是如此。悬念能够引起观众的兴趣，引导观众的情绪变化，推动作品本身的发展。微电影中悬念设置的方法主要有三种：一是信息的预告，二是信息的隐匿，三是信息的过剩。

（一）信息的预告

信息的预告就是在微电影开始的时候将一些关键信息告诉观众，让观众产生心理预期，制造悬念。青春微电影《老男孩》开篇就是使用预告的方法设置悬念。故事开始，肖大宝和王小帅拿着吉他站在舞台上，台下的一位评委问道："你们俩一个是婚庆主持，一个是理发师，是吗？"紧接着，另外一位评委也问道："你们俩知不知道，在所有的选手里面，你们俩的年龄是最大的？"最后，一位评委直接问："你觉得你们能红吗？"这几个问题都没有答案，观众看到这里不禁思考为什么他们没有一点音乐基础，而且年龄这么大还要参加唱歌选秀节目，至此，悬念产生了。除了评委的提

---

① 周靖波：《电视虚构叙事导论》，文化艺术出版社，2000，第70页。

问，开篇还有一个镜头是曾经被肖大宝欺负的包小白的名片，上面写着制片人，这是另外一个悬念。故事开始的重重悬念吸引观众继续往下看。

（二）信息的过剩

信息的过剩就是观众占有的信息多于人物占有的信息，观众看到了人物没有发现的危险而为人物焦虑，或者说观众自身产生了紧张担心的情绪。观众的这一视角优势可以在同一个空间体现，也可以在同一时间的不同空间中体现。例如曾获 2011 卢纹（Leuven）国际电影节最佳短片奖的法国微电影《调音师》，该电影讲述的是一个天才钢琴家，在梦寐以求的伯恩斯坦钢琴大赛上失败以后成为一名盲人钢琴调音师。事实上，他并不是盲人，只是带上了黑色墨镜，目的是为了获得更多的同情和消费。某天，他来到一户人家工作，殊不知这里刚刚发生了命案。可是，在影片之外的观众早已知道等待他的是什么，不仅为他捏了一把汗，他不是盲人的事实到底会不会被识破呢？碰上凶手现场会不会发生危险呢？调音师面对满屋的鲜血，躺在沙发上的男性尸体，以及作为凶犯的女主人，他假装什么都没有发生过，到钢琴前为顾客调音。在这个过程中观众可能猜测在女主人犀利的审视下，调音师难逃一死。

（三）信息的隐匿

信息的隐匿就是信息的缺失。马赛尔·马尔丹认为悬念是向观众"掩饰"剧情的关键时刻，以便在观众身上激起一种不安的等待的焦急情绪。造成这种信息缺失的方法多种多样，如遮挡关键信息，在必要的时候将中心信息隐藏。还有一种方法就是时间的省略，直接将该段情节省略掉，留给观众想象的空间，悬念就产生了。在《老男孩》结尾的时候，肖大宝和王小帅在比赛舞台上演唱了微电影同名歌曲《老男孩》，赚足了评委和观众的眼泪，可是歌曲结束影片就提示三个月后了。从比赛结束到宣布结果的时间被省略了，观众也不知道肖大宝和王小帅到底有没有晋级，悬念产生了。

二、网络剧

悬念的设置是情节结构的又一要素，通过制造激发兴趣的未知细节，将详情一一铺陈开来，比较明显的则是通过关键词以及画外音提示，比较隐性的是叙述过程中的细节、信息提示以及偶尔穿插的留白和想象空间。

（一）信息的提示与预告

《白夜追凶》快节奏的叙事、迅速切换叙事空间和时间的方式，加快剧情推进与矛盾激化的速度，在有限的播出时间内，注入了大量的情节信息，时刻牵引着受众的关注点。例如第一集，在45分钟的时长内就将关宏峰、关宏宇、周巡、高亚楠等主要人物角色的身份、性格、人物关系介绍出来，同时将关宏峰、关宏宇两兄弟共饰一人的缘由等重要信息也向观众交代清楚，并保留了悬念的期待空间。

（二）情节的铺排与展开

情节的铺排与展开是网络剧在叙事逻辑上的必经之路，尤其是悬疑剧、古装剧等体量大、铺垫多的剧集类型，情节的铺排与展开将悬念转化为具体的叙事细节安插在每一个部分。《隐秘的角落》中朱晶晶坠楼后朱朝阳的惊慌失措、写日记时的惶恐不安以及窗外的一抹白色布料都为朱晶晶的死因埋下伏笔。

（三）意象的穿插与空间想象

意象的穿插与空间的想象取决于原有故事叙事的铺垫与受众的文化素养，情节叙事的开放性给观众留有余白与想象空间。《隐秘的角落》最后一集的剧场标题为"角落"，普普的生死未知，严良最后和陈警官与朱朝阳的交谈看似温馨美满，其实是异于正常时空的对话，朱朝阳没有发现严良，是因为朱朝阳还活着，陈警官还能和严良谈笑风生是因为之前就已经死了，只有平行时空的人物才有对话的可能。

三、网络综艺

网络综艺节目中具体表现为节目预告和过程叙事中的烘托和铺垫。悬念是在故事情节发展中展开的，通过对剧情设置疑问和矛盾，引起受众对人物命运、情节发展等产生一种强烈的好奇心和探究的心理。一般来讲悬念包括设悬和释悬两个部分。悬念是网络综艺表达诉求的一种常用手段，通过悬念设置能吸引受众注意力，增强故事情节的趣味性和艺术感染力。网络综艺通常为季播节目，要有持续的悬念才能保证其收视率，综艺节目除自身内容之中的悬念设置，往往还会运用节目预告的方式将节目部分情节提前告知。

（一）节目预告

在网络综艺节目中，通常会有节目稍后情节的预告画面。这些信息分段传播、"提前露一点、后留多一些"的方式，不仅使得节目叙事的节奏更紧凑，环环相扣，更重要的作用是引起受众的好奇。节目预告的悬念设置模式已经在网络综艺节目中被广泛运用，通常在前一期节目尾部播放下期节目的精彩预告，把下一期精彩内容、矛盾冲突做成集锦播放，给观众留下悬念。并且在下一期的片头再播放一个内容摘要，将本期精彩的内容集合放到开头，引起观众的兴趣。

在节目预告方面，《潮流合伙人》的节目预告能够迅速而充分地引起受众关注。节目本身节奏相对平缓，节目环节是比较规律的。它的节目预告能够将矛盾冲突形成一个个悬念，给观众留下想象空间，对下期节目产生好奇。例如在《潮流合伙人》第二季的第五期第 48 分钟最后的节目预告中的一句话，就是飞行嘉宾孔雪儿带着哭腔说"好累啊"，然后是她的队友刘雨昕问她："你怎么了"，孔雪儿答："说了你会笑我的，我不说"，并且屏幕上的花字出现了"孔雪儿到底遭遇了什么"，这类突发状况更容易引起观众的好奇心，给观众留下了"孔雪儿到底为什么哭"这样的悬念。预告中接下来的部分是屏幕上打着"fourtry 的第一次团建"。陈伟霆说："今天我们不用开工，可以出去玩。"后面配上了节目嘉宾去滑雪及滑翔的画面，将下一期的内容进行了一个整体的概括，总结性的预告也给下一期节目设置了悬念。

适当的信息透露，合适的时间安排，能够让节目预告在整个叙事中营造一种悬念，使得节目情节更加曲折，更具有可看性。

（二）过程化叙事

在网络综艺节目讲述故事时，注重强化过程，注意铺垫和烘托，也能达到设置悬念的效果。在推理类综艺中，能够吸引观众的核心内容就是在节目的叙事过程中制造悬念。在推理类综艺节目的悬念叙事中，综艺节目共有的节目设置手法同样具有铺设悬念的作用，且节目设置的悬念叙事功能是推理类综艺节目区别于其他叙事艺术的特征表现。推理综艺通过限定节目的空间环境使悬念的力量得以释放，又借助与情节元素巧妙融合的环节设置促进悬念的生成，同时明确节目娱乐性与真实性并举的特征定位，三方面共同彰显节目的悬念叙事。

以《明星大侦探》为代表的推理类综艺节目，通过选取社会热点问题进行叙事引申，其一能够扩大悬念的范围，使悬念不仅仅产生在情节的戏剧性编排里，更源自于本质上就没有定论的事件本身；其二可以让悬念叙事兼具升华节目内容的功能，进而能够达到正确引导大众思想观念的目的。

《明星大侦探》中，节目的结尾是找出真凶，而公布真凶是由节目组以画外音的形式实现的，在此之前不论是观众还是在场的明星玩家需要摆脱节目组，依靠自身的能力给出一个独断性的答案，这就是不确定性结局的表现。事实上，在公布结果的节目环节开始前，寻找真凶的故事就已经结束了，在节目最终环节呈现之前就形成于每个人的逻辑思维之中，最后的真相公开只关乎游戏的输赢，而无关推理叙事行为的对错，我们称这种设置悬念的方式为留白法，它成功地埋下了伏笔、设置了悬念。

四、网络广告

悬念是在故事情节的发展中展开的，通过对剧情设置疑问和矛盾，引起受众对人物命运、情节发展等产生一种强烈的好奇心和探究的心理。一般来讲悬念包括设悬和释悬这两个部分。悬念是网络广告表达诉求的一种常用手段，通过悬念设置能吸引受众注意力，增强故事情节的趣味性和艺术感染力。目前，网络广告设置悬念的方式主要有四种：一是信息的隐匿，二是信息的预告，三是信息的延宕，四是信息的重复。

（一）信息的隐匿

信息的隐匿是在网络广告中被广泛运用的设置悬念的方法。网络广告的创作者在叙事时，常常会将关键信息隐藏起来，在这种情形下，受众知道的会比故事人物少很多，悬念便由此产生了。一般来说，被隐藏的信息会在故事的高潮甚至是最后结尾处才会被揭露出来。New Balance 广告《看华生如何逆袭夏洛克》中，开场就介绍男主角华生和女朋友夏洛克日常相处的细节，华生每次准备的惊喜都能被聪明的夏洛克猜到。然后故事突然反转，画面中华生对夏洛克说："我已经把所有的线索都告诉你了，你还没有猜到吗？"然后镜头跳转，女主角夏洛克站在一幅白色背景前面哭泣流泪。看到这里，受众会产生疑惑，不知道华生做了什么？夏洛克到底为什么哭？简简单单的三组镜头就吊足了观众胃口。然后广告从 30 分钟之前开始讲起，为受众揭示这个谜底。原来华生为夏洛克准备了一场浪漫的求婚，把夏洛克感动流泪。金士顿广告《记忆月台》开头也运用了类似的方式设置了悬念，从列车员的视角介绍了一位奇怪的老妇人，数年来她都是一个人坐在车站月台的同一位置，但是她从来都不上车。到底是什么原因让她做出如此奇怪的举动？这就成为广告的悬念，从而利用人们的好奇心促使他们继续观看，达到宣传产品或品牌的作用。

（二）信息的预告

这是"悬念大师"希区柯克所倡导的悬念设置方法，就是在故事开头把线索告诉受众，人为制造信息落差。因为受众知道的信息要比故事人物多，所以在观看时很容易产生一种心理预期或对人物命运的紧张关切心理，从而形成悬念。网络广告中也会运用这种方式，通过观众和故事人物之间的信息错位来设置悬念，引起观众的强烈情感共鸣。姜文拍摄的微电影广告《看球记》，讲述一个父亲带着很久才见面的儿子去看球的故事。影片开头其实就告诉受众父子俩已经买好了门票要看球，受众们由此对他们看球的境况产生了一种期待，但是随着故事的展开，发现父亲到了比赛现场却忘带门票，在跟检票人员的一番交涉下还是没能入场，然后父子俩在无奈之下向一个骗子求助。在故事的不断推进中，受众的心持续跟着故事中父子俩的行为起起伏伏，希望他们快点看到球赛的心理期望值越来越大。这样一来，广告中的父子俩最终能不能看到球赛这个结果已经不重要了，真正重要的是父亲为儿子不断努力的过程始终牵动着受众的心。广告通过这种悬念的设置为受众营造出一种紧张感与焦虑感，引发他们强烈的情感共鸣。

（三）信息的延宕

信息的延宕是指当情节发展到高潮或矛盾冲突很尖锐的时候，故意放慢节奏，甚至是让故事戛然而止，然后在恰当的时间予以接续，造成"欲知后事，且听下回分解"的悬念效果，从而增强受众的期待和关切心理。在网络广告中，这种悬念设置大多出现在续集式故事类广告中。比如益达《酸甜苦辣》系列广告，由沙漠初遇这个序幕和"酸""甜""苦""辣"为主题的四个小故事构成，通过续集式的故事讲述了彭于晏饰演的浪荡不羁机车男孩和桂纶镁饰演的加油站女工相爱的故事。从加油站相遇到两个人一起浪荡天涯、追寻梦想，到最后女孩因为等不到男孩的示爱落寞离开。把四则小广告分开播放使得受众对接下来的情节发展产生好奇，四则故事联系在一起才能构成一个完整的故事。这个系列广告的结尾停留在女孩的离开，留下了一个他们到底情归何处的悬念。之后益达顺势推出《酸甜苦辣》系列的第二部，延续了之前第一部的故事架构，选择了相同的演员，演绎他们在云南再次重逢的故事，弥补了第一部男女主人公没有在一起的遗憾。

这种悬念设置提高了受众对于广告故事以及品牌信息的记忆度，强化了广告主题的表达。

（四）信息的重复

许多网络广告利用信息的重复来设置悬念。通俗来讲，就是通过反复交代某一事物、呈现同一动作或者是同一个语句，形成若有若无的线索，贯穿于情节之中，即预先为后面的情节埋下伏笔，以此来吸引受众的注意，让他们在不知不觉中开始探究重复的原因。台湾 ADK 的招聘广告《凶手是 Nick》就是通过同一动作的重复来构建悬念，广告中男主人公在昏暗的走廊被刺杀，他要在临死之前留下凶手的线索，于是用血在墙上写下"凶手是 Nick"。他和凶手认识吗，Nick 是谁，为什么要杀他，这些广告都没有交代。接下来可以看到，男主人公突然醒来，看了一眼墙上的字，然后他把字给擦掉重新写了一遍。写完之后他晕了过去，过一会儿他又醒来，又把墙上的字修改了一遍，然后他带着心满意足的微笑死了。在墙上写下"凶手是 Nick"，这个动作重复了三次，直到广告片尾才用一行字幕揭晓了谜底："如果你也是自我要求很高的人·ADK 找 Art Director。"

对于网络广告而言，合理的悬念设置能够增强情节的趣味性，更好地刻画人物和突出诉求主题。但是需要注意的是，网络广告悬念设置一定要符合情理，不能为了吸引受众眼球而盲目追求新奇怪诞的剧情，增加受众的理解难度。同时，悬念的揭示也要出人意料，让受众看完有一种恍然大悟的感觉。

五、网络游戏

网络游戏中的悬念设置主要体现为游戏内存在着大量的不确定性因素，比如不了解对方实力、团队默契度低、人数上不占优势等，这些往往会带给玩家小小的压力，从而引发了玩家独特的心理体验，让玩家认真对待、激发斗志和获胜的决心。

（一）游戏内特殊道具的开启

网络游戏内的特殊道具出现对于改变玩家游戏进程和游戏节奏起到了画龙点睛的作用，每款网络游戏中都有自身极具特色的特殊道具，这也是有些游戏为何魅力如此之大、可玩性非常高的关键原因所在。特殊道具的存在可以帮助具有优势的玩家进一步奠定优势，稳稳拿下游戏胜利，也可以帮助前期劣势很大的玩家获得逆风翻盘的机会。由于玩家不知道特殊道具何时才会出现，以及本轮游戏是否一定会出现，因此特殊道具的存在为网络游戏的叙事效果增添了更多的戏剧性。

在《英雄联盟》当中，小龙坑里面有风、火、水、土四种元素，龙是随机刷新的，玩家可以通过击杀元素龙获得相应的奖励，可能是增加装备的法术强度也可能是增加团队的移速，这些都是不确定的，充满了未知和悬念。《云顶之弈》中，"金铲铲"对于游戏玩家来说可以说是惊喜礼物一样的存在，能够合成更高级的装备，提升英雄的装备属性。"金铲铲"是玩家打完怪物以后随机掉落的，场上一共八位玩家，有的玩家一整局游戏可以捡到两个"金铲铲"，有的玩家可能玩几局游戏一次"金铲铲"也捡不到。"金铲铲"一词也是该游戏玩家线上热议的游戏道具之一。

（二）游戏内特殊情节的触发

玩家在游戏过程中可以和帮助者及敌对者进行互动，一些特殊情节的触发也会对玩家的游戏命运产生影响，这种情节的触发也是未知的、不确定的，可能带来增益，也可能带来损失。一整局游戏中，可能只会有部分玩家触发到特殊情节。在手游《绝地求生：刺激战场中》，游戏背景设定中存在着"轰炸区"这个危险区域，"轰炸区"是每局游戏玩家进入比赛后随机生成的，玩家随时有可能被"轰炸区"的炮火炸伤，从而消耗掉自己的医疗物资，产生一定的损失。与此同时，"空投箱"也是随机生成的，会降落在小岛上某一处，里面包含了丰富的装备，能够增强玩家的装备强度，成为所有游戏玩家共同争夺的道具之一，所以在有空投箱降落的地方，就会产生小规模玩家之间的交火，大家都想获得空投箱里丰厚的奖励装备。

另外，在游戏的过程中，如果一名队友被击倒，另一名同队玩家可以选择去救援，将他"扶"起来，也可以选择不救，孤军奋战。但是当队友被击倒时候，救或者不救的心理斗争在所难免，会关乎整个局势，促发内心纠结的情感。随着队友人数的减少，幸存者的压力和信心会随之改变，对下一个安全区的压力会更大，操作也会更加紧张，会竭尽全力利用走位、视野、技能道具来争夺最后的胜利。

六、网络动画

美国作家威·路特在《论悬念》中说过，叙述者把故事中的"炸弹"留到最后一刻爆炸，这样就可以把故事的能量爆发出来，这种能量就是悬念。[①] 前文讲到，网络动画片的叙述者为了不让推进故事的矛盾爆发得那么突兀，往往会在冲突正式开始之前埋下伏笔。这些伏笔会带给受众一些预想，从而产生动画故事的悬念。

（一）利用视角

如果把叙述者所知内容和动画片中角色相比较的话，我们可以得到全知视角"叙述者＞人物"、内视角"叙述者＝人物"和外视角"叙述者＜人物"的三组关系，很明显，这三种视角中，内限知和外限知视角知道的东西相对少。外限知视角是指叙述者站在人物之外，只描述角色的动作，不知道人物的行事逻辑。内限知视角就是只描述角色的所知所想，角色不知道的叙述者也无从得知。在讲述故事的过程中，动画受众的所知与叙述者的所知保持一致，叙述者不知道的，动画的受众也难以知晓，因而对未知产生好奇，故事的悬念就设置成功了。

《进击的巨人》从巨人闯入主角的家乡、大肆屠戮普通人类开始讲起。

---

① 李兴国等：《在悬念中叙事——论电视节目中的悬念意识》，《现代传播》2003 年第 5 期。

巨人与主角艾伦有杀母之仇，艾伦的愿望就是干掉巨人，为母亲报仇，进而产生屠尽巨人给全体人类自由的梦想。关于巨人，人类几乎一无所知，叙述者站在人类的一方展开叙事，相对于巨人是处于外视角的，巨人相关的最先进的知识集中在艾伦所在的调查兵团，那也只是些皮毛。巨人从何而来？巨人为什么要与人类为敌？人类在被巨人赶进巨壁内之前的历史是怎样的……这些都是主角团想知道的，也是叙述者有意让受众思考的。从艾伦也能变成巨人开始，那些被捂得死死的机密开始松动，之后经历了调查兵团抓住另一个也能变成巨人的人类等一系列事件之后，"巨人是人类变的"这一认知逐渐被确认，后面两个问题也有了探知的可能性——秘密集中在让艾伦有巨人之力的其父亲的地下室。知道了那个地下室里藏着的究竟是什么，人类就可以向真相又跨越一大步。

（二）利用制作周期

日本的动画番剧早已形成一周 1 集，12 ～ 13 集一季的惯例。国内的动画以往在电视台播放，为了一次性通过审核卖给电视台，动画制作公司通常做完整部动画交由电视台播放，几乎每天动画爱好者都可以看 1～2 集，没有什么期待的乐趣。

国产动画片转战互联网络之后不用制作完再播，而是将制作周期融入播放周期，做完一集播放一集，也形成了每周一集的惯例。《天行九歌》的剧情较为紧张，看完一集要等 7 天，时常让受众哀嚎一集太短，要等一周好难受，在每一集的视频开头一定有弹幕评论表示："兄弟们，我已经按住后弦了。"后弦是唱片尾曲的歌手，按住后弦表达了受众想延缓片尾曲的到来，延长每一集动画的愿望。仿佛知晓受众焦急难耐的心态，《天行九歌》的制作方专程"邀请"番剧中的人气角色焰灵姬和卫庄在动画连载期间给官方微信打广告："是不是还没看够就已经结束了？快来关注天行九歌官方微信，独家采纳官方设定精彩壁纸等独家福利，还能提前看盖聂卫庄篇漫画剧情，我在天行九歌等你呦。"此时总有大片弹幕回应："是的，还没有看够。"可见受众在被剧情吸引的同时，较长的制作播出周期增大了悬念的效果。

为了在制作和播放的空隙保持悬念的能量——抓住受众的眼球，动画制作方通常会制作预告，每集动画的片尾曲结束后会将下一集易引人遐思的画面剪辑出来，让已经被激发兴趣的受众难以停止追番的脚步。《进击的巨人（第三季）》最后一集末尾前所未有壮大的调查兵团踌躇满志地向远方进发，势要夺回最初被巨人突破的玛丽亚巨壁，十分激动人心。但穿插在片尾曲之间的下一季预告展示了几个主要角色浑身浴血，在废墟间刀兵相向的画面，不由得让受众好奇心迸发——到底发生了什么？这留下的巨大悬念能很大程度上保证第三季结束后的六个月后，受众还能准时收看接下来的剧集。

第五章　新媒体虚构影像的时空建构

　　叙事时空是叙事文本中的重要组成部分，新媒体虚构影像叙事中的时空建构是不可或缺的叙事要件。恩格斯曾说："一切存在的基本形式是空间和时间，时间以外的存在与空间以外的存在，同样是非常荒诞的事情。"[①] 事物的发展变化必须经历时间和空间的限制和制约，时间和空间又是事物运动发展的存在形式，叙事文本中的人与事都是在特定的时空中不断建构和重构。

　　"时间和空间是运动着的物质的存在形式和基本属性，一者体现物质运动的顺序性、持续性，一者体现物质存在的伸展性、广延性。"[②] 时间和空间在叙事文本中的功能和作用是不同的，受众从时间维度感知事物发展的顺序性和持续性，从空间维度感知空间距离的远近和空间修辞带来的场景氛围，通过时空的建构能够为受众呈现故事特定的时代背景和空间场域。

　　在新媒体时代，新媒介缩短了时空距离，实现了时空跨越。"多元文化共生"生活方式的相互影响、渗透、激荡，使原来单一稳定的时空趋于解体。"共时性""时间的空间化"等术语正体现了人们对此的深刻认识。[③] 新媒介技术不断消解着时空屏障，进一步促进了各种文化形态的融合与渗透。与传统的叙事文本相比，新媒体虚构影像叙事作品在进行时空建构过程中，更加具有天马行空的艺术想象力和创新性。

---

① 马克思，恩格斯：《马克思恩格斯选集（第三卷）》，中共中央马恩著作编译局译，人民出版社，1995，第91页。

② 杨义：《中国叙事学》，人民出版社，1997，第166页。

③ 杨捷：《现代小说的叙事时空艺术研究》，东华理工大学，2012年。

第一节　新媒体虚构影像的时间呈现

对于叙事时间，赵毅衡在《当说者被说的时候——比较叙述学导论》中将这两种时间分别称为"底本时间"和"述本时间"。"底本时间"即"实在时间"，是故事本来存在的方式，是按照时间的一维规律先后排列的事件顺序。"述本时间"即"被叙述时间"，是对底本时间的加工和变形。[①]

为了增强故事的叙事效果，强化情节的矛盾冲突和故事悬念，在新媒体语境下的虚构叙事作品往往打破"底本时间"的限制，将"述本时间"以符合受众审美习惯和接受心理来进行时间顺序的调整和变化，从而给受众带来别样的审美体验。

一、网络微电影

一部影片的叙事过程，是在时间和空间两个维度上同时进行的。由于时长的限制，微电影常常对现实的时间进行创造性处理，在有限的时间里把过去和未来、现实和回忆以不同方式组接在一起，既可以产生现实时间运行的真实感，又享有现实时间所不具有的自由度。在微电影中，时间呈现的方式主要从两方面来进行，第一是时间的顺序，即插叙、倒叙等；第二是时间的速度，即时间的压缩和放大。

（一）时序：顺序为主，善用倒叙和预叙

时间顺序的改变方式有四种：倒叙、插叙、预叙和补叙。在微电影叙事中，多采用前三种方式。预叙就是将叙事情节中未来才会发生的内容提前告知观众，使观众对即将播出的故事情节和人物命运有个大致的了解，然后再按照事件发展的先后顺序叙述。倒叙就是将叙事情节中最重要的部分提前叙述，使叙事结构富于变化，避免平铺直叙。前面提到的青春微电影

---

① 黄昌林：《电视叙事学》，电子科技大学出版社，2003，第229页。

《老男孩》一开场就是肖大宝和王小帅两位主角参加选秀节目的镜头。下面一个镜头便回到了学生时代，那时候肖大宝还是个校内的小混混，而王小帅是饱受肖大宝欺负的小弟。镜头切换的对比营造了悬念，后面的剧情慢慢揭开了悬念。

插叙就是将叙事时间倒转，追溯往事，但是由于篇幅过短而不足以称为倒叙。河北传媒学院的一部校园微电影《天堂午餐》，仅有短短的6分钟，故事内容十分简单。影片开始时儿子小翼为母亲精心准备着午餐，这是他第一次下厨，切菜、洗菜、做饭，他始终面带微笑。在此时插入了回忆的内容：妈妈在厨房做饭，叫他吃饭，妈妈笑着说："妈多会儿能吃上儿子做的饭？"至此，回忆完毕。做完饭，小翼把亲手做的菜摆上桌子，为母亲盛上满满一碗饭，让妈妈坐下，示意妈妈多吃菜。回过头来扒拉着自己碗里的饭时，泪水却一滴滴掉了下来。妈妈的位置上，根本没有人。插入的一段往事交代了儿子做饭的原因，也使影片的节奏更加紧凑。

（二）时速：压缩为主，善用慢镜头

叙事的时间速度是一个相对性的概念，是相较于现实时间而言的。微电影的时长有限，要想在有限且固定的时长里将不同时间跨度的故事讲述清楚，需要对叙事时间速度进行调整。在相同的电影市场里，故事时间跨度越长，叙事的时间速度就越快；反之，故事时间跨度越短，叙事时间就越慢。

叙事的时间速度越快，就意味着现实时间被压缩得越多。在这个过程中将情节按照重要程度进行划分，不重要的情节可以略过。微电影《老男孩》的结尾就是将时间压缩，讲述了从比赛到赛后三个月中发生的事情，三个月后两个主角的生活趋于平静，肖大宝还是当着蹩脚婚庆主持人，王小帅也干起了理发师的老本行，生活看似没有任何改变，实则什么都变了。

对于重要的情节，一般采用慢节奏叙事来突出这一段的叙事情节。由桂纶镁、彭于晏主演的益达口香糖广告微电影《酸甜苦辣I》，其中的人物设定是非常重要的环节，因为两个人的身份背景除了要引出之后的故事之

外，他们的状态一定要对观众产生足够的吸引力。所以，在影片开始，镜头速度大幅放慢来呈现男女主角相遇的过程：一个骑着个性三轮摩托，大大咧咧横穿沙漠的英俊小伙子，出现在一个男性装束、男孩性格的加油站美女小工面前。"兄弟，加满！"是影片中的第一句台词，当一个靓女的面容出现在画面中的时候，让所有观众都有一种出乎意料的差异感，结合优质的画面，全片的吸引从此开始。[①] 慢节奏叙事可以进行更加深入和细致的刻画人物和描写情节，将时间放大。

二、网络剧

时间的呈现体现了情节发展的顺序，也是一条或隐或现的带领观众走近故事、走向结局的线索，除了传统的字幕提示、人物成长等呈现，有的网络剧还会采取倒叙、插叙等手法填充情节，目的都是为了充实剧情。

（一）线性呈现

《长安十二时辰》以中国古代时间单位"时辰"为剧集单位，通过"十二时辰"的线性时间流转，使得故事本身的广度与深度被不断地填充和扩张。全剧中，"时辰"既是客观物理定义的标量，也是推动观众主观心理体验的基本感知变化的动因。每集片头中不停闪现的日晷投影指示着即时时辰，而随着长安上空的天光流转，变化的还有人物焦灼的情绪与逐渐显现而出的复杂人性。

（二）对比呈现

《陈情令》则分为第一世和第二世，叙述上讲十六年前和十六年后。第一世的前半段描绘了云深不知处求学时，少年们的恣意潇洒的美好生活；展示了魏无羡、江澄和师姐三人的深厚感情。之后的故事进展遵循叙事中的

---

① 杨晓林：《微电影艺术导论》，中国电影出版社，2015，第113页。

困境原则，不断细化和累积困境。姑苏蓝氏云深不知处被烧、泽芜君失踪、蓝忘机被打断腿、无家可归；而后莲花坞被血洗、江氏夫妇惨死、魏无羡失金丹被丢乱葬岗、修诡道出世；魏无羡为救温氏余孽众叛亲离、独居乱葬岗；最后困境到达顶峰——姐夫姐姐因魏无羡而死、他血洗不夜天。

（三）倒叙铺陈

倒叙铺陈表现在时间线上的由后向前推进，《摩天大楼》中钟美宝的死成为一个引子，引出了摩天大楼的众生相。随着案件调查的展开，与钟美宝有关或间接有关的人物悉数登场，时间的呈现与建构在不同角色各自故事的"表演"中，通过不同人物——保安、保洁阿姨、邻居吴明月、房产中介、青梅竹马的讲述，一点一点将摩天大楼内的这起案件拼凑起来。

三、网络综艺

由于网络综艺节目声画结合的特性和时间感较强的特点，节目叙事多采取动态的、过程化的时间建构方式，也就是对事件的时态进行表达和传播。综艺节目的时间形态是瞬息万变的，对于叙事时间的安排至关重要。在网络综艺节目中，常见的由过去进行时和现在进行时两种时空构建。

（一）过去进行时的时态构建

影视叙事中涉及两种时间：故事时间和叙述时间，而时序研究的就是故事时间和叙述时间之间的关系。采用过去进行时态构建的网络综艺往往会在节目开头采取画面预告的方式。事情是过去已经发生完毕的，节目制作方就可以将整个完整的内容中最精彩的片段剪辑成一个合集，放到节目的开头，更具吸引力。

在《潮流合伙人》第二季中，节目首先就会在开头对上次节目的精彩环节进行回顾，同时也对本期节目进行了精彩预告。节目包括节目预告中没有主持人的参与，也没有第三人称的旁白解说，完全根据嘉宾自己的沟通交流跟进事件。在第二季第十二期上集中，合伙人们结束了最后一天的营业，开始享受道别前最后一个夜晚，大家坐在一起聊天总结的时候，画面总是跟随着每个人的视角，给观众一种面对面沟通的感觉。虽然节目是提前录制好的，已经是过去发生的事情，但是观众会有一种很强烈的代入感，感觉就是现在刚刚结束了最后一天的工作，与嘉宾们坐在一起聊天，回忆之前发生的事情，使观众能有一种参与感，感觉自己就是其中的一员，是他们的倾听者，获得一种真实感与体验感。

（二）现在进行时的时态构建

对于现在的网络综艺节目而言，现在进行时的时态构建通常是现场直播类，但大多数的网络综艺，尤其是真人秀类、游戏类综艺，多数还是运用录播形式。只有少部分晚会类、体育类，例如《创造101》总决赛、《超新星运动会》等，由于是现在进行时的节目，事件处于一个正在发生、正在进行的过程，因此这类节目一般没有事件进展画面预告。

以《创造101》总决赛为例，主持人黄渤和侯佩岑介绍完自己后，黄渤说"欢迎大家光临腾讯视频《创造101》总决赛成团之夜的现场"，侯佩岑说"今天很荣幸跟所有人一起在这里见证101女孩成团的时刻"，体现了节目是现场直播，现场的观众包括主持人，与屏幕前的观众是一样的，共同关注着节目的进展，体现了节目事件发生时态的现在进行时。

在此期间，主持人一直呼吁屏幕前的观众给选手们点赞，这种实时互动也体现了直播节目的现在进行时的属性。直播中的第38分钟，主持人黄渤说："哪11位女孩能够最终成团，全部由你们点赞决定。"侯佩岑跟着说道："在竞演开始之前，我现在要发布的是最新的实时点赞排名情况。"首先"由你们的点赞决定"，体现了现在进行时的互动性，同时可以使观众有参与感、代入感，仿佛自己置身于现场，心情也因选手的表现而跌宕起伏。其次"实时"体现了直播节目的时效性，契合观众的心理和关注的角度，体现了现在进行时的时态。

四、网络广告

由于广告受时长的限制，因此要在有限的时间内吸引受众的眼球，完成广告主题的呈现，对于叙事时间的安排就显得至关重要。在虚构的世界里，一个事件的特征可以由它在故事时序中所占的地位、它的时长和它介入的次数得到说明。[①] 对于网络广告叙事时间可以从时序、时长和时频这三个方面进行分析。

（一）时序：顺序为主，善用倒叙和预叙

影视叙事中涉及两种时间：故事时间和叙述时间，而时序研究的就是故事时间和叙述时间之间的关系。目前叙事作品中常说的时序主要分为顺时序和逆时序两种。在网络广告叙事中，最常用的还是顺时序叙事，以时间为轴线，根据故事的发展顺序逐步展开情节。2017 年方太广告《油烟情书》采用的就是顺时序的手法，用一对夫妇在书信中穿梭的创意形式讲述藏在柴米油盐的爱。整个广告用 3 分钟的时间跨越了数十载光阴，将这对夫妇从相识、相知、相恋、相爱、相守一生的故事娓娓道来，让每个人都能从柴米油盐中感受到他们的爱。这种顺时序的叙事手法逻辑比较清晰完整，更容易被观众理解接受，但是略显单调刻板，缺乏新鲜感与创意性。

与前面所讲的顺时序叙事相对应，逆时序叙事是根据广告作品表达的需要，把事件的结局或某个最重要、最突出的情节提到广告始阶段，然后再按照事情原来的发展顺序进行叙事的方法。[②] 采用逆时序叙事的方法，能增强影视广告的趣味性，使影视广告情节曲折复杂，吸引观众的注意力。目前广告叙事中，这种逆时序叙事手法主要包括倒叙和预叙。

倒叙简单来说就是提前介绍后面发生的关键情节，然后再回过头按照时间顺序叙述过去发生的事情。广告作品中，这种倒叙手法的使用可以起

---

① ［加］安德烈·戈德罗、［法］弗朗索瓦·若斯特：《什么是电影叙事学》，刘云舟译，商务印书馆，2007，第 193 页。

② 程晨：《当代影视广告叙事方法研究》，浙江师范大学，2013 年第 24 页。

到补充解释之前遗漏或者省略的情节作用，更好地为广告主题的表达服务。例如 New Balance《看华生如何逆袭夏洛克》中，一开场男主角华生用 1 分钟时间介绍自己和女朋友夏洛克日常相处的细节，因为女朋友太聪明很难给她惊喜。接着插入华生的独白：“我已经把所有的线索都告诉你了，你还是没有猜到吗？”下面一个镜头是夏洛克站在白色背景面前哭泣，用这几个镜头所营造出一种悬念来吊足观众胃口，然后又倒回 30 分钟之前，从头揭示这个谜团。

预叙是指故事文本超前叙述远在未来的事件。广告叙事中的预叙一般都是在开端的时候，主要表现为在故事开场就预告结局，让观众对即将播出的故事情节和人物命运有个大致的了解，激发他们的求证意识。如益达广告《再见了，下辈子再疼你》中，一开始就是主人公参加一场葬礼的画面，然后没有告知观众葬礼的内幕，时间迅速回到 1998 年，主人公开始讲述他与“发小”之间的故事，从他们一起吃喝玩乐讲到由于主人公的忽视“发小”去世，最后画面又回到开头的葬礼上，这才发现这场葬礼原来是主人公为他的“发小”——六龄齿举办的。

（二）时长压缩：多用概叙和省略

根据故事时间和叙述长度之间的关系，可以将叙述时限分为五种：省略、概述、等述、扩述以及静述。作为一种特殊的叙事文本，广告叙事的时长受到一定限制，需要在一个有限的时间篇幅内展现更为丰富完整的广告内容，强化广告主题的表达，达到广而告之的目的。因而在广告叙事活动中，概述和省略这两种手法比较常见。

概述则是用简洁的语言对一个事件、内容进行描述。概述具有加快节奏、拓展广度的功用，多用于对故事背景、事件全貌的介绍，或对人物身世、生平的交代。[①] 在支付宝广告《郑棒棒的故事》中，开头就用 34 秒的客观性旁白对郑棒棒的身份、故事背景进行概述式的交代。为了方便观众快速

---

① 胡亚敏：《叙事学》，华中师范大学出版社，2004，第 78 页。

理解故事情节，广告也会选择一个有代表性的或者互文式的人物来辅助叙事。比如方太广告《男人就是欠收拾，调教术在此》，邀请了创下14亿票房的《夏洛特烦恼》主角沈腾和马丽出演，并且继续沿用电影中的角色名，省去了介绍广告人物身份、生平的时间。同时，利用观众对夏洛这个人物角色和性格的记忆，让其快速接受并进入广告的情节。

省略则是指叙事者没有对故事事件进行叙述，有意识地省去了一部分内容。因为广告时长的限制，在叙述的过程中是不可能也不需要将所有发生的事件都叙述出来，所以一定会省略一部分的内容。但是这种省略是不会影响观众对广告故事的理解。例如，2018年日本神反转游戏广告《人生没有奇迹》，好心的女主在公交车上给一位老人让了座，当她面试出来后在公司大厅再次遇到那位老人，在这一部分，广告中省略了女主面试的具体过程，但是从她沮丧的表情和老人的对话，可以看出她面试失败的事实。其实，很多时候被省略的信息内容不见得就是不重要的、没有价值的，也有可能是广告叙述者为了达到某种效果而故意省略的。微电影广告《爱的定制》讲述连凯饰演的制鞋师和5位都市精英女性邂逅的故事，广告开篇男主就提到他心中那个没能在一起的女孩，然而直到结束也没有说明男主思念的神秘女孩是谁，结尾处男主角在朋友的鼓励之下勇敢追爱，故事却戛然而止，激起了受众的想象力和好奇心，加深了他们对广告故事以及产品的印象。

（三）时频：善用重复叙述

在叙事学中，频率研究的是故事内容与叙述话语之间的关系，这种关系可以总结为三种类型：一是单一叙述（一个故事叙述一次、若干故事叙述若干次），这也是最基本的叙述方式；二是概括叙述（多次事件叙述一次）；三是重复叙述（一个事件叙述多次）。

为了强化广告印象，在广告叙事中通常会使用重复叙事的手法，即多次叙述同一个故事情节。事实上在传统电视广告中这种手法运用得较为频繁，蓝翔、58同城、溜溜梅、脑白金、恒源祥十二生肖广告等都是以单调的画面和重复洗脑式的广告词轰炸受众的视听。不可否认，这种重复叙述的方式能加深受众对广告产品、品牌的记忆度，但同时也容易引起他们的反感。只不过在传统电视广告时期，这种反感厌恶的情绪没有很好的渠道让他们表达出来。但是随着互联网技术的发展，受众获得极大的自主选择的权利和话语表达的权利，受众群体逆反情绪的表达能瞬间破坏广告主辛苦建立的正面形象。因而，对于重视用户体验的网络广告来说，在其创作过程中十分强调重复叙述方法的合理运用。2018 年百度地图广告《八级地震》中，将 AI 拟人化，影片开场就是百度地图"内部"算法官和数据人正在经历八级地震，然后镜头切回站在路口拿着手机左右摇摆不定的女孩，女孩手机方向一转，地图内部又开始左摇右晃，颠来倒去的算法官无奈大喊："百度地图有 AR 实景导航，快点开启 AR 实景导航。"这则重复性叙事的广告一经推出大受好评，它不但不令人反感，反而通过魔性的情节强化了受众对于百度地图 AR 实景导航功能的印象。

五、网络游戏

对网络游戏而言，"玩"毕竟才是中心，故事只是手段。玩家的操作对网络游戏中故事的生成具有至关重要的作用。当玩家适时地完成某个游戏动作，与之相关的故事情节则向前推展，相反，如果他因某种原因（如反应太慢，或操作技术不够娴熟）未能完成游戏动作，则改变了故事情节。因此，在电子游戏中，行动似乎并不由情节推动，而是情节依赖于行动。[①]在此意义上，除了游戏设计本身的故事框架外，网络游戏中叙事的具体展开就是由玩家的操作来实现的。因此，网络游戏的叙事时间也基本上等同于玩家的游戏时间。为了培养玩家的兴趣、增强用户黏性，角色扮演、商业模拟、第一人称射击以及策略类等游戏常常采用升级结构。游戏中的升级系统是一种抽象进程模式，玩家通过选择装备、提升生命值、增强破坏

---

① 李璐：《电子游戏的叙事美学研究》，西南大学，2017 年。

力、提高防御指数等手段，完善自己的角色属性并解锁更多游戏技能来提升角色等级，大部分游戏的升级系统都会选择以数字来传递角色能量提升的信息，而这种提升是有增无减、不可逆的。

（一）时间的放大

网络游戏规模大，涉及内容多，事件结构复杂，游戏时间够长但不意味着玩家可以耐心地玩下去，这时候需要游戏创作者进行时间构建，将时间放大，也就是把最精彩最有趣的游戏环节慢速展开，并且这些游戏环节对玩家来说有一定的操作难度，并不是简单就能闯关成功，这样能够凸显游戏中的重点内容，使得人物的动作或者剧情的细节清晰地呈现在玩家面前，给玩家留下深刻的印象。在《糖豆人：终极淘汰赛》中完整的游戏分为5个关卡，每过一关都会淘汰一部分玩家，熬到最后一关并取得皇冠的玩家，才能取得最终的胜利。每个关卡的难度是不一样的，很多玩家在试玩了几天后能够成功并且娴熟地突破第一关和第二关，因为前两关是最简单易懂的竞速类，只需要绕过重重障碍快速到达终点，就能获得胜利，因此玩家在这两关上面花费的时间并不长。最具趣味性的生存赛也是游戏中最精彩的部分，在游戏中处于比较靠后的关卡，这个比赛的不确定性比较高，难度也相对增大，需要玩家操作和意识都有一定的熟练度才可能通过，因此玩家在这部分游戏的训练上可能花费比之前关卡更多的时间，才能在特定的条件下和固定的时间里活下来，例如被分为2组进行足球赛，两边红蓝方玩家需要通过控制游戏中的角色来进行射门，得分高的一边获胜，全员才能进入下一轮关卡。

（二）时间的压缩

一般来说网络游戏里的人物、时代、事件，这些从根本上决定了游戏的场景设定、剧情发展、角色形态以及角色之间的关系，这些都是游戏开发者预先设定好的内容，玩家不参与游戏背景故事的构建和发展。因此，为了能让很长一段时间的游戏历史背景故事能够在游戏中展示，游戏创作者会进行时间构建，将时间压缩，把游戏历史故事浓缩成精华版本，力求短时间内刺激玩家的感官，使他们的听觉和视觉都受到强烈的震撼，以形成宏大的效果。《剑网三》将故事背景设立在盛唐走向中唐时期，故事的转折点是天宝十四年，安史之乱的爆发，其后的游戏故事与历史发展高度统一，玩家从故事伊始的无名小卒到时代英雄的侠客，个人故事与家国命运紧密相连。从游戏开端展现整个游戏最重要的风格——武侠文化，开篇就播放一段典型的3D的武侠片，在兵荒马乱中，一代大侠为救故人之子，与恶人殊死搏斗，最后舍命坠入断崖之下，动画到这里就结束了。玩家能够从这个简单的动画中感受到整个游戏弥漫着浓郁的中国风，也能够定位到自己即将在游戏中扮演一个古风类的角色。游戏创作者通过对时间的压缩，保留了游戏中历史时期的宏大气质和经典的武侠文化，配合声音和画面，使得玩家一进入游戏，无须操作电脑，就能获得真实感和体验感。

六、网络动画

时间是叙事学中的重要概念，为了使故事能够呈现得更加有条理、更加扣人心弦，动画片叙述者十分注重时间的安排。

（一）时长

动画的时长直接影响内容的表达。泡面番每集只有3～5分钟，很难在保证每集故事有吸引力的同时，完成一个较长故事的情节铺垫与对矛盾爆发的描述。因此泡面番多是以日常为主的搞笑番，如《我家浴缸二三事》，它每集只需要讲述发生在浴室的琐事就好。

相对宏大的叙事要用篇幅较长的番剧或者大电影容纳。如时间设定在秦汉之交的《秦时明月》，该动画详细讲述了各家各派的立场，他们如何在秦始皇的暴政下安身立命，在和主导角色团体的相互碰撞中发生了哪些故事。要想抽丝剥茧地讲明白这些，必须以足够的时长作为保障，截至第五季结束，《秦时明月》的正片已经有184集了。

以上所说的是动画视频的放映时间和故事时间的关系。以往的动画片，受众的观看时间和视频的放映时间是等同的，受众必须在动画播放的时间段寸步不离地守在电视机面前。新媒体时代的网络动画片的观看时间可以按受众喜好自由调控。受众不仅可以随时暂停，而且可以倍速观看，跳过无聊的部分，重复观看感兴趣的部分。

（二）时序

考察时间顺序首先要确定一个参照对象，就是"第一叙事"，它是指叙事话语中按顺序排列的时间层次，而任何时间倒错与插入其中、嫁接其上的叙事相比较而言，都构成时间上的第二叙事。预叙、倒叙等都要以"第一叙事"作为参照。

预叙是指叙述者提前讲述将要发生的事情，在动画中这种形式较少出现。以《天行九歌》第51集为例，视频开头就是主角韩非与嬴政的会面，让人好奇他们是怎么碰面的，之后他们会讲些什么。这是一段预叙，起到了制造悬念的作用，接下来叙述者紧接上一集的剧情讲起，原来是卫庄通过师哥盖聂向韩非引荐的。

倒叙是指叙述者将相对于"第一叙事"的已经发生过的事情讲述出来，在动画片中能够起到补充说明、烘托情绪等作用。在《无头骑士异闻录》第4集中，岸谷新罗回忆了和主角塞尔提的相遇，解释了为什么这无头的爱尔兰妖精杜尔拉汗会出现在东京街头，为什么新罗在对方没有头部的时候仍然对其产生了爱意，这一小段插曲为第一叙事没有涵盖的故事内容作了很好的补充。

（三）频率

叙述频率，即叙事与故事间的频率关系（简言之，重复关系）。热奈特将这种重复关系分为"单一叙事"、"重复叙事"和"反复叙事"，其中单一叙事十分常见，就是叙述者描述发生过一次的事情，为了保证叙事的逻辑和简洁，动画文本都是以单一叙事为主体，重复叙事和反复叙事穿插其间。

重复叙事就是讲述 N 遍发生过一次的事件，多用于前情或设定的介绍。如《夏目友人帐》，它讲了主角夏目贵志得到了奶奶的妖怪名单，上面写了和奶奶订立契约的妖怪名字，有了这本名单可以对有契约的妖怪发号施令，但是夏目还是会把找来请求归还名字（即解除契约）的妖怪名字还给他们。每过一段时间，该动画就会把这个设定重新讲一遍，方便新追番剧的人观看。

反复叙事就是讲述一遍发生过 N 次的事件，是一种"避重就轻"、一笔带过的手法。如《Banana Fish》第二集中，警察局的配角通过播放主角亚修遭到侵害的录像，且暗示性地叫他"电影明星"，一次讲述了亚修童年多次遇到的同种伤害。

第二节　新媒体虚构影像的空间建构

在叙事学理论中，空间有着独特的讨论意义。西摩·查特曼（Seymour Chatman）最先提出了"故事空间"和"话语空间"的概念。电影中的故事空间是具象的，它的客体、尺度及空间关系与真实世界相似；而文字叙事中的故事空间则是抽象的，需要在读者心灵中建构。[1] 在空间建构维度上，影像叙事与文字叙事有很大的差别。

"从影像角度来说，创作者需要在两个层面进行电影的空间营造。其一是建构一个完整的地志性空间——故事中的物理空间，它可以被看见并被观众感觉到……第二个空间层面是每部电影要营造的美学空间。它是由空间中所发生的故事、特定的影像基调、创作者和观众投入的想象共同完成的。"[2] 通过特定叙事空间的建构和打造，能够加强故事的艺术表现力和感染力，为受众营造更加强烈的视觉体验和心灵共振。

---

① 王克：《叙事空间》，四川文艺出版社，2018，第 178 页。

② 王克：《叙事空间》，四川文艺出版社，2018，第 179 页。

一、网络微电影

有别于以叙事为主的戏剧，电影虽然也具备叙事功能，但更多的还是通过电影中的空间造型表象性地呈现于观众。[①] 空间即物质空间，就是微电影中人物的生存空间和活动空间。情节的真实感必须透过与故事相符的空间的真实感来完成，观众也会期待特定叙事情节有特定的场景，如科技感的微电影中不可缺少的新奇设施。空间在故事中是很重要的一个要素，空间决定了故事的真实性，同时也增强了故事的戏剧张力。

（一）空间的建构

电影可以为故事的发生提供空间背景，同时又利用空间的象征意义烘托叙事氛围，彰显影片的内涵深度和叙事意图。微电影叙事也需要一个接纳产生行动的空间环境。在空间建构中，不同的景别带来的视觉感受完全不一样。校园微电影的创作者的社会经验相对单薄，他们对社会的感悟以体验式为主，作品的主题大多围绕着校园，所以故事发生的空间一般都是校园。北大教师陈宇执导的青春日记系列三部曲（《男生日记》《女生日记》《星空日记》）分别从男生、女生和梦想追随者的视角，探讨了大学生活给人带来的有关梦想、爱情、生活的体验和成长。这三部微电影选取北大校园作为人物活动的主要场所，展现了校园场景中人物的喜怒哀乐。

除了直观可感的物质性环境空间，根据剧情需要会有虚幻空间的建构。恶搞微电影《万万没想到》以夸张幽默的方式描绘了王大锤意想不到的传奇故事。在《万万没想到》番外篇第四集《射日的后裔》中，王大锤化身传说中的死亡太阳神。基于这样的剧情，影片中设置了天宫作为故事发生的空间。本在天宫和月神玩耍的太阳神惨遭射日的后裔暗算，不得不下凡到人间找到后裔谈判以求和解。故事发生的空间、情节安排中的空间、故

---

① 赵蝶：《边界与秩序——论今敏的电影〈红辣椒〉的空间美学》，《武汉理工大学学报（社会科学版）》2017 年第 5 期。

事中人物活动的空间,这些都与故事的发展紧密相连。因此,空间在微电影叙事过程中起到至关重要的作用。

(二)空间的转换

微电影叙事中的空间同时成为具有意指性的元素,人物活动的空间和人物心理的空间及影片意义形成某种对称关系。空间转换的合理性是微电影流畅叙事的前提条件,相比戏剧而言,电影可以在空间的自由转换中提炼人物性格、视觉表征和矛盾冲突,并在时间和空间的双流组合中呈现复合多重的艺术形态,使受众最大限度地感知银幕影像对现实世界的再创造,在听觉和视觉的牵引中产生浸没式的临境体验。[①] 空间的转换是为了使影视作品的故事逻辑更清晰,在转场的时候需要使用一些技巧,让影片看起来流畅自然。在微电影中经常用声音来转场,利用音乐、旁白、对白等声音元素和画面的配合自然地进行衔接。胡戈创作的一部恶搞微电影《一个馒头引发的血案》,其内容重新剪辑了电影《无极》、中央电视台社会与法频道栏目《中国法治报道》以及上海马戏城表演的视频资料等,全片都是来自不同的视频片段但却流畅自然。影片开始是《法治在线》栏目主持人在介绍案件背景,随着主持人的一句"这就是案发所在地"画面便切换到了电影《无极》的场景中,当电影中打斗部分结束,画面又切换到《法制在线》节目的录制现场,主持人设问"难道这位深明大义的国际友人与本案有什么关联吗?"画面又切换到了电影《无极》中。在这部微电影中,镜头在《法治在线》栏目和电影《无极》之间不停地切换,实现了场景转换的目的,同时通过主持人解说和设问的方式营造出一种对话感。这种无厘头的对白,滑稽的视频片段组接,达到了戏剧性的效果,也颠覆了观众对电影《无极》的印象,达到了比原影片《无极》更高的下载率和观看量。

---

① 韦思哲:《〈房间〉的空间转换叙事》,《电影文学》2020年第21期。

二、网络剧

　　空间并不是不清楚、不确定的介质，是可以通过感官材料被划分和呈现的。网络剧中的空间建构主要表现在叙事场景变换与建构中，不同题材的网络剧的空间建构有其自身的特点和规律。

（一）甜宠剧

　　甜宠剧的场景表现主要集中在男女主双方共同成长或生活的空间，青春校园类的多集中在学校，都市类的大多在工作场所或居家场所等。《致我们单纯的小美好》作为甜宠剧中的青春校园类题材，场景的表现主要集中在学校，教室的布景营造了青春浪漫的氛围，将青梅竹马、两小无猜的校园爱情在特定的场景中释放出来。尤其集中打造两个人共同学习、生活的场景。

（二）悬疑剧

　　悬疑剧的空间建构相对封闭，一般大多是房间、仓库、电梯等密闭性较强、较压抑的环境。通过黑夜、水滴、玻璃窗等元素营造出紧张的氛围。《摩天大楼》中主要场景有两个：一是警察局，二是摩天大楼。警察局内的陈设较为简单，一张审讯桌、两个警察和一个嫌疑人，故事的叙述部分都在这里完成，能够观察到人物角色的表情变化和情感转变。有关回忆以及大多数的故事场景则发生在摩天大楼内，所有相关的人物都住在这栋大楼内。《隐秘的角落》中空间转场跟随人物的行动轨迹，朱朝阳的家、张东升的家、冷库、公安局等，由于该剧采用小剧场的播放模式，所以每集会跟随关键词在特定的场所有较多篇幅的情节拓展。

（三）古装剧

　　古装剧中的空间建构更为简单，宫廷剧集中在宫殿中，在各妃嫔的寝殿中展现人物对话以及故事情节。《如懿传》和《延禧攻略》作为古装宫廷剧，其场景表现就主要聚焦在宫闱之中，情节的明朗与紧凑则在热闹的宫殿与清冷的冷宫间变换，不同品阶的嫔妃所住宫殿中的摆设不同，色调也有所差异，道具的呈现与灯光的冷暖搭建出的场景契合了不同的人物设定。

三、网络综艺

时空的关系在叙事中是密不可分的，时间和空间是构成叙事的基本维度。在网络综艺的空间建构、场景设置都是经过叙述者挑选的场景，场景的设置要契合节目叙事的要求。网络综艺里，空间的建构主要在于场景空间的搭建，也就是舞台或演播厅的搭建，同时还有周边道具布景的设计。

（一）实体空间的搭建

实体场景空间，即综艺节目根据传播意图所选择或者创造出来的，用于承载综艺节目中人物活动的场所，是一种直观可感的物质性环境空间。例如语言类节目中呈现的有观众的演播厅；推理类综艺节目所需要的故事场景的搭建；游戏类节目中的所去到的商场、公园、街道、城市等社会环境、自然环境、人物行为、服装道具等。在综艺节目叙事活动中，场景空间的构建具有很重要的作用，可以交代故事发展的必要信息，给节目设定出一个空间范围。网络综艺的制作方，通常会根据节目的类别与核心诉求，从现实生活中选取典型场景，通过与人物行为、思想情感的配合，来烘托节目气氛，激发和引导观众的情绪。

例如《吐槽大会》节目的空间设定是在室内的演播厅里，搭建的舞台并不大，并且观众也不是很多，在国外的脱口秀中，他们的空间搭建就是一个较小的舞台，这样使观众与嘉宾之前的距离更近，体现了这种脱口秀节目"接地气"的性质。并且在第五季之前的节目，舞台的设置左边是常驻嘉宾和几个飞行嘉宾，就是"副咖"，右边是本期节目的主要嘉宾，也就是"主咖"，中间是他们讲话的台子，这样的空间搭建可以一目了然地知道此期节目的主要嘉宾，使节目叙事更加清晰明了。

在新媒体出现之前，家庭成员在固定时间共同收看电视节目成为一种仪式。随着网络时代的到来，电视在年轻人的生活中逐渐弱化。但是家庭集体观看的记忆长期存在，年轻人在个性化的观看方式中寻找着家庭集体观看的感觉，享受集体讨论的快感。观察类综艺节目为观众设置了演播室这一空间，为观众提供一种家庭集体观看的体验感。在《令人心动的offer》中，演播室空间的布置趋向于温馨舒适，一张方桌居于中间，六人面对面就座，周围布置书桌、绿植、柜台等物件，形成温馨舒适的观看环境。加油团成员的沟通模式趋向于日常化、随意化，六人像朋友一般讨论节目，欢声笑语之中营造了一种在家观看的轻松氛围。观众在观看的过程中仿佛与加油团一起讨论，消解了自己观看节目的孤单。演播室空间并不是孤立存在的，演播室空间的加油团通过猜测课题结果可以决定实习生名额，节目进行过程中真人秀空间的人物也会来到演播室，将演播室空间与真人秀空间连接在一起。

（二）道具的空间搭建

道具布景对于网络节目的空间设置同样起着至关重要的作用，道具布景会影响节目叙事内容，例如《明星大侦探》中的拍摄场所就是在一个厂房之中，每期节目会根据当期故事背景设计游戏场景，并配合相关道具，比如第一季的第二案《冲不上的云霄》是一起发生在客舱的案件，节目组搭建了一个十分逼真的客舱场景，无论从空间大小还是陈列物品都与真实客舱十分相像，观众一看就会融入事件背景。节目组在道具上也处理十分细致，比如每期塑胶死者NPC身上伤口等都会根据剧情不同得到具体体现，如衣服上咖啡渍、血迹、嘴唇淤青、脖子上勒痕等，在第三季中甚至采用了真人扮演死者方式，让节目更有真实感和悬疑感。另一个非常明显变化是在第一季中，犯罪嫌疑人房间和其他房间（如值班室、卫生间等）都是比较紧凑地摆放在同一个区域，由隔板隔开，没有房顶。到了第三季，节目组使用了实景拍摄，比如第三季的案件"又是漂亮惹的祸"是发生在整形医院命案，节目直接搭建了一栋整形医院实景来进行拍摄，每个玩家在不同楼层，都有独立房间。医院的食堂、小卖部、手术室等一应俱全，医院的楼道、贴画在灯光、音乐的烘托下也更显阴森气氛，观众的沉浸式体验得到了进一步提升。

四、网络广告

时间和空间是构成叙事的基本维度，"我们可以把叙事看作是一连串发生在一定时间和空间之中的具有因果关系的事件"。[①] 作为广告故事发生、品牌形象传达的载体，空间在广告叙事中极其重要。网络广告中，空间的建构主要包括实体场景空间的构建和镜头空间的转换。然而，无论是场景的设置还是转换，都是经过叙述者精心的设计安排，最终都是为了实现广告叙事活动的传播意图。

（一）实体场景空间的构建

实体场景空间，即广告创作者根据传播意图所选择或者创造出来的，用于承载广告人物活动的场所，是一种直观可感的物质性环境空间。例如广告画面中呈现的家庭、城市、街道等社会环境、自然环境、人物行为、服装道具等，观众往往会通过这些具体场景空间元素来解读广告所传达的内容。在广告叙事活动中，场景空间的构建具有很重要的作用，可以交代故事发展的必要信息，展示虚拟消费场景，刺激消费欲望。网络广告的创作者，通常会根据品牌个性与核心诉求点，从现实生活中选取典型场景，通过与人物行为、思想情感的配合，来烘托气氛，激发和引导观众的情绪。比如百事可乐为了突出"把乐带回家"的广告理念，通常会将家庭生活空间作为广告人物活动的主要场所，展现家庭场景中人物情感的碰撞。2018年《把乐带回家之霹雳爸妈》将生活化的家庭场景进行创造性重现，讲述了父子俩关于家庭与梦想的故事。影片中以蓝色作为场景的主色调，房子

---

① ［美］大卫·波德维尔等:《电影艺术——形式与风格》，彭吉象等译，北京大学出版社，2003，第80页。

里贴着大片蓝色的海报，角落里堆着蓝色的箱子，主要人物也穿着蓝色的服饰。开场就展现除夕夜吃年夜饭的场景，父母沉默地坐在圆桌旁边，桌上是父亲亲自做的菜，而儿子迟迟未归，随后利用中近景镜头，将父母的孤独寂寞的情感传递给观众。因为儿子的失约，不善言辞的父亲与叛逆儿子爆发了一场激烈争吵，由此引发爱与梦想之间抉择的思考。

值得一提的是，百事可乐特别擅长在共同的文化背景下，将受众集体记忆中的叙事场景移植到广告中，形成互文作用。2017年新年广告《17把乐带回家》，邀请《家有儿女》原班人马出演，讲述除夕夜一个新成员的出现带给家庭大震动的故事。广告模仿剧中的经典场景，配合熟悉的人物形象让观众印象深刻。2016年《把乐带回家之猴王世家》，利用《西游记》在中国观众心中的特殊地位，邀请六小龄童讲述猴王世家四代传承猴戏的感人故事，熟悉的人物形象，搭配经典的《西游记》场景画面，唤醒了国民的集体情感回忆，也加深了品牌印象。

（二）场景的转换

转场其实就是场景的转换和变化，为了使影视作品的故事逻辑更清晰，在转场时通常会使用一些特殊手法。在网络广告中经常用声音来转场，利用音乐、旁白、对白等声音元素和画面的配合自然地衔接。百事可乐广告《把乐带回家之猴王世家》中，讲述完六小龄童在剧组接到父亲来信后开始苦练眼神之后，将空间转换到六小龄童成功塑造《西游记》美猴王角色的时候，用了一段《西游记》片头曲作为转换的铺垫。经典音乐配合《西游记》画面，瞬间唤起观众对于《西游记》及美猴王的集体记忆，使他们更容易理解广告想要传达的坚守猴戏以及家族传承的真正意义。

在声音转场中，还有一种是利用声音的呼应关系来实现叙事时空的转换。比如，2018年戛纳金狮奖广告《友情万岁》中，有交流障碍的学霸女生离开自己唯一的好朋友，转学到曼谷。上一段落是学霸女孩在朋友的建议之下尝试主动与人交流，但是一直没能找到正确的聊天话题。下一段落开始的一个镜头是她的朋友趴在去往曼谷的大巴窗户上对她说："人人都关心，超级主流的东西。"镜头切换回在新学校的学霸女生，她埋头说："我不知道。"然后又切回趴在大巴上的朋友，她说："你必须知道，不然你就没有朋友了。"镜头又切到女孩，她很崩溃地大喊："你为什么不直接告诉我要说什么？"然后再一次切回朋友，朋友这才告诉她答案是"K+App"。在这一部分，镜头在曼谷的学霸女孩和她朋友之间不停地切换，实现了场景转换的目的，同时通过一问一答营造出一种时空对话感。这种戏剧性的效果呈现，也加深了观众对广告中所宣传产品的印象。

　　网络广告作为一种在互联网技术上发展起来的新兴广告形式，产生了一些有别于传统电视广告的转场方式。网络互动公益广告《生命，无法重新来过》就是通过受众的参与行为来实现场景的转换（见图四至图九）。广告开头是一辆救护车正在行驶，画面左下方有一个安全带，受众用鼠标拉动安全带的过程中，画面中场景就会产生变化，由此展示一次车祸发生的全过程，而当安全带拉到最右边，画面变成彩色，同时会出现"生命，无法重新来过，请系好您的安全带"的广告语。"中华魔力迅白牙膏"广告也采取类似的方式，在女主遇到困难时画面中弹出四种可以供受众选择的道具，只有当受众选择了中华魔力牙膏才能使影片情节得以继续。网络广告通过特殊的剧情设置吸引大量用户参与，在交互的过程中使得他们更深入地理解并接受广告中所要传达的信息，从而达到预期的传播效果。

图四 《生命，无法重新来过》网络广告截图一

图五 《生命，无法重新来过》网络广告截图二

图六 《生命，无法重新来过》网络广告截图三

图七 《生命，无法重新来过》网络广告截图四

图八 《生命，无法重新来过》网络广告截图五

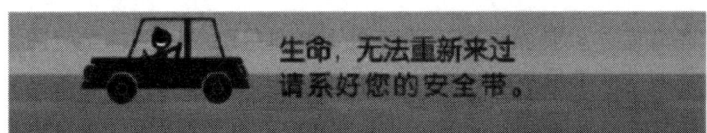

图九 《生命，无法重新来过》网络广告截图六

五、网络游戏

合理的空间建构有利于讲述不同地点发生的事件，一个完整的、具有一定叙事性的网络游戏是无法在一个空间内完成的，必定是多个空间的内容共同搭建而成。与传统叙事的空间性比较薄弱不同，网络游戏中的叙事充满了大量的空间元素，从叙事学的角度来说，它带来了一些新的空间叙事特征，并构成了重要的创作空间突破。首先，对网络游戏的叙事背景来说，游戏的模板设计非常重要。其次，在网络游戏中，空间对游戏剧情的推动与展现也能起到关键性的作用，空间是生产出来的，而不只是被揭示出来的。[①]

（一）游戏场景的搭建

网络游戏发生在一个"虚拟的空间"。网络游戏中的空间虚拟是一种带有还原性的操作，玩家将社会活动的一部分移植到网络游戏这个虚拟空间，游戏将熟悉的生活经验转化成新颖的故事形式，借助日益精细的平面绘图技术与越来越强大的三维图像处理功能，这种虚拟的故事能够再现出气势恢宏的场景与精致美观的细节，具有同现实相似甚至超越现实的"真实感"。网络游戏营造出的故事空间是虚拟的，是玩家基于在真实空间中的生活体验所建立起来的"幻境"，不是真实的三维空间。游戏创作者需要营造出一个"幻境"，让游戏中移动而不停变换外观的地形、建筑和场景达到日常生活中不可能的角度和视野，这样游戏玩家才能有独特刺激的游戏体验和深刻的游戏印象。

《阴阳师》手游中游戏场景就由人工场景和自然场景两部分组成，其中一部分新的游戏场景是设计师基于现实生活的想象构建。《阴阳师》手游的场景是在这一基础上，尽可能逼真地还原平安京时代的自然风貌和人文建筑。意图通过这种立体动态的场景模拟，来呈现和营造《阴阳师》手游所

---

① 李璐：《电子游戏的叙事美学研究》，西南大学，2017年。

打造的妖怪文化的独特氛围。该游戏借鉴日式和风元素，同时，也在场景配置上大量融入中国传统文化的意境。

图十　《阴阳师》网络游戏截图

（二）游戏场景的转换

网络游戏在进行空间转换的过程中会借助音乐和动画来实现动态的转场，场景上的设置与转化可以将发生在不同地点的事件进行合理而自然的串联。游戏中常常会设置人物的对话，这是模拟玩家与游戏中的NPC之间表演时的台词。玩家在游戏中点击某NPC对话时，NPC的对话框中会呈现一段文字，而玩家也会通过选择自己的回答来接受任务或者放弃任务。

如在《剑侠情缘3》的游戏世界里，有成千上万、形形色色的NPC。从各门派的师傅、领双的马副将、挖宝图任务的店小二，到长安酒店的酒楼老板、节日礼物使者等，犹如细胞般构成了丰富而精彩的梦幻世界。如其中的NPC东海龙王以对话的形式为孙悟空下达的任务——前往化生寺挑战他们的首席大弟子。在下达任务时东海龙王面前会弹出一个对话框："想要下雨还得问我们，对吧！徒儿！今化生寺门派首席公然挑衅说他会求雨，这不是抢我们饭碗么，你给为师去教训教训他。"当玩家阅读完任务之后，点击对话框右上角的"×"选择忽略任务，点击游戏右侧任务栏中的战斗即接受任务进入战斗。玩家如果选择接受任务，那么在一段刺激的打斗动画之后便会正式开始任务流程，玩家的不同选择都会产生不同的游戏场景转换，在转场打斗动画的指引和提示下，玩家能够清晰地预见接下来的任务流程，对游戏故事的脉络也有了一定的了解。

六、网络动画

所有的故事都发生在一定的空间内，在可视的媒介中尤其如此，叙述者按照故事的发展阶段，将角色置身于动画场景中，好的场景建构能与优秀的剧情相得益彰。

（一）场景的建构

受题材限制等因素的影响，泡面番中场景的建构往往十分简单，往往单纯地作为背景出现。《我家浴缸的二三事》甚至只将场景集中在浴室中，一切有趣的故事都在这个简单的场景中展现。如他们过万圣节也是"足不出户"，"偷工减料"地省略了主角龙己出浴室做万圣节南瓜的情节，"节省制作经费"的同时将故事的所有剧情集中到浴室之中，让人易于理解，符合轻松搞笑的氛围。

复杂的场景建构通常出现在长篇幅的动画作品中，场景与剧情乃至人物情感都能做到相互配合。以《天行九歌》第34集为例（见图十一），卫庄走过长廊，来到红莲公主待过的凉亭，看见红莲之前画的他的肖像，发现女孩喜欢他的小心思，这时微风起、桃花落，暗示卫庄略起微澜的心境。

图十一 《天行九歌》网络动画截图

（二）场景的转换

在动画文本中场景的切换可以用来制造悬念。叙述者有时会在一条线索讲到高潮的时候戛然而止，将目光放到另一条线索上，让受众不断思考那条线索接下来会如何发展。

场景的切换也可以缓解受众的疲劳，这种情况通常出现在"文戏"阶段。如果动画的某一集都在为后面的矛盾爆发铺垫的话，受众会感受到疲倦，直称"这集就这么水过去了"。所以有经验的动画叙述者会在第一叙述时间上安排几个围绕主线的故事线索，在一条线索较为平缓的时候，通过场景的转换切到另一条线，保证受众的观看兴趣。

场景的转换还能营造现实和虚幻自由穿梭的玄妙体验。以《全职高手》为例，它讲的是电子竞技人物经常需要在游戏和现实这两个场景中穿梭，主角即使蜗居在一家网吧内、坐在椅子面前，也可以随着手指在键盘上的高速移动，在游戏的世界里大展拳脚。

第三节　新媒体虚构影像的时空转换

巴赫金在分析小说的时空性质时指出："在文学中的叙事时空体里，空间和时间标志融合在一个被认识了的具体的整体中。时间在这里浓缩、凝聚，变成艺术上可见的东西；空间则趋向紧张，被卷入时间、情节、历史的运动中。时间的标志要展现在空间里，而空间则要通过时间来理解和衡量。这种不同系列的交叉和不同标志的融合，正是艺术时空体的特征所在。"[1] 叙事文本中的时空建构，时间和空间往往不是单独存在，而是彼此相连、交叉融合。

---

[1]　米哈伊·巴赫金：《小说理论》，白春仁、晓河译，河北教育出版社，1998，第274页。

一、网络微电影

在现实生活中，时空转换是一种无稽之谈，但是在微电影中，时空转换无处不在。微电影叙事中的时空转换可以归纳为两种方式：第一种是时空顺序，即以情节发展的时间进程来组织时空，是一种线性的叙事结构；第二种是时空交错，是一种非线性的时空转换方式，会故意打乱情节发展的顺序，进行多方面、多时空话题的讲述。

（一）时空顺序：线性叙事，自然转换

在时空顺序的影片中，一般全部是现在时态，最多有一些回忆或闪回。时空顺序是依据剧情发展的时间进程来组织时空，推进叙事。微电影中的绝大多数作品都采用了这种叙事结构，并充分挖掘和表现出特定时空的内容。获得社会主义核心价值观主题微电影优秀作品二等奖的微电影《保安日记》就是一种时空顺序，讲述了一个保安为一位女业主追回小狗的故事，女业主却批评保安追得不够快，而保安非但没有生气，反而傻笑着向女主认错，最后感动了女业主，让小狗向保安说了谢谢，这让保安体会到"在我们小区，连小狗都生活得那么幸福"。从保安追小狗，到追上了小狗还给女业主，再到保安道歉，这个过程就是按照事情发展的顺序自然地转换时空进行叙事的。

（二）时空交错：多时空对话

时空交错是指包括两种或更多的时态，是按照一定的艺术构思和题材的特性，将不同时态的时空交叉地衔接在一起。相机品牌佳能在 2009 年制作的一部微电影 *Leave Me* 构思独特，突破了关于相机和摄影故事的惯有思维模式，片中没有唯美的画面、艳丽的色彩和诱人的精彩瞬间，而是完全换了一种视角来看相机和照片的存在空间。男主角在整理妻子的遗物时发现了留存着妻子照片的数码相机，男主角的父亲用相机对着男主角试拍的时候，神奇的事情发生了，男主角被拍摄进相机留存的照片时空里。在老

人不断回放相机中的照片时，镜头切到了相机里的男主，男主角则在不断变换的场景中转换时空。最后镜头定格在妻子存在的时空，他毅然决然地拿出笔在手上写下"Leave me"（把我留下），告诉相机外的父亲，让他永久留在相机中陪伴他的妻子。在这部影片中，不同的时空交错在一起，通过一部相机中不同时空的照片，将剧情穿梭在多条时空线之间，设计巧妙。这种镜头将不同层面的物理空间联结在一起，目的是在观众的心目中产生一种震撼效应。创作者对视角的选择，实际上体现了一种宏观与微观都无穷无尽的时空观。

二、网络剧

早期的电视剧通过穿越、空间想象等形式将时空转换呈现给观众，台词的填补、字幕的提示以及情节的补充负责将时空具象化。

（一）平行时空的同步叙事

《白夜追凶》通过三种既平行又交叉的多元化时空叙事，讲述故事的发展，在剧中关氏兄弟过去的时空、现在破案的时空以及案件发生的过去时空三者相互交替变化，时空的转化使得影片整体的节奏紧张不拖沓。在为主悬念提供线索的同时，也为剧情发展提供了合理解释，它打破了传统的叙事模式，用分散时空叙事的方式和题材的特殊性牢牢抓住观众"窥探"的观剧心理。

（二）剧中剧的断层叙事

随着网络小说改编剧的数量增多，网络剧的叙事模式也逐渐小说化、戏剧化，除了传统的像《步步惊心》《宫》等因为事故阴差阳错穿越回古代的情节设置，剧中剧的断层叙事也与日俱增。剧中剧的断层叙事主要是指故事中的主角并未真实地穿越到异度时空，而是以一种旁观者或是上帝视角，通过撰写小说的方式代入到一个不同于当下的时空，大多会选择由现代过渡到古代，时空的转换无须借用天时地利人和，也无须额外的剧情补充，只需要在服饰、语言人物和心理上做出差异化表现。

三、网络综艺

在网络综艺节目中，为了节目创作的可看性，在叙事时空基本完成后，叙述者往往会对叙事时空进行拓展和穿越处理，在网络综艺节目中，每一个镜头都包含有时间和空间的概念，为了使综艺节目更有"综艺感"，使之增强趣味性和吸引力，叙述者往往会加入非线性叙事的结构以及受众参与创作的方式。

（一）非线性叙事结构中的跳跃时空

非线性叙事结构是与线性结构相对的一种模式，它会在叙事时故意打乱故事发生的顺序，根据人物心理、事件发展调转时空。非线性结构具有故事的零散性、时空的错乱性、人物关系的复杂性、情节发展的多轨性等特征①。网络综艺往往会利用这种灵活多变的结构，实现时空的转换，从而刺激受众的观看欲望。

在《创造101》的公演舞台中，它应该展现的是一个完整的晚会式公演舞台，完整地展现第一组的舞台到最后一组，但节目中运用了很多次的非线性叙事。例如在第六期，第二次公演的舞台中第 58 分钟，他们演出完毕后，导师胡彦斌在现场点评，说这次的舞蹈是逼着选手们加上的、她们非常不容易之后，镜头直接跳转到备采间中对胡彦斌的采访，胡彦斌："创作没有那么简单，甚至应该说是非常难的事情……"然后又跳转到了对选手焦曼婷、陈意涵的采访，焦曼婷"我想透过这一次的作品，让大家知道我叫什么名字"、陈意涵"我希望自己保持最纯粹的样子"等这样的采访。其实现场是没有这个环节的，而且她们所说的这些内容也不是在现场，是在

---

① 王维雅、赵文艳：《小说中的非线性叙事结构类型分析》，《科教文汇》2014 年第 6 期。

之后采访拍摄的，这就打乱了本身节目的一个线性结构，将之后的内容穿插进了节目当中。

在每组公演舞台前，都会先播放一段选手们在练习室中练习的环节。这其实也是一种非线性的叙事结构。这样的结构可以使节目叙事效果更加充足丰满，使每个选手在节目中的人物塑造更加立体。但这样的非线性结构也有一定的弊端，就是在当代碎片化的阅读时代，受众可能只会看其中的一小段，或者用跳跃的方式看节目。如果使用不当，很容易造成叙事结构紊乱，加大观众的理解难度，使节目缺乏连贯性。

（二）受众参与创作

1. 直接参与创作

网络综艺的优势在于娱乐性强、互动性强，网络是一个双向传播的过程，在其中的观众并不单纯是一个接收者，因此受众也可以直接参与节目的创作。例如《潮流合伙人》第二季中，受众可以去他们在成都的店铺里购物。顾客购物是这档节目非常重要的一个组成部分，决定着叙事发展的去向，这就是受众直接参与创作的过程。以及《奇葩说》中观众给现场辩手投票，同样也是直接参与创作的过程，他们的动作与现场嘉宾是在同一时空发生的。

2. 间接参与创作

网络综艺节目以网络平台为依托进行播出，因此这类节目具备网络互动性强的特点，在节目中往往会采取多种方式吸引、引导受众参与创作。在节目叙事中，受众的参与也是节目叙事的一部分。例如在《创造营2021》中，第八期节目是第三次公演，就是由观众投票选出6首歌曲的中心位，在此期间事情的发展不受节目组的控制，而是由观众自行选择决定。同时像《创造101》等这样的选秀类综艺，选手的去留都是由观众决定，受众可以在腾讯视频的App中进行投票，也可以用各种方式获取更多的票来进行投票点赞。又例如在《超新星运动会》中，观众可以把对艺人运动员的祝福进行实时发送，在节目直播中有可能被主持人朗读。这是一种间接参与创作的过程，虽然与现在不在同一时空，但也有效地决定了节目内容的走势，受众参与创作的方式相较于传统媒体更具互联网时代特征，互动性强，观众更有参与感。

四、网络广告

广告的每一个镜头都包含有时间和空间的概念，叙事时空为广告的情节开展提供内在的连续性和外在的情境。[①]在网络广告中，为了加快叙事节奏、增强作品的趣味性和吸引力，叙述者通常会对时空进行转换处理。

（一）非线性叙事结构中的跳跃时空

在当前信息爆炸的时代下，广告无孔不入，广告创作者为了使自己的作品脱颖而出，获得更好的传播效果，想方设法在叙事上做文章，在连续时空寻求短暂的跳跃。非线性叙事结构是与线性结构相对的一种模式，它会在叙事时故意打乱故事发生的顺序，根据人物心理调转时空。非线性结构具有故事的零散性、时空的错乱性、人物关系的复杂性、情节发展的多轨性等特征。[②]网络广告往往会利用这种灵活多变的结构，实现时空的转换，从而刺激受众的观看欲望。2017年泰国人寿保险广告《机会》中，开篇就借人物之口提出问题：你认为机会从哪里来呢？接着讲述女主拼命工作、为客户争取医保权益的故事，然后以插叙的方式，回顾了女主年轻时被丈夫抛弃，与孩子生死相隔，甚至无家可归、流落街头的种种痛苦经历，后来女主从苦难中振作，获得新生。整个广告叙事过程中，将女主角现在的经历与回忆相交织，在叙事时空跳跃中推进情节发展，回答开篇提出的问题。这支广告发布6天，在Youtube上播放量超过1300万，但是因为叙事时空

---

① 刘芳：《微电影广告叙事研究》，湖南工业大学，2015，第39页。

② 刘芳：《结构、情节、时空：论微电影广告叙事》，《当代传播》2014年第5期。

过于跳跃，很多观众都表示不太理解。这也说明了非线性结构的一个问题，在当代这种碎片化的阅读时代，如果这种手法运用不得当，会造成叙事时空的混乱，加大观众的理解难度，也无法突出广告的理念诉求。

（二）多时空对话

在网络广告叙事中，这种多时空对话主要表现在两个方面：一是通过技术手段，广告可以将置身于不同时空的人物并置在一起，利用富有创造力的视觉手法营造出多方面、多时空的对话感；二是多屏互动模式的运用，在广告的观看过程中通过手机与其他终端产生交互，获得一种全新的观看体验。New Balance 创意双屏广告《冠军门徒》中赵又廷与世界冠军辛普森进行了一场上海与纽约的超时空对话。广告采用双屏互动观影的方式，受众可以将视频分享给好友，两个手机放在一起可以让辛普森和赵又廷这两个版本同步播放，组成一个完整影片。广告采用第一人称叙述角度，处在上海的赵又廷和在纽约的辛普森分别从"我"的角度讲述跑步时的心理感受。单独看就是两个独白，但是合在一起又能感受到这两个独白之间的互动感与交流感。广告中辛普森像导师一样引导赵又廷跑步全过程，而赵又廷也通过与辛普森的对话感受到慢跑的乐趣。通过这种创意手法，让观众在参与互动的过程中加深对 New Balance "跑对每一步，享受每一步"理念的认知与理解。

五、网络游戏

在网络游戏中，空间通过图像呈现在玩家面前，叙事者为了改变叙事原有的节奏，增强游戏的表现力，通常玩家在靠近某一区域时会触发某一事件，事件的发生取决于玩家的空间移动，这个空间中的所有"装置"都有可能与玩家发生交互。

（一）线性叙事的递进时空

网络游戏的线性叙事是最接近传统叙事的方式，其中包括了游戏的故事背景，和游戏的情节发展过程。情节的发展方式可以分为待解决的问题、待改变的关系、待克服的障碍等动态情景。[①] 玩家在游戏中只拥有半选择性和半自由性，因为大部分的线性叙事的网络游戏都为玩家的未来游戏旅程设置了大致的发展趋势，将玩家引导到最终的结局。无论是哪个玩家进行游戏都会经历同样的故事情节，游戏中的"情节点"也是丰富故事内容的重要部分，一般是以过场动画、对话框等方式呈现，用于衔接关卡与关卡之间的承上启下，并且给玩家提供游戏故事发展趋势的信息。整个游戏的叙事时空是在游戏开发者设置的一个个"情节点"中逐渐递进的。《糖豆人：终极淘汰赛》这款游戏具有简单的叙事背景，由 60 个糖豆人去突破重重关卡，最后胜利的那一位将摘得唯一的皇冠，一层层的关卡也在某种程度上推动了整个游戏故事的进展。一局完整的游戏分为 5 个关卡，每过一关都会淘汰一部分玩家。用 3 个按钮控制人物的 3 种动作，再加上方向键控制走向，就是这款游戏需要掌握的全部技巧。即便玩家从来没有接触过这款游戏，经过一轮的游戏之后，对这款游戏的大致玩法和规则都会有一个比较完整的印象。人物角色也有其代表性的人物造型，但是人物关系之间大多是单向的、缺少互动，人物之间鲜有交流，每位游戏人物只需要突破自己面前的障碍物闯关即可。

（二）非线性叙事的跳跃时空

非线性叙事，即游戏行为选择部分是与传统叙事方式最冲突的部分。游戏行为选择会根据玩家的不同产生不同的结果，使游戏叙事有了更多的可能性和个人色彩，增加了游戏的神秘感和丰富性。玩家的行为不但直接影响了游戏内其他非玩家控制角色的状态，还能受到游戏内其他事件的影响。在手游《绝地求生：刺激战场》中，玩家在航班上可以观察地图，自

---

① 刘雨晨：《"可玩的故事"——电子游戏的互动叙事研究》，中国美术学院，2015 年。

由选择跳伞的位置，由于每场游戏中飞机的航线都是不一样的，所以可供玩家选择的跳伞位置也不同，比如说在海岛地图中，第一把游戏里玩家可以选在"军事基地"上空跳伞，而第二把游戏里玩家可能最远只能在"小渔村"跳伞。喜欢刺激交战的玩家会选择热门的跳伞地点，进行物资的争夺，而比较保守求稳的玩家则会选择跳伞，降落在偏远的野外房区。同时游戏内还设置了大量的随机事件，比如说随时会有轰炸区产生，玩家路过时可能会被意外"炸伤"，这都增加了游戏结果的不确定性。整个游戏叙事过程是在野外、海上、房区刺激对决中交织展开，并且不能提前预知最终的决赛圈在哪个区域以及哪个区域会获得游戏胜利。

六、网络动画

时间与空间是共生的，动画中叙事空间的转换必然包含着时间的变化，或是正向的故事时间的自然变化，或是带有时间跳跃的倒叙或者预叙。每部动画作品的叙事风格不同，时空转换的方式也会有所变化，大致可以分为共时的时空转换和历时的时空转换。

（一）共时的时空转换

这里所谓的共时并不是完全意义上的同一时间，而是大致发生在同一时间段的几个互相关联的场景切换。一般而言，故事的架构越大，共时的场景越多，对叙述者的要求就越高，叙述者必须合理安排，才能恰到好处地把场景安排得合适且合拍。情节的展现依靠人物的表现，场景的切换实际上是发生在不同角色身上的情节切换。比如《天行九歌》的59集，涉及四个场景的叙述：紫兰轩中张良与八玲珑的对峙；韩宫后宫韩非与明珠夫人的较量；四王子宫中盖聂、李斯与四王子的暗斗；新郑市井卫庄和墨鸦、白凤的打斗。这四个情节基本上同时发生，每个场景的情节发生到一个小高潮，就会切换到另一个正在向高潮发展的场景。以这集中的一个转场为例，明珠夫人身为韩王妃子，却利用奇门之术将韩非引入她的宫殿，同时邀请韩王赏月，意图栽赃嫁祸。在韩王到来之前，明珠夫人问韩非："（你）这样的行为，该判什么罪呢？"韩非明面上处于劣势，却仍答道："我看在十恶之罪上，还要罪加一等。"明珠夫人："哦？"韩非接着说："笨，也是一种罪，我说的笨，是指夫人你啊。"主角所处情境的颓势与其态度的强势形成对比，让人好奇他为何说出"笨的是夫人你"这句话。接着把场景转换到"新郑市井卫庄和墨鸦、白凤的打斗"，让受众把疑惑放一放，先看故意拖住卫庄脚步的墨鸦、白凤二人如何施展武艺，不觉又被精彩的武打环节吸引眼球。叙述者利用时空转换的技巧，在调动观众兴趣的同时稳扎稳打讲好故事。

在动画中很少有永远平行的情节线索，它们都为同一个以主导角色为主线的情节线索服务，通常会交汇，构成下一次承载剧情的场景。

（二）历时的时空转换

所谓历时的时空转换就是场景切换，不仅代表空间的转换，而且场景对应的时间也与第一叙事时间有所不同。有些动画作品偏好这种情节组织方式，往往整体故事时间跨度较长，需要通过时空转换的方式将前情倒叙出来。如《狐妖小红娘》，从全局看，这部动画讲的是身处现代的涂山苏苏和白月初助转世的妖和人再续前缘的故事，但主导每个章节剧情的却另有其人，他们有自己的故事，叙述者会花大篇幅讲另一个时空发生的故事，在这个故事中甚至包含更怀旧时空的故事线索，被"狐妖"的受众戏称为"回忆的回忆"。

第六章　新媒体虚构影像的叙述语态

　　叙述语态是关于话语的陈述主体（即说话者）的研究。热奈特认为：语态即"言语行为与主语的关系"，这里的"主语"不仅指完成或承受行为的人，也指转述该行为的人，有可能还指所有参与这个叙述活动的人，但语态关涉的根本对象是叙述主体。值得指出的是：叙述主体并不等于写作主体，叙述者与作者、叙事的接受者（受叙者）与读者也不相同。热奈特指出："如果是历史性记叙或真实的自传，这种混淆也许情有可原，但如果是虚构的叙事作品，这种混淆就不合情理了。"[①] 因为在虚构性作品中，叙述者本身就是一个虚构的角色，即使它由作者直接承担。研究叙述主体的依据是他（她）在其所生产的叙述话语（文本）中留下的痕迹。[②] 叙述语态是叙事文本中的叙述者的语言态势，叙述者化身创作者的代言人在文本中履行故事讲述的职责。

　　"语态就是用不同的动词形态去选择事件的不同片段和表达事实不同的侧面，叙述者既有选择呈现多少的权力，又有取舍叙事视角的能力，这种叙事过程中呈现出的机能或形式就是叙述语态。"[③] 叙述语态是叙述者与受众的对话形态，体现叙述者的立场、视角和态度等。叙述语态一般包含叙述人称的运用、语言风格和互动方式的整体态势。根据选择不同的叙述人

---

① 热奈特：《叙事话语·新叙事话语》，中国社会科学出版社，1990，第 149 页。

② 陶东风：《文体演变及其文化意味》，云南人民出版社，1994，第 237 页。

③ Gerard Genette. Mood. from Narrative Theory: *Critical Concepts Literary and Cultural Studies*. Routledge Taylor &Francis Group. 2004(225).

称，能够反映叙述者与受众之间的亲疏关系，叙述者的语言风格能够呈现创作者的主体意识和情感传达，互动方式的选择是叙述者与受众对话的重要途径。在新媒体虚构影像作品中，创作者更加重视作为接受主体的受众，因此，在虚构影像文本中的叙述者被赋予更大的权力，叙述者在文本中的参与性和互动性更强，试图与受众形成更加深入的对话交流。

第一节　新媒体虚构影像的叙述人称

叙述人称是叙述者在故事叙述过程中的立场和角度的选择。叙述人称决定了叙述者以什么样的身份参与到叙事过程中，以何种角度、多大程度地参与叙事。"不同的叙述人称身份的确立，给叙事带来讲述故事的不同范围、不同语气、产生不同的可信度。"[①] 一般而言，采取第一人称叙述的叙事更具有亲切感和代入感，第三人称叙述更加具有客观性和真实性，第二人称叙述在叙事文本中相对比较少。

一、网络微电影

电影叙事人称是一个重要且微妙的问题，叙事人称运用得好，电影行云流水、引人入胜，但如果运用叙事逻辑不当，则可能影响观众对电影的欣赏与理解，甚至会影响影片的叙事逻辑。[②] 在微电影中，叙事人称也是一个至关重要的问题。不同的叙述人称在同一文本中的应用会导致不同的文本张力。微电影的叙述人称可以分为三类：第一人称叙述、第三人称叙述以及复合人称叙述。

[①] 黄昌林：《电视叙事学》，电子科技大学出版社，2003，第 314 页。

[②] 刘立荣：《浅析叙事人称运用不当对电影叙事逻辑的影响——以电影〈无人区〉为例》，《东南传播》2014 年第 11 期。

(一) 第一人称叙述

第一人称就是以当事人的口吻来叙述，叙述的事实是"我"的所见所感。申丹认为，"第一人称在回顾性叙述中有着特有的双重聚焦，一为叙述者'我'追忆往事的眼光，另一为被追忆的'我'正在经历事件时的眼光。这两种眼光可体现出我在不同的时期对事件的不同看法或对事件的不同认识程度，它们之间的对比常常是成熟与幼稚、了解事情的真相与被蒙在鼓里之间的对比。"[①] 第一人称叙述给观众提供了揣测和质疑的空间，而"叙述者"不必为叙述的"可靠性"做出任何承诺，完全都是基于自身的真情实感，从而使得原本封闭的文本更具开放性，产生了独特的文本张力。

由 Philip Sansom 和 Olly Williams 2008 年导演的英国微电影 *The Black Hole* 中，叙述者"我"就是正在加班的男主角，加班到深夜，深感生活的不易，在这时发现了可以穿过物体的一个黑洞，然后开始展现自己内心的贪婪，想要利用黑洞去拿保险柜内的现金。全片没有台词，但是通过主角的表情变化和视角变化可以知道人物的内心变化，慢慢揭露了人性的贪婪和欲望。

微电影《三克拉的梦想》也是以第一人称叙述，呈现了主人公小男孩通过细节动作带我们进入他内心的梦想世界。在水边追逐落水乒乓球的一波三折，在捐赠乒乓球时小男孩对乒乓球和"球拍"依依不舍的神情，迟迟不肯松开的手，这些细节都是小男孩的真情流露。以第一人称坦诚直白地叙述当事人的内心感受，很容易引起受众的情感共鸣，戳中泪点。

(二) 第三人称叙述

在叙述视角中，第三人称视角又称上帝视角，这个视角所知道的信息比故事中任何一个人物都多，像个万能的上帝无所不知。在微电影中，第三人称叙述一般以旁白的方式来实现，叙述者为事件的第三者客观全面地观照事件的发生发展。恶搞微电影的鼻祖《一个馒头引发的血案》采用的就是第三人称叙述，叙述者站在一个旁观者的角度叙述整个案件经过，在

---

① 申丹：《叙述学与小说文体学研究》，北京大学出版社，2004，第 309 页。

故事开始时，叙述者将案件背景概括为：

"一个小小的馒头，引发出一场惊天血案。本该是天真无邪的儿童，却因为一件小事造成了人性的扭曲。是什么使他的心理承受能力如此脆弱？公安特警奉命抓捕犯罪嫌疑人，但却始终未能完成任务，这又是为什么？案情扑朔迷离，真相直到最后一刻才大白于天下。"

背景交代清楚之后叙述者就开始讲述案件的具体进展，使用第三人称叙述可以引导观众按照叙述者的逻辑观看整个事件，在必要环节会给观众设置悬念，让叙述更加引人入胜。

（三）复合人称叙述

许多微电影的叙述人称一般是以上两种类型中的一种，但也有不少的电影运用了多个叙述人称的方法来建构微电影。多个叙述人称叙述就是复合人称叙述，最常使用的就是将第一人称叙述和第三人称叙述结合。韦恩·布斯曾经说过，"选择使用第一人称有时会产生过分的局限，在'我'能够得知不可能得知的情况时，作家的故事变得不可信了"。的确，第一人称叙述会使故事带有很强的主观性，这时候结合第三人称叙述，以一种客观陈述式的解说可以增加故事的真实性。

微电影《杨妮妮与李娇娇的双重生活》中，前2分钟左右的旁白都是在快速讲述故事情节："2012年11月11日，大一学生杨妮妮在下午1点34分的时候正坐在海的故事咖啡馆里靠窗第二个桌子旁，等待着爸爸未来伴侣的到来，让杨妮妮没有想到的是，一段奇迹般的生活正向自己迎面扑来。杨妮妮的爸爸，45岁，单身。杨妮妮暗自决定在网络上给爸爸找一个温柔体贴的靠谱女中年。妮妮发现，爸爸与'冰可可'的系统匹配度达到了99%。于是在擅自帮爸爸网恋了两个月之后，妮妮发出了见面邀请……"

影片开始的旁白交代了事情发生的起因，而在旁白之后就是电影的两个主角对话了。结合不同的人称进行叙述达到了更好的表达效果，既奠定了影片的一个叙事基调，又更容易表达人物的主观情感和影片的主要思想。

二、网络剧

网络剧中的叙述人称就是人物角色在剧情发展过程中的立场和角度，选择从什么角度展开叙事，如何带领受众了解故事发展的过程。

（一）第一人称叙述

个人视角带有强烈的主观色彩，作为故事进程的体验者，目睹事情发展的全貌。《庆余年》中剧情以男主撰写的小说展开，男主作为故事发展的主导者，以第一视角讲出许多内心独白，其内心活动在剧情的发展中占比很大。这部分内心活动将主角范闲与其所处时代的人物区别开来，提示这是一部带有穿越色彩的网络剧集，主角的一切反常行为都情有可原。《太子妃升职记》中女主张芃芃也是穿越到古代，又是男儿心女儿身，其内心活动也较为频繁，语言、行为都具备现代人的特征，为剧情增添了喜剧的色彩。

（二）第三人称叙述

网络剧中的参与者并不局限于次要人物，可能是故事发展中的焦点人物。《庆余年》中的范闲不仅是叙述主导者也是参与者，是故事发展中的焦点人物。一切故事的线索、人物的行为以及情节的推动都由范闲而起。《摩天大楼》中的女警官杨蕊森虽不是钟美宝被杀案的经历者，但通过和李茉莉、保安、保洁阿姨等相关嫌疑人的对话，间接见证了钟美宝悲惨的人生经历，一场悬疑案件背后的人物间的故事也悉数登场。

三、网络综艺

叙述人称是叙述者为了表达内容和目的所选择的身份，呈现了叙述者的立场、态度以及与受述者的关系，同时也为受述者确定了一个故事叙述过程中的身份。在网络综艺中，叙述人称以第一人称为主。第一人称是一种直接表达的方式，所叙述的都是亲眼看到的、亲耳听到的事情。第一人称便于直接表达创作者的思想感情，能使受众有一种真实、亲切的感觉。网络综艺节目分为第一人称叙述以及混合型人称叙述两种。

（一）第一人称叙述

第一人称叙述，是以当事人的口吻进行叙述，以"我"为叙述中心，所叙述的内容均为"我"之见闻、思考和感受。"我"可能是故事的主要人物，也可能只是从"我"的角度讲述与"我"有关的其他人的故事。第一人称叙述通过一种类似讲故事的方式，更容易让受众理解，产生一种强烈的真实感和亲近感。

在《吐槽大会》这种脱口秀类的网络综艺节目中，尤其擅长用第一人称的叙述来表现，例如在《吐槽大会》第三季第四期中嘉宾李雪琴的第一句话就是"各位朋友大家好，我是李雪琴"，从这开始，就奠定了她的讲述是从她自己出发，以第一人称为叙述人称，紧接着她又说"我想结婚，每次跟别人说我想结婚，人家都特别诧异，问我为啥"，从这开始体现着这是以她自己为讲述中心的、以婚恋为主题的脱口秀，以这种人称表现的叙述方式，更具有真实性，很容易引起受众的情感共鸣。

（二）复合人称叙述

网络综艺中，大多数情况下都是以单一的人称叙述贯穿整个故事，但是有时候也会出现多种人称叙事，这种人称形式的表现是在同一文本中以"我""你""他"三种或其中两种人称形式同时出现，表现出一种立体式的叙述结构。

在《吐槽大会》第三季中，双胞胎颜怡、颜悦共同在台上演讲，在第六期中，她们经常用"我们"来讲述，同时也会用到"你""她"。在讲述她们逛一家服装店时，姐姐说"至少她还可以穿进去，我都穿不进去"，妹妹说"我觉得这家店穿不上的你就不要让进了嘛。你的门就不能重新设计一下吗，你就把门设计成一个只有 BM 女孩可以钻的高压电网"。在这期节目的叙事话语中，融合了三种人称叙述形式，使节目更加立体。

四、网络广告

叙述人称是叙述者为了表达内容和目的所选择的身份。在广告中，不同叙事的人称会呈现出不同的叙事风格，也会影响到广告的传播效果。目前，网络广告的叙述人称一般有第一人称、第二人称、第三人称和复合人称。

（一）第一人称叙述

第一人称叙述，是以当事人的口吻进行叙述，以"我"为叙述中心，所叙述的内容均为"我"之见闻、思考和感受。"我"可能是故事的主要人物，也可能只是从"我"的角度讲述与"我"有关的其他人的故事。第一人称叙述通过一种类似讲故事的方式，更容易让受众理解，产生一种强烈的真实感和亲近感。第一人称叙述手法较多地运用于感性诉求类广告，大多是将情绪的渲染和品牌理念结合，满足消费者的情感需求和符号价值需求。

叙述者作为当事人，从自己的角度出发去讲述"我的故事"，以及整个故事发展过程中叙述者内心情感变化。泰国人寿保险广告《哑巴父亲的爱》中采用这一叙述手法，叙述者"我"也就是故事中的女儿，因为有个聋哑父亲，受同学欺负和歧视，然后开始埋怨自己的父亲，漠视父亲的爱。开头几个镜头和几句自言自语式独白表达"我"内心的苦痛，以及对哑巴父亲的厌烦：

> "我想要一个更好的爸爸，一个不是哑巴的爸爸，一个和别人一样的爸爸，一个可以听见我心声的爸爸，一个可以说话能理解我的爸爸。"

以第一人称坦诚直白地叙述当事人的内心感受，很容易引起受众的情感共鸣，引发其对广告所倡导的亲情观念的思考。

（二）第二人称叙述

与文学叙事作品中很少出现以"你"的第二人称不同，广告尤其是在网络广告中，第二人称叙述的手法运用得比较频繁。在网络广告中，第二人称叙述的"你"通常并不指代具体的某个人，而是指代目标受众。使用第二人称的广告，主要人物往往只有一个，他们大多是具有影响力的社会名人，通常采取一种直面镜头的方式，与受众进行面对面的交流。第二人称叙述方式的使用迎合了受众的心理需求，缩短了广告方与受众的距离，营造一种双向交流的互动感与对话感，因而在一定程度上增强广告的说服力和传播效果。2017年京东小金库广告《你不必成功》采取的就是第二人称的叙述手法，在背景音乐和画面营造的平和温馨的氛围中，用几十个"你不必"告诉受众，不要用别人的成功来定义自己，要努力去追寻心中所想，更重要的是在追寻自我的道路上，京东小金库会一直在背后默默支持你。

"你不必把这杯白酒干了，喝到胃穿孔，也不会获得帮助，不会获得尊重。你不必放弃玩音乐，不必出专辑，也不必放弃工作，不必介意成为一个带着奶瓶的朋克。你不必在本子上记录，大部分会议是在浪费时间，你不必假装殷勤一直记录。你不必总是笑，不必每一条微信都回复，不必处处点赞……"

（三）第三人称叙述

第三人称叙述，叙述者站在旁观者的角度叙述故事发展，他可以是冷静客观的，也可以带有自己的个人情感倾向去讲述故事。这种叙述方法因为没有视角的限制，具有很大的自由性，可以采用任意角度、任意时空来表现主题。第三人称的叙述手法在网络广告中十分常见。比如在支付宝《郑棒棒的故事》中，采用了第三人称叙事，叙述者站在一个旁观者的视角首先介绍故事主人公的身份以及故事发生的背景：

> "他是一个挑担为生的棒棒，正面临一个巨大困境，一边是
> 妻子发病住院，急需用钱；一边是货主遗落的两袋货物，价值
> 万元，已经五天，他从早到晚都在寻找这两包货物的失主。"

然后叙述者开始讲述故事的缘起，在他充满感情的叙述中，观众看到一个家庭困难的棒棒，在与货主走失之后，信守承诺，花了12天终于找到货主。广告中第三人称的叙述串起了整个故事，结尾处叙述者发表观点"他用肩膀挑起自己的生活，也用心担负每一次承诺、每一份托付"，升华了广告主题。这则广告通过故事的讲述，打动了受众，同时也将支付宝"知托付"的品牌理念传递给了受众。

（四）复合人称叙述

网络广告中，大多数情况下都是以单一的人称叙述贯穿整个故事，但是有时候也会出现多种人称叙事，通过镜头身份的变换，将不同叙述人称结合起来共同表达广告的主题。其中较为常见的是将第一人称与第三人称的表现手法结合，一方面利用第一人称情感渲染的优势来传递品牌理念，一方面又利用第三人称的客观叙述为故事情节和主题作生动的注解。农夫山泉二十周年广告《一个人的岛》采用的就是第一人称和第三人称结合的方式。广告开篇用第三人称旁白，介绍故事的主人公徐忠文身份、职业等信息：

> "他叫徐忠文，是农夫山泉千岛湖取水口的守护员。他的工
> 作就在千岛湖中，这座宽度不足三十米的小岛上，确保供水的
> 正常。"

之后镜头开始切到徐忠文身上，叙述也转换成了第一人称，由老徐亲

口讲述他在千岛湖的生活以及他与农夫山泉的故事。整个故事就是在第三人称旁白和第一人称的人物采访中切换，两个叙述方式相互配合、相互补充，向观众传达着广告的核心理念：每一个员工的坚守，成就了农夫山泉二十年的品质。

五、网络游戏

叙述人称为受述者确定了一个故事叙述过程中的身份，叙述人称决定了受述者能多大程度参加到叙事当中来，以什么样的身份参加叙事，当然也影响受众对叙事的接收效果。[1] 第一人称叙述与受众距离近，主观性色彩强。第三人称叙述与受众距离远，则更为理性。

（一）第一人称叙述

在网络游戏中，第一人称是一种直接表达的方式，不论创作者是否真的是游戏中的角色，所叙述的都像是创作者亲身经历或者是亲眼看到、亲耳听到的事情。第一人称不仅便于直接表达创作者的思想感情，更能使受述者产生一种真实的感觉。第一人称的叙述手法在角色扮演类游戏中运用广泛，因为游戏者进入游戏世界后是通过扮演某种角色，如选择成为游戏里的战士、弓箭手或者魔法师，通过自己的努力获得相应收益，提高游戏等级。第一人称叙述能够使得受述者，产生较高的沉浸感，满足受述者的情感需求，同时可以进行身份试验和自我探索。

事件当事人的第一人称叙述是叙事中常见的叙事方式，它是从事件当事人自己的角度出发，去探析事情发展的来龙去脉。腾讯游戏代理发行的全新次世代角色扮演手游《龙族幻想》，该名字来源于小说《龙族》，原作小说讲述了玩家扮演的角色，从极地的事故中被 EVA（《龙族幻想》中的角色）救下，加入卡塞尔学院，从此踏上了与龙族争锋的征程。玩家扮演的

---

[1] 邓秀军：《纪录片叙述者的主体性研究》，华中科技大学出版社，2013，第148页。

人物性别、职业在需要游戏开始时进行选择设定。游戏包含男、女两种性别，三种身材，四个职业，玩家必须从中选择一个创建角色进行游戏。职业包含双生、执行者、猎鹰、村雨四个，每个职业都有其特点与独立技能。"黑天鹅港"是《龙族》小说中的重要地点，关联了很多不为人知的秘密，它同时也是主角们的诞生之地。当玩家行走在黑天鹅港的雪地上，可以从海边看到一跃而起的巨鲸，在林间看到稀稀疏疏的日光，天空上还会时不时地散落一粒粒雪花，打在NPC与四处奔忙的主角身上。当与NPC近距离交流时，看到通红的脸蛋与冻结的白气，一时间竟觉得他们好像真的是生活在这片区域上的"人"。

以第一人称叙述能够更好呈现该游戏中主角的人物特性、他（她）们具备哪些不同的能力，游戏剧情有哪些转折点也能轻松得知。

（二）第三人称叙述

第三人称叙述是指叙述者从整体角度入手去把握事件，在故事的叙述中会减少主观色彩的使用，这种叙述方法中叙述者的主要任务就是对事件主导者传递的信息进行判断、归纳、总结和吸收。在回合制策略游戏《云顶之弈》中，开局就是一个叙述者以一个旁观者的视角介绍八位主人公的身份，每个主人公扮演游戏里的一名小小英雄，如：怒角、河灵、河流精怪、德玛西亚银翼等。通过鼠标点击小小英雄，控制小小英雄在地图上的移动轨迹，从而在棋盘池里争夺自己想要的棋子。这一开始环节在游戏中被称为"选秀"，如果主人公成功拿到自己想要的棋子，那么对于改变战局走势是有一定帮助的。在游戏前期，棋子争夺是同时开始的，拿到想要的棋子有利于确定游戏前期的优势。在游戏中期，在八个人当中排名较为落后的玩家则拥有优先选择棋子的权利，排名靠前的玩家则是等待排名靠后的玩家选完棋子以后，才能进入到棋池当中。可以说，《云顶之弈》的棋子"选秀"环节是该游戏的一大趣味所在，叙述者以一个上帝视角观看每个小小英雄在地图上的移动路径，不带有任何个人感情倾向地讲述故事，每个主人公的故事结果都是客观地呈现。

图十二 《云顶之弈》游戏截图

六、网络动画

叙述者在叙述的过程中使用不同的叙述人称会带来不同的效果，第一人称的叙事和受众的距离更近，会使得叙述更为生动，第三人称的叙事较为复杂，更适合描述复杂的角色关系和剧情。在动画中为更好地展现故事本身，两种叙述人称叙述者都需合理使用。

（一）第一人称叙事

动画中的第一人称叙事可以作为整个故事的补充，它可以使受众和角色的距离更为接近，仿佛故事中的人物就在和受众聊天，而不是通过他人的转述。在动画中采用第一人称叙事，势必要模仿叙述角色的口吻，值得注意的是，这种角色的叙述是带有主观性的，不一定和客观的整个故事相吻合。以《秦时明月》第四季第20集到第22集为例，赤练因为和胜七打斗失利陷入昏迷，想起了在故国韩国发生的往事，由此，从动画整体的第三人称叙事转向第一人称叙事。赤练说道："那一年，我刚到了懂事的年纪，在我全部的人生中，真正的快乐屈指可数，直到，我遇见了那个人，如果没有他，也就不会有后来的我。"以此为开篇，赤练挑选了自己记忆最深刻的部分，极富感情地道出了少年时代和卫庄的故事，在故事中，红莲一反

"秦时"其他剧集中的毒辣，显得骄横又清纯，形成鲜明的对比，让受众充分了解该角色性格的多面性。

（二）第三人称叙事

在动画叙述中，采用第三人称的叙述非常常见。虽然这种叙事方式会让受众与角色的距离变得较远，但是却很方便叙述者的调度，而且稍微让受众和角色保持距离反而易于使受众感受到角色表现出来的魅力，受众也会在自我对角色的理解中获得满足感。比如《秦时明月》中的少司命，她是一个具有极端性格特点的人物，从未说过话，但阴阳术法高超，让人忍不住猜想她的来历以及她的所思所想。

第二节　新媒体虚构影像的语言风格

影像视听语言具有独特的表意体系，主要由画面与声音两部分组成。画面由光线、景别、拍摄角度以及镜头运动等诸多因素而产生不同的画面构图和成像效果，加之镜头的组接和剪辑带来了画面丰富的信息量和叙事意义。声音由人声（对白和旁白）、音乐、音效等构成，音乐和音效的使用，往往能够调度叙事节奏和受众情绪。新媒体虚构影像的语言风格叙事主要通过画面和声音的运用来实现，呈现出视听元素的丰富多元、富有解构性和符号化等后现代风格特点。

一、网络微电影

微电影种类多样，可以分为以下五类：广告微电影、宣教微电影、艺术微电影、恶搞微电影、科普微电影。微电影的语言风格多变，不同类型的微电影有着不同的语言风格。

（一）简洁响亮的语言风格

广告微电影的语言风格简洁且具有记忆点，目的是为了让观众观看完毕后印象深刻。广告微电影由于有商业资金的进入，一般都是要求著名导演或者是专业的电影导演执导，主创团队也都是成熟的专业人员，因此作品都比较"高大上"，台词也很讲究，要求贴合品牌理念。宝马集结8位国际一流的电影大师，分两季打造了8部基于网络平台推广的成熟微电影广告系列片 *The Hire*，开篇的台词就是"距离由自己掌控，或左或右，若即若离，不远不近。追踪，需要耐心、洞察力、把握时机"。在之后的镜头里宝马车的性能被完全自然地融进短片的追逐场面中，品牌文化也在各个故事情节中被展示得淋漓尽致，让观众对"用诚恳制作经典"的品牌精神产生认同。

（二）严肃正统的语言风格

宣教微电影较为正式、严肃，是为了宣传影片背后所蕴含的主流价值观。微电影《保安日记》通过保安的日记，把一位保安的思想情怀提升到很高的境界。片中，保安的台词"在我们小区，连小狗都生活得那么幸福"、"那天我第一次体会到作为一个保安的责任感和尊严"等都体现了平凡人物不平凡的思想，官方意识形态被强行植入人物心理世界，幻化成人物的内心世界。

（三）抽象隐喻的语言风格

艺术类微电影塑造了自身独特的电影语言风格，这种电影语言风格的探索过程是充满"艺术"气质的。法国微电影《调音师》其中有句台词"这世界上不是偷窥癖就是暴露狂"，将主题限定在主人公装"盲"这一具体动作之上。事业的挫败让主人公选择用"盲"来回避灰暗的人生。装"盲"之后，他似乎找到了一片自由的领地，可以随心所欲又不为人知地"看"这个世界，但这种隐匿的"看"并未给他带来长久的幸福。[1] 对于这句话其

---

[1] 杨晓林：《微电影艺术导论》，中国电影出版社，2015，第152页。

实全片都进行了看似抽象实则具象的阐述，上升到哲学的高度，这句话阐明了人作为人的两种属性，窥探和展露。

（四）诙谐颠覆的语言风格

恶搞微电影的语言风格较为自由，台词无厘头，且网络热词较多。以被称为"2013网络第一神剧"的《万万没想到》为例，影片中的台词"我的生涯一片误会，我想起那天夕阳下的奔跑，那是我逝去的青春"、"升职加薪，当上总经理，出任CEO，迎娶白富美，走上人生巅峰"、"想想还有点小激动呢"等都是网络流行语。《一个馒头引发的血案》中，在介绍张经理的妻子时说道："画面中的这位女子是圆环套圆环娱乐城中一位著名的服装模特，平时的工作就是不停地穿衣服和脱衣服。"对电影画面配上无厘头的解说语，把自己的褒贬态度寓于其中，达到了消解原片的目的。

（五）严谨趣味的语言风格

科普微电影的语言比较严谨，但是风格多样，有的科普微电影语言风格严肃正式，有的又充满趣味性。优秀的科普微电影在注重原创内容开发的同时，巧妙地借用包括比喻、拟人、夸张、排比等常用的手法，寓科普于娱乐。

二、网络剧

影像语言既包括声音语言也包括画面语言。声音语言中既包括剧中角色的话语、配乐、声音特效，还有极个别的画外音提示，气氛上调节剧情发展。画面语言则在悬疑剧和古装剧中表现比较突出，服化道、画面色彩、镜头语言、视觉符号的运用等。

（一）视听符号的丰富与多元

由于传播平台的变化，网络剧中的视听符号也随之丰富多元化，景别的选择倾向中近景，字幕使用与屏幕话语变得日益重要。《隐秘的角落》第三集结尾部分张东升通过字迹发现是朱朝阳写的恐吓信，等到张东升找到朱朝阳、严良一行人时，短暂地配以轻快的音乐；《延禧攻略》中大到宫廷建筑、亭台楼阁，小到妃嫔头上的"绒花"头饰，每只耳朵上佩戴的三只耳坠，无不彰显着灵动又不失典雅的东方之美。借助电视剧独特的镜头语言，外国受众在感受画面语言的同时，对于中国古代悠久深厚的历史文化建构起鲜明深刻的感性认知，进而产生了渴望近距离接触故事中的历史人物，了解故事背后的文化传统的主观愿望。

(二) 小剧场模式诞生

小剧场的播放模式是近几年来爱奇艺、腾讯等视频内容平台深耕的沃土，爱奇艺的迷雾剧场采取 Netflix 等流媒体的剧场模式，将剧集以小剧场的形式展现，每个剧集以周播的模式进行叙述，《隐秘的角落》中每个剧集的开头提供部分线索、总结关键词，故事围绕关键词展开。整部剧拆分为十二个小章，分别为"警告""少年宫""交易""妈妈""日记""苍蝇""局外人""台风""张叔叔""台风""燃烧"，通过字幕展示。

(三) 画面语言的运用

网络剧中画面语言的运用表现在画面色彩、布景、摆件等元素的设计和调度。《摩天大楼》开篇，杨颖饰演的钟美宝就在床前死去，房间灯光昏暗，主角一席白衣，在偌大的房间内显得凄苦，奠定了悬疑的基调。在审讯阶段，多采用近景、特写等镜头，冷色调为主，精准捕捉说话人的神情变化，李茉莉在回忆自己的经历时谈及社会里的重男轻女，以及保洁阿姨告诉钟美宝打人是犯法的，告诉钟洁会帮助她时，画面切到近景，担忧、不解、无奈的神情一览无遗。全剧的画面色彩基调定格在一个偏红棕的昏暗的暖色系，仿佛预示了人物角色们悲痛、挣扎、纠结和痛苦的经历，也预示了以钟美宝为代表的女性们生活现状的悲苦。

三、网络综艺

在网络综艺节目中，因其具有的综艺属性，娱乐化的叙事风格主要体现在音效、字幕及视觉符号上。网络综艺是互联网时代的产物，它生存于网络的语境之中，与传统的电视综艺相比它势必会呈现出网络化的特点。为了更加吸引受众的注意力，通常会用生动形象的方式来实现。

（一）声音语言

音效在网络综艺节目中起到了烘托氛围、渲染情绪，拓展信息传播的感知渠道和接受渠道。这里所提到的声音语言，包括了人声、音乐和音响。

首先是人声。在一些娱乐性强的综艺节目中，适当的配合一些声音能增强节目叙事的综合效果。例如在悬疑类综艺中，人声的存在使叙事更加有逻辑性。悬疑推理类综艺节目的故事线具有强大的逻辑性，节目中的人物在参与事件的分析推理时，往往借助较为缜密的思维，并通过语言的交流来获取思路。他们聚集在一起，通过交流对案件进行回忆，通过对话对现场收集到的证据进行阐述和分享以及对疑点进行解答，最后通过集体讨论将线索串联成线，一点点逼近真相。因此，这个过程的人物语言同样也具有较强的逻辑性。

同时语气词的表达更能体现出嘉宾们的内心活动。"从语言使用的角度分析，说话人对待不同的说话对象，会选择使用不同的词汇和语气。"悬疑推理类综艺节目面对的说话对象是嫌疑人、侦探或是竞争对手、死者，所处的环境是充满了不确定性的，容易给参与的人物造成疑问和惊讶，从而发出"啊！""呀！""哦！"等惊叹的高音调语气词，用以表现出人物的内心活动。例如在《明星大侦探》中，每期的开头当嘉宾们发现npc"尸体"，都会发出"啊！""呀！""天啊！"的感叹声，尤其是鬼鬼这样的女嘉宾，这些语气词都体现了大家目睹案发现场时的惊慌失措以及出乎意料。

其次是音乐。还是以悬疑类综艺节目为例，音乐是比较注重情绪变化的，注重对犯罪事实的还原，此时的情绪基调更加偏向于紧张悬疑，音乐使用也以"凝重""恐怖""压抑"等情绪为主，音乐的情绪转换同样也相对缓和。娱乐诉求类的悬疑推理类综艺节目中出现的情绪变化较大，甚至出现完全相对立的情绪转换，其音乐风格的变化也注重与情绪变化的配合。当人物呈现的是恐惧、紧张的情绪时，会使用让人感到压抑的音乐；当人物表现出快乐的情绪时，音乐也会选用较为活泼欢快的音乐；当人物表现出难过、悲伤的情绪时，音乐也会选择煽情的配乐；当画面中的人物表现出生气、愤怒的情绪时，其音乐往往会选择快节奏，爆发力强的音乐，以增加人物的气势。《明星大侦探》第一季第四案"人鱼之泪"中，人鱼王子鬼鬼发现撒老板涉嫌购买自己家族的珍宝的证据时，表现出既惊讶又愤怒的情绪，此时音乐由最初的相对平缓变得节奏感强，紧张而又带有愤怒感。大家得知了人鱼欧和人鱼王子感人的爱情故事时，都纷纷表现出怜惜和羡慕的情绪，此时音乐使用了著名偶像剧《情深深雨蒙蒙》里的主题曲，表现了相爱的人却始终不能相见的缠绵之情。

最后是音响。音响对悬疑类综艺起到了至关重要的作用，通常可以用音响来展现出不同的时空，来体现不同的年代感或地域，使节目更加真实、观众更有代入感。例如《明星大侦探》第四期第三案"神秘来电"中，当2018 年书店中的人物，给 2000 年书店中的人物回拨电话确认情况时，后期制作通过将 2018 年手机拨出电话时发出的"嘟嘟"声，逐渐转换到 2000年电话接到来电时的"叮铃铃"声，再叠加隐约出现的"咚咚"作响的心跳声，同时配合画面的叠加效果，实现两个不同时空的转换。同时，多种音响的叠加使用更能渲染恐怖、惊悚的气氛。如《明星大侦探》第三季第十一案"又是漂亮惹的祸"中，与世隔绝的天堂岛上总是会定时传来一阵小朋友唱恐怖童谣的声音。在这段童谣出现的同时，伴随的还有电流的"滋滋"声、开门关门的声音、风声、雨声、雷声、闪电声、敲门声、电话中断声、窗户摇晃的声音，多种声音叠加使用，使得场面让人毛骨悚然，浮想联翩，更加衬托出人物的恐怖、压抑与紧张情绪，同时有力地渲染了天堂岛的恐怖惊悚气氛。①

---

① 陆春雨：《悬疑推理类综艺节目中的声音运用》，《东南传播》2019 年第 8 期。

（二）视觉符号

视觉符号是电视节目制作过程中为了增加节目表现力而采取的辅助表现的节目制作手法，它是网络时代人际交流方式的借鉴。视觉符号的运用可以使节目更加生动形象。在网络综艺节目中，视觉符号也经常搭配特效来使用。例如在《潮流合伙人》第二季 12 期的上集中第 54 分钟，大家在分别前的最后一次聚餐，刘雨昕在吃到美食时，露出了非常满足的表情，节目后期用了大头特效来放大她的表情。当节目广告商、也就是导演口中的"第六位合伙人"送来礼物时，所有人都是疑惑的，这时在所有人的头上出现了一个"问号"。诸如此类的视觉符号，可以增强画面的可看性，增添节目的趣味。

（三）字幕

在网络综艺节目中，字幕常常与一些视觉符号搭档出现，二者相辅相成，共同完成渲染气氛的任务和使命。其中花字是网络综艺兴起的一种字幕的形式，网络综艺尤其是真人秀节目是一种极其依赖后期制作的节目类型。其中，花字作为真人秀节目后期包装的重要内容，在吸引观众注意力、美化画面内容、塑造人物形象、表现节目主题等方面发挥着不可忽视的作用。花字具有解释说明，交代信息的功能，由于真人秀节目采用的是不间断全方位记录的拍摄手法，记录时间较长，但最终剪辑播出的时长有限（通常在 90 分钟左右），这就导致最终呈现的画面内容具有割裂感，缺乏整体性。因此，为了弥补缺失画面中涉及的重要逻辑信息，帮助观众更好地理解情节内容，后期制作团队往往会在相应的场景片段，添加花字文案对画面内容进行简短地解释说明，如一些交代事件发生的时间、地点、人物以及游戏环节、游戏规则等节目的基本信息。既压缩了节目的篇幅，又保证了节目情节的完整性。不仅如此，花字还具有强调细节、提示笑点、表现内心活动、构建人物形象、渲染氛围和升华主题等作用。[1]

---

① 段婷婷：《浅析国内真人秀中花字的功能与运用——以〈乘风破浪的姐姐〉为例》，《湖北科技学院学报》2021 年第 1 期。

以《潮流合伙人》第二季的第 12 期上集为例，大家的最后一次聚餐陈伟霆不舍流泪时，刘雨昕说"这应该是这一期的前情预告"，周扬青说"这是恶剪辑"，这时画面上出现了花字"饿人先告状"。在嘉宾的对话当中，并没有出现这句话，花字巧妙地将周扬青说的"恶"与"饿"联系起来，并且大家正在吃饭，也就是"饿人"的由来，花字渲染了氛围，增添了笑点，使节目更具可看性。

四、网络广告

广告是一门说服性的艺术，主要是依靠丰富多元的广告语言来表达广告概念，说服受众购买其产品或接受其价值理念。作为广告的一种新兴形式，网络广告也是如此，为了实现其传播诉求，通常会利用生动形象、具有感染力的广告语言来吸引受众的注意力，影响受众的实际行为。

网络广告是互联网时代的产物，它生存于网络文化的语境之中，因而其广告语言必然会呈现出网络化的特点。

（一）视觉形象符号化

与其他叙事文本的视觉语言相比，网络广告中的视觉语言具有简明醒目、交互性的特点。在媒介视觉化转向的背景下，视觉图像已经取代文字成为媒介信息传达的主要手段，在吸引受众眼球这个方面起着重要的作用。在网络广告中，为了能在一个较短的时间内吸引受众，广告创作者通常会将视觉形象符号化。简单来说，就是将所要表达的产品或者品牌信息提炼为特定的视觉符号，通过广告活动对视觉符号进行展示与强化，让受众在观看的过程中理解并接受符号所代表的意义，甚至可以主动参与其中对广告符号进行解码，赋予其新的意义。比如 New Balance 广告《致匠心》，就是采用这种符号化的手法。3 分钟的时间内广告交替展现了李宗盛制作一把吉他和工匠制作一双 New Balance 鞋子的过程，以此传递出 New Balance 心中的工匠精神。这个广告中的商品和品牌其实都是一个简单的符号，但是通过李宗盛的代言，New Balance 品牌符号的意义就和李宗盛所代表的细心专注的工匠精神画上了等号。

（二）广告语言流行化

广告语言流行化主要包括两个方面的内容：一是网络广告语言受到流行文化的影响，直接使用或者改编网络流行语；二是在互联网环境下，网络广告把握流行方向，广告语言受到广泛传播与应用。

现代信息社会中，广告无孔不入，消费者已经对铺天盖地的广告产生感官疲劳，单一枯燥的广告语言已经不能吸引他们的眼球，只有个性鲜明、新奇独特的广告语言才能使消费者心生好感，收到良好的传播效果。互联网语境下，时尚新颖、个性化的网络流行语在被大众创造出来之后受到广泛使用与传播。网络流行语具有生动形象、简洁明了、娱乐化的特点，而这些恰好符合广告语言的表达，因而在网络广告中经常会出现网络流行语。

你在朋友圈出售了一张闲置年卡，电梯坏了，你自嘲说今天可算运动了一次。你敷着最贵的面膜，熬着最长的夜……

雅诗兰黛持妆粉底液，油皮亲妈，抗油抗汗，整天持妆，高度遮瑕，毛孔瑕疵瞬间隐形，整天持妆无瑕！

你只要记住：我叫叶良辰，我有一百种办法让你没有头屑，资生堂惠润柔净洗发露（绿野芳香）600ml，水润保湿，柔顺秀发，鲜花芬芳，愉悦舒畅，你若是有实力，就试试！

上面三则网络广告都是通过流行语的运用，增加网络受众的亲切感，快速激起他们的兴趣，从而加深他们对广告语言及其所传达出的广告信息的印象。

对于网络广告的叙事者而言，除了要融入广告文本所存在的网络文化环境中，更重要的是要努力创造新的流行文化形式，满足受众娱乐化、个性化的需求。张家辉代言的贪玩蓝月游戏广告，一经上线就引起网友激烈讨论，"大家好我是渣渣辉""是兄弟就来啃我""装备回收不花一分钱"这几句广告语也得到网友疯狂转发，成为他们集体吐槽调侃的段子，贪玩蓝月也通过这个广告创造了一个新的流行点，让受众在轻松娱乐氛围之内记住广告品牌，使得广告的传播效果最大化。

五、网络游戏

　　网络游戏就像是一面镜子，折射出现实生活的林林总总，现实生活中的生产贸易、冒险游历、恋爱交友、尔虞我诈在网络游戏中都普遍存在，因此游戏设计者会借助虚拟技术和网络传播，对游戏世界的内容进行精心巧妙的架构，让游戏者能够忘掉现实时间的流逝，在游戏中能多停留足够的时间，使得玩家的游戏人生充满戏剧和张力。

（一）网络游戏的声音语言具有强大的娱乐性

　　从全球范围内来看，网络游戏的发展和影视、音乐、时装等大众文化发展一样，经历了从欧美发达国家到日本、韩国后再到中国这样的一个流行路径，可玩度高的游戏令人印象深刻能够经久不衰。游戏设计者为迎合观众，秉承着"无所不可为娱乐"的态度，以各种话语方式去制造"爽点"以娱乐玩家，而玩家不假思索地接纳了这一狂欢，不仅作为娱乐文化的接受者，更成为一个积极主动的文化传播者。[①]

1. 游戏人物的台词

　　目前，各大网络游戏厂商都有自己设计的游戏人物，并且制作较之以前更加精良，有许多游戏人物的设计也较为相似，网络游戏要想在激烈的市场竞争中脱颖而出，必须要牢牢抓住受众的眼球，因此游戏人物的语言

---

① 陈婷如：《网络游戏的叙事分析》，华侨大学，2018 年。

风格是非常重要的，独具特色的游戏台词能够进入到受众的记忆里，更有可能在新媒体平台上成为风靡一时的网络热词，为网络游戏带来巨大的流量资本。

《王者荣耀》的游戏语言有着强大的娱乐性，它追求简短、易朗朗上口，具备年轻化等特点，贡献了一批网络流行词。诸如"猥琐发育，别浪"、"稳住，我们能赢"等，两句话来源于游戏中给队友发的提示信号，玩家只需要点击相对应的信号图标，游戏中就会有系统女声自动播报。同时游戏设计者也为游戏中的标志性英雄设计了专属的台词，如英雄"后裔"的台词："发光的，一个就够了"以及英雄"诸葛亮"的台词："运筹帷幄之中，决胜千里之外"，这些话充满着英雄气概、语句精悍短小，是对其英雄事迹的诙谐化提炼；还有一类是增加台词的撩人色彩，吸引男性玩家，如英雄"王昭君"的台词："男朋友什么的，不是写歌的素材嘛"以及英雄"高渐离"的台词："有没有兴趣来场直达天堂的交往"。这些语言借用、增加、调整、加强、夸张英雄的原本人设，甚至改变已知的意义，把对原有意义的解构和戏谑当成目标，造成听觉冲击而去营造一种大众狂欢似的热闹场景，呈现出一种全民娱乐的景观。这些语言有标志性的记忆点，同时对于普通大众来说十分容易理解和接受，这无形中拉近了游戏和玩家之间的距离，有助于游戏在不同人群中广泛传播。

2. 游戏中的背景音乐

网络游戏本身而言就是计算机创造的虚拟世界，在这一虚拟世界当中，音乐的使用能起到画龙点睛的作用。音乐可以烘托氛围、渲染情绪，拓展信息传播的感知渠道和接受渠道，在适当的地方增加一段音乐，能够增加画面的艺术效果和感染力。环境音配合画面可以给观众带来真实感，轻音乐和画面配合带来艺术美感，共同将观众带入叙述者营造的叙事情境和叙事氛围中。由金山软件公司西山居工作室开发的网络游戏《剑网三》，历时六年打造，自2009年公测以来，不断优化但始终坚持中国武侠的风格，运用先进运算绘制手法还原中国传统武侠世界，将诗词、歌舞、古琴等多种具有中国传统文化特色的元素融入游戏中，吸引、留住了一批忠实玩家，八年来始终在国产网游中处于领先地位，成为国产网游的代表作之一。《剑网 3》门派长歌门的武器就为古琴，其部分 NPC（非玩家控制角色）的登场都伴随悠扬的古琴乐，这些配乐由名家弹奏实录，音质尚佳，让玩家娱乐时代入感更强。

（二）游戏的画面语言具有统一风格性

受众从打开游戏开始，画面设计所带来的观感决定了受众对游戏的第一印象，也是受众决定是否继续游戏的基础。UI（User Interface），指的是对软件的人机交互、操作逻辑、界面美观的整体设计，是软件面对用户的第一印象。玩家看到游戏的第一眼，大致就能感受到整个游戏的基调是怎样的。

游戏产品的设计应简单明了，符合受众的操作逻辑，游戏产品的主界面应包括个人信息、资源栏、主画面和不同的功能菜单。主色调、整体风格、文字、按钮保持一致和统一，让玩家不会产生分割感，减轻玩家的记忆负担。用设计性的向导指引，以生动的故事剧情代入，让玩家一目了然如何操作，玩家从中享受更多的乐趣，也对游戏产生更多的兴趣。

游戏中所有的原画、场景、角色模型都应严格追求统一感，从功能展现、场景铺设、界面美观、人物呈现等各方面进行精心设计，多角度完整展现游戏风格。《阴阳师》对游戏界面、原画、场景、角色都进行了精心设计，游戏运用传统山水意境加强游戏场景乃至整个游戏作品的视觉美感，游戏整体的画面质感堪比一线动漫作品。《阴阳师》画面清新，主打日式"和风"，国内市场上几乎没有同类风格的游戏画面，引发了受众的极大兴趣。日式"和风"也成为游戏传播中的重要符号，日式"和风"显然是针对以二次元爱好者为主的核心受众。

六、网络动画

动画片和其他影视作品一样，追求的是多种语言因素的融合。网络动画的语言因素主要包括画面、音乐、语言文本，只有合理应用多种语言因素，叙述者才能讲好一个故事。

（一）画面风格

影视作品大多采用实景拍摄的方式，即使是利用 CG 技术较多的真人电影也要有拍摄真人摄像这一步。相对而言，动画作品仿佛就是平地起高楼，它的所有画面都要通过电脑技术制作，这也是动画这种表现形式的自由之处，它可以按照故事的剧情走向创作出最为合适的动画场景和人物设定。动画的画面风格大致可以分为 2D 和 3D 动画，2D 更像是一幅幅平涂的插画，3D 的动画如同移动的雕塑，更有立体感。其实 2D 和 3D 的区别没有那么明显的区隔，2D 作品中经常需要 3D 技术场景构建，3D 的动画作品也需要 2D 的原画作为基础。现在有一些动画还横跨两者之间，如《侠肝义胆沈剑心》，它用 3D 的技术做动画剧集，但是通过 3D 渲染 2D 这一步，将 3D 的动画改变成 2D 的风格。

动画的画面风格还包括人物的画风、色彩和构图的使用。一般而言，题材越轻松，人物的画风越萌，色彩越趋向高明度和高饱和度，构图越简单，如左图；题材越沉重，人物更接近于真实的人，色彩的灰度越高，构图越复杂，如右图。

图十三　画风不同的画面（左为《黑塔利亚》，右为 Banana Fish）

画风在动画作品中是十分重要的，因为它是受众打开一个视频的第一印象，如果画风与受众所喜爱的不同，很可能受众会第一时间把它关掉，哪怕剧情很精彩，受众可能也没有兴趣了解。

（二）音乐风格

动画的音乐需要密切配合内容，所以题材轻松的动画音乐的风格也会比较欢脱，题材沉重的动画音乐风格比较让人郁闷。《Banana Fish》讲述了命运多舛的主角被命运不断推向深渊的故事，它的片尾主题曲《Prayer X》则讲了一个被命运拖累得筋疲力尽的人最终被信徒所杀、自己一枪崩头的故事，旋律很阴郁，主唱撕心裂肺的声线让人动容。

网络动画片主要场景的所在地与音乐风格也互为影响。如发生在东京街头的《无头骑士异闻录》，它的配乐整体上就能表达都市的喧哗与烟尘气；设定在秦汉之交的《秦时明月》的配乐充满了古香古韵。

（三）文本风格

网络动画片有整体的文本风格，这就如同作者的文风一样，虽然字句之间存在区别，但是整体的风格是趋于一致的。网络动画片的文本主要体现在人物的语言上。每个角色的语言与其自身的性格很有关联，冷酷的人话绝对不多，欢脱的人往往口若悬河，动画人物的台词都是由剧情和人物性格生发而来。为了体现人物性格，念文本的配音演员也做出了很大努力，他们要找到适合人物的声线和语速等。以《秦时明月》的卫庄为例，前两部他的配音还是男青年的中音，后来为了展现他阴鸷的性格，声音越发低沉，这样就更加适合人物性格。

（四）多种文本信息的相互配合

从上面三部分的阐述中可以看出来，一个优秀的网络动画片文本必然是将这三种基本的语言因素合理配合使用。以《天行九歌》第46集情毒相生为例，韩国公主红莲为剑客卫庄所救，卫庄却没有护送红莲回新郑，反而独自走开，放心不下的红莲追过去，发现卫庄坐在树下逼毒，便蹲下来帮卫庄把救她时中的蛇毒吸出来，卫庄担心她中了蛇毒，靠近她确认是否中毒。这时响起了《心之逆鳞》，叠加咚咚的心跳声，暗示卫庄情愫暗生，配合这种暧昧场面的还有不断飘落的树叶、忽然变粉的背景，这些因素共同表现了一个动人的场景。

第三节　新媒体虚构影像的互动方式

巴赫金的对话理论认为人类社会关系的一切联结，都是话语呈现出来的对话关系。巴赫金指出："一切莫不都归结于对话，归结于对话式的对立，这是一切的中心。一切都是手段，对话才是目的。单一的声音，什么也结束不了，什么也解决不了。两个声音才是生命的最低条件，生存的最低条件。"[①] 在新媒体时代，媒介技术的运用赋予大众更多的权利，为了与广泛受众形成对话，"以受众为中心"成为创作新媒体虚构影像的重要原则，网络新媒体文本的叙事方式已经与传统媒体大相径庭，新媒体虚构影像叙事的互动方式和机制也发生了巨大的变化。

一、网络微电影

微电影与电影相比较而言有很大的不同，微电影发布的平台主要是网络平台，由专业的团队或个人进行创作，受众可以在不同的移动终端上观看微电影。不同于院线电影有较长的制作周期，微电影制作周期短，传播是"病毒式"的方式，加之网络平台的便携性，随时随地都可以观看。在网络平台上传播也加强了与观众之间的互动交流，这种互动是院线电影无法达到的。微电影与观众的互动方式分为两种：一种是作品完成前的互动，另一种是作品完成后的互动。

作品完成前的互动是指在微电影拍摄前和拍摄过程中，制作团队可以邀请网友选择剧情，决定微电影的故事走向，或者邀请网友开脑洞以互动的方式完成剧情设置。如西门子家电 2015 年推出的《有灵感，活出彩》互动微电影，就通过这种范式征集了 10 万个网友故事脚本，最后完成了 6 部商业互动微电影作品。

另一种完成后的互动分为两种方式，一种是在影片叙事过程中通过选

---

① 米哈伊尔・巴赫金：《诗学与访谈》，白春仁、亚铃译，河北教育出版社，1998，第 112 页。

择剧情的方式，一种是以弹幕的方式进行讨论。2018 年腾讯视频联手影视明星杨幂打造的多线剧情互动微电影《乱世王者》，观众在观看的过程中需要随着剧情发展在屏幕下方做出选择，不同的选择会导向不同的结局，观众在观看时会有非常强烈的代入感和互动感。而弹幕的讨论可以满足观众表达的欲望，可以在观看影片的同时发表自己的评论，这个评论会公开展示在视频上方，具有很好的时效性和参与感，也容易引发观众的兴趣点。数字技术在影片中的大量应用带给观众最直接、最真切的感受就是其对电影语言的极大丰富和对电影时空的新创造，这无疑是电影发展过程中的巨大进步。

电影，不管是镜头语言的表现手法推陈出新，还是电影呈现给观众的方式越来越新颖独特，随着电脑技术的发展，又出现了用电脑来拍摄的新的电影，为电影的进一步发展开拓了一条新的思路。[①] 互动性一直是微电影发展过程中的重要特征，也是微电影得以发展的关键。

二、网络剧

网络剧的播出平台主要是各大网络平台，互动模式也常见于评论区、弹幕、微博等，通过实时讨论，呈现个性化的受众发言，一方面增加网络剧的热度，一方面解读、解构原有剧集中的疑点，尤其是悬疑剧。豆瓣、微博等平台的资深观众会紧跟网络剧的播出发表技术帖，解析剧中遗留或是隐晦的情节。

（一）故事与现实的关联与互动

网络剧相较于传统电视剧中的桥段具有极强的"网络互动精神"，原小说或是历史中的人物在剧中进行戏剧强化，拉近了观众与剧作的距离。《传闻中的陈芊芊》没有相对宏大的格局，穿越的历史背景下，对于男尊女卑

---

① 温海溶：《浅谈如何运用镜头语言表现时空转换》，《读书文摘》2014 年第 16 期。

的易位书写，通过女尊为上的无厘头社会体系与现实男女地位的不平衡形成鲜明的反差，利用现实女性遭遇的痛点作为剧中叙事的槽点。诸如"生不出女儿，丈夫便是罪魁祸首""又是男孩，你是要绝我们家的后"等台词，还有男性要谨记《男德》，没有上公立学校的机会，也很难进入仕途为官等映射现实社会现象的情节。

（二）观众对情节的解构与排序

网络剧中的情节脉络和故事发展具有一定的叙事逻辑，观众在此基础上的解读也具有语境化和情境化的影响，一方面受限于受众自身的文化语境和背景经验，一方面对于原有情节解构与排序也是在观看过程中不断制造人为的有意义的联系过程。《隐秘的角落》改编自紫金陈的推理小说《坏小孩》，剧情和原有小说相比改动较大，结局的开放性也使部分没有读过小说的观众无法立即领会剧中埋下的线索。《庆余年》中的人物线较为复杂，网络剧将原著的细枝末节更为细碎地埋伏在各个情节之下，编剧的意图并不是明朗且有迹象地表露出来，这时就需要观众调动自身的审美理解力，在观剧的过程中对情节加以安排来完成互动。

（三）情感共鸣

网剧的立意相比传统电视剧具有更强的开放性，情节、人物刻画也更直击受众心灵。像《隐秘的角落》《摩天大楼》等剧情背后都埋下了非常丰富的人性解读。尤其是《摩天大楼》杀人案的破案过程，看似是揭开一个善良女人的被害过程，实则是展现女性之间的救赎与慰藉，以及对于Pua（网络用语，指对方从精神上控制）、家暴、美是原罪等社会问题的探讨，剧中整体基调都比较暗沉，仿佛是黑暗中行走的女性们共同的环境，通过一个又一个女性人物的经历和台词，展现女性间的救赎，给身处时代漩涡中的女性一些鼓励。

三、网络综艺

网络媒体最突出的特点就是交互性，网络综艺依托于互联网平台，借助于新媒体技术，其互动性特征被进一步放大。综艺节目无论是在网络上还是电视上都可以播出，网络综艺对于电视综艺冲击力度没有特别大，但网络综艺因其特殊的互联网属性，它的交互性更强，具有一定的开放性和互动性，因此网络综艺在互动性上和话题娱乐性上更具优势。

（一）弹幕技术的运用

弹幕技术是网络视频上特有的一种互动方式，这种方式在传统的电视媒体上是无法实现的。弹幕技术最早来源于日本弹幕视频分享网站Niconico动画，国内最早引进的是AcFun以及Bilibili。所谓弹幕就是指受众在观看视频的时候可以进行发言，发言的内容会在视频上出现，这些内容基本上都是公开简短的，一般是以一句话或者几个字为一条弹幕，除了发弹幕的人自己能看到，其他观众也是可以阅读的。弹幕技术在一定程度上满足了受众的一种表达欲望，受众可以在屏幕上及时分享自己的想法、感悟，同时也可以为创作者进一步的创作提供方向。

以一档网络综艺为例，《吐槽大会》第五季的第十期总决赛，王建国与他的嘉宾老舅共同演唱了《野狼disco》，这时打开弹幕键之后，看到网友纷纷评论"吐槽大会其实是个喜剧比赛""二人转可以考虑向这个方向发展了""我感觉这像个小品"等弹幕。作为网络综艺节目，好看又充满娱乐性是节目的核心，弹幕的加入可以使观众参与节目叙事，增强了节目的真实感，同时网友的弹幕评论也成为节目的一大看点。

（二）多平台互动媒介

在网络综艺中，一般会有字幕或图标提示微博、微信、百度贴吧，甚至QQ音乐等其他互动平台的参与方式，网友们不仅可以在节目视频的弹幕里发言，在节目视频下方评论反馈，还可以通过多种渠道进行意见反馈或其他的交流。例如《超新星运动会》第三季中的微博话题＃徐梦洁打破50米短跑纪录＃，在这个话题底下，就有网友发微博互动"小彩虹这是把生活活成了小说了吧，赛场上两次破自己的纪录真的太染了！""你说你会努力打破自己的纪录，你做到了，你是我们的冠军！"等微博讨论。

互联网时代的网络节目方特别重视用户的体验感，受众对于节目的参与度、互动感是他们十分关心的。节目制作方也希望能够第一时间收到反馈，以便于他们不断整改节目。

四、网络广告

网络媒体最突出的特点就是交互性，网络广告依托于互联网平台，借助于新媒体技术，其互动性特征被进一步放大。尤其是社交媒体的出现以及互动技术的进一步发展，网络广告的互动方式变得更加多元与高效。对于网络广告而言，创作者充分考虑受众接受信息的意愿，利用新颖独特的内容以及灵活多样的技术手段，来吸引受众参与活动，提升用户体验与认知，让受众在自发的心理驱动下接受广告信息。同时，受众也不再是被动的接受者，互联网虚拟交际环境给了受众极大的自主权与选择权，他们可以根据自己的需求与偏好获取信息，甚至是主动参与到广告叙事与传播过程中。

（一）情境体验

在叙事上，广告是一个开放的、交互的文本，不是将广告信息表达出来之后叙事就完成了，广告文本只有在与受众交互中才算真正有意义。网络广告中，通常会借助一定的技术手段，将受众带入到广告所营造的开放空间中，通过与受众的互动，共同完成信息传播。受众也因丰富的体验而增强了对广告的好感和接受度，从而促进广告传播诉求的实现。例如，在网络互动公益广告《生命，无法重新来过》里，开头是一辆救护车在行驶中，画面左下方有一个安全带，受众用鼠标拉动安全带的过程，画面中场景就会产生变化，由此展示一次车祸发生的全过程，而当安全带拉到最右边，画面变成彩色，出现"生命，无法重新来过，请系好您的安全带"的广告语。通过与受众的互动，简单明了地传达出注意交通安全的理念。

近两年来，出现了一种新兴的基于虚拟体验的情景广告形式——VR广告。VR广告主要通过虚拟现实技术，在受众与虚拟空间中架设一座沟通的桥梁。用户通过沉浸式体验获得情感上的共鸣，从而强化他们对广告品牌或价值观念的认知。2016年3月，瑞典的麦当劳推出一款由薯条盒子折叠而成的VR头显设备，配合免费下载的VR游戏，可以身临其境感受滑雪。7月，麦当劳又推出一支VR广告，用户在戴上头显设备后，就能参观海外各个麦当劳餐厅的景象。在虚拟的视频场景中，用户其实已经成为广告的主角，他们可以自由选择体验的场景，通过身临其境的感受提高对品牌的认知度与接受度。

（二）多屏互动

多屏互动，指两个或两个以上的屏幕之间进行的内容传输、共享行为。事实上，这并不是一个新鲜的概念，早在2005年超级女声选秀，粉丝拿手机给电视直播上的号码发短信投票就属于多屏互动。随着互联网技术以及移动媒体的发展，用户注意力变得碎片化，他们更加偏向于在不同时间、不同地点和不同屏幕观看内容。仅仅在某一终端上投放广告已经不能让受众对品牌产生深刻印象，也无法满足他们跨屏互动的需求。在这样的背景之下，以往只关注PC端网络广告的广告主，在投放时开始追求多屏互动，通过这种交互模式生动展现产品和服务信息，努力实现深度的传播价值。多屏互动的形式给用户带来了全新的、更具视觉与参与感的互动场景体验。2012年可口可乐推出手机App"CHOCK"，用户在下载App后，在电视播放指定的可口可乐广告时，通过手机App抓取电视画面中的可乐瓶盖即可参与抽奖，可口可乐通过利益驱动受众主动参与互动，在广告观看的过程中通过用户手机与电视场景产生交互，完成了一场跨屏式娱乐互动体验。

（三）H5 分享

H5（Html5），是一种集文字动效、图片、视频、音频等多种形式于一体的计算机语言。H5 广告通俗点说，就是建立在 H5 技术基础上的广告形式，目前它主要在移动端传播。H5 广告形式灵活多样，满足受众碎片化的观看习惯与互动的需求，因而也备受广告主青睐。广告创作者通常会设置一个有故事情节和场景代入的广告，用户在接收到广告时可以通过滑动、点击等多种方式参与其中，同时还可以主动参与评论、转发，分享给好友，这种强烈的代入感和交互性有利于受众感知品牌信息。

五、网络游戏

以互联网为技术支撑的网络游戏在互动方式上规模更大，关系更复杂。游戏者虽然不能左右网络游戏的生产，但却可以左右它的消费，并通过消费间接地影响网络游戏的生产，因此加强与游戏者的互动、了解游戏者的需求、听取游戏者的反馈就显得十分重要。

（一）参与式互动

参与式互动是指受众对创作者生产的各媒介平台文化产品进行解读和沟通。在交流互动的过程中，社交媒介起着重要的连接作用，不仅能在受众之间进行对话交流，还能够使受众与创作者进行沟通。不同媒介平台的受众通过社交媒体进行对话，他们根据产品的不同媒介形态汇聚成各自的群体进行沟通，例如游戏玩家们组合成游戏群分享自己拥有的稀有物品以及游戏攻略。[①] 创作者则是在社交媒体中发布信息，受众根据信息可进行评论和转发，表达出受众对产品的想法与期待。国产大型网络游戏《剑侠情缘 3》中，某著名的游戏"大神"因为疾病而离开世界，深受这位玩家影响的其他玩家纷

[①] 李文文等：《跨媒介叙事视域下网络游戏 IP 的运营模式研究——以〈阴阳师〉为例》，《新闻知识》2020 年第 6 期。

纷在游戏内部的世界聊天频道对这位"大神"进行追悼，受此事件的影响，《剑侠情缘 3》的开发组也在游戏内为这位玩家竖立了永久雕像，玩家之间的互动从游戏内部扩展到了现实层面，最后重新回归到游戏之中并改变了游戏的呈现。《英雄联盟》里面游戏公司会为选手设计冠军皮肤，这些皮肤都会按照选手的喜好来设计，比如说 FPX 的林伟祥希望设计师给英雄回城动画增加小猫的特效，因为他们基地门口有流浪猫他经常喂养，他也很喜欢这些猫，这样充满趣味的游戏小故事也会为只以结果论英雄的电子竞技比赛增添一些独特的人文情怀。

（二）生产式互动

生产式互动是指受众加入创作团队，创作者团队通过各媒介平台听取受众的想法与意见，汇聚集体智慧，使其产品能够满足受众。受众的反馈是 IP 产业运营的重要方向，邀请受众加入创作团队，可以使受众感受到自己不仅是产品的消费者还是生产者。[①] 在《阴阳师》的 IP 运营中，游戏方面创作者全面开放游戏资源，受众可以自己设计人物形象和皮肤；动画上线后，创作者举办的配音大赛，让受众参与动画制作；线下举办的互动式舞台剧、Cosplay 大赛等，都吸引受众参与产品的生产，共同创造自己的故事世界。

在网络游戏《剑侠情缘 3》中，由玩家自行翻唱歌曲《我的一个道姑朋友》在互联网平台上取得了较好的传播效果，有很多的网友是因为这首歌才知道这款网络游戏。这首歌是取材于《剑侠情缘 3》游戏玩家的真实故事，道姑是游戏里的一个门派职业体型。道姑喜欢一个道长，可是后来在别人的喜宴上，道姑发现道长早有恋人，他的恋人是秀秀。秀秀问道长"那是谁"，道长答"我的一个道姑朋友"。但是道姑和道长之前有过一段甜蜜时光，如今却被说成只是朋友，令道姑伤心不已，不断反思自己是不是哪里

---

① 李文文等：《跨媒介叙事视域下网络游戏 IP 的运营模式研究——以〈阴阳师〉为例》，《新闻知识》2020年第 6 期。

做得不够好。整首歌中以道姑作为第一人称，讲述了道姑自以为与对方相爱，最终只能看着对方与别人在一起的故事。故事中的道姑在情感中极其卑微，所以不只是《剑侠情缘3》的玩家，普通听众也能够根据歌曲的情绪知道作者想要表达的情感，引发了强烈的共情。该歌曲在网易云音乐上因为版权原因多次下架，2019年6月初网易云音乐上传了由双笙演唱的版本，网友们纷纷点播，短短两天的时间，这首歌曲登上了网易云新歌榜的榜首。

六、网络动画

在理解网络动画片的叙事时，我们必须将受众的叙事接受考虑在内，无法和动画作品本身分开，尤其在互联网时代，传者和受者的地位越来越平等，传者在制作动画作品时很可能将受者的意见考虑其中。3D动画《秦时明月》直接邀请粉丝进入该动画，它采用面部识别技术，将粉丝的脸扫描至动画的小配角上，让粉丝打破"次元壁"，和动画角色屏幕里相见。

（一）受众意见采纳

动画作品多是由其他形式的作品改编而来的，在动画播出之前，他们已经形成了对于作品的看法，对于故事中的矛盾和冲突如何展现有自己的期待。如果官方制作的动画没有达到受众的期待，受众会感到失望甚至指责官方没有完好地保存作品的风貌。实际上，既然是换了一种形式讲述故事，那么画面乃至剧情上有所改变是正常的，有些受众的要求确实有些苛刻，但是当不满的声音变得壮大，官方就不能对他们的意见不管不顾，否则会严重影响作品的播放量，进而对动画的进一步传播产生影响。

以《狐妖小红娘》为例，改编自同名人气漫画，原作品一经面世就积累了一些人气。按照原作的进程，在第68集里，本来在此集会有一个小高潮，但是因为动画制作方腾讯动漫在这一集加入了很多原作中不存在的插科打诨，使得原本的叙事结构被打散，而且一个重要角色对属意对象的情愫的表达被冲淡，引得该角色的粉丝大为不满，一时间评论区硝烟四起。为了防止形势进一步恶化，官方将部分粉丝关进了"小黑屋"，禁止他们在评论区发言。这种做法反而激化了双方的矛盾，眼见着难以收场，官方及时在评论区建立了"官方意见楼"，将受众的意见表达集中到一处，才使矛盾稍稍平息。后来，腾讯动漫保留了在视频下方的评论区建立"官方意见楼"的习惯。

收纳受众的意见需要十足的诚意，不能仅限于"官方意见楼"这一种形式，其他关照受众的方式也应该被合理使用。但对于已经收集的意见，官方不必全部照做，每个人的理解是不同的，满足了一方的需求可能会触怒另一方，因此，官方要坚持一定的主动性，要有自己的考量。

（二）鼓励同人创作

随着互联网技术的发展，受众可以在社交网络平台发布自己的作品。所谓同人作品就是受众借用电视剧电影、小说、动画漫画等的原人物设定和世界观，按照自己的理解，演绎创作出的新作品，新作品不仅限于插画和小说，还有视频和音乐作品。一部动画究竟火不火，可以通过同人圈子的大小略窥一二。

同人作品对于动画原作的推广很有帮助，虽然它打"擦边球"侵犯了原作的版权，但是为了宣传效果，大多数动画的官方都会选择睁一只眼闭一只眼，甚至有些官方会自己主办同人活动，激发自己作品粉丝的创造力。以《天行九歌》官方玄机科技举办的"本命周"活动为例，制作方玄机动画在一周内以动画里的某个角色为主题，收集同人插画，要求粉丝为其"打榜"，分数超过1万就会解锁福利视频。一周时间结束后，会将该视频释出，收集的插画也附在视频后面。

通过同人作品，动画制作公司可以与粉丝保持良好的交流，甚至官方在后期的动画制作中也会有意无意地回应同人粉丝的需求，或者有意引导粉丝去关注某一对情侣（所谓"CP"）。

（三）受众之间的讨论

受众与受众之间的交流建立在喜爱同一部作品的基础上，在"后真相"时代，受众可能并不在意故事本身想表达什么，他们在乎的是自己的理解，与自己的理解契合的就是朋友，与自己的理解相悖的就是敌人。虽然现在观看动画的受众涉及全年龄段，但是由于动画历史、社会观念等原因，整体上看，还是年龄偏小的受众更多。他们还没有学会兼容并包，习惯于划分战线，崇尚非黑即白，因此关于网络动画片的讨论，往往冲突十分激烈。

结　语

　　新媒体虚构影像，是指基于新媒体平台进行传播的虚构影像。作为新媒体平台发布和播放的一种视听节目类型，新媒体虚构影像因其较大的艺术审美价值和社会批判功能，有着众多的忠实受众群体和广泛社会影响。本书选择了微电影、网络剧、网络综艺、网络广告、网络游戏、网络动画等典型的新媒体虚构影像叙事文本样态作为研究对象，从故事题材、叙事视角、故事人物、情节结构、时空构建和叙述语态等六个维度对新媒体虚构影像的叙事模式展开分析，探析新媒体虚构影像的艺术审美特征和叙事话语机制。

　　"如果'叙事就是一个舞台'，那么叙事理论可以帮助我们更好地理解这个世界，使我们能够获得洞察力，而这种洞察力是我们无法通过其他方式获得的。"① 后现代叙事学不仅要考察叙事文本的内部结构和话语，更应研究它外在的生长空间、生态环境以及这些叙事得以传播的手段及因手段不同而产生的理解差异与意识形态变化。新媒体语境下的虚构影像叙事是利用互联网这一媒介所进行的叙事活动，是相对于口头叙事、印刷叙事、电影叙事等的一种新媒介叙事方式。这种新型的叙事方式呈现出与传统媒介完全不同的叙事审美特征。

　　新媒体是一种超级媒体，"它既包含了以往媒体的所有叙述传播方式，如声音的、文字的、影像的，甚至表演的，以及各种形式混合使用的方式

---

① ［美］伯格:《通俗文化、媒介和日常生活中的叙事》，姚媛译，南京大学出版社，2000，第39页。

进行故事叙述，同时还产生了自己新的叙事方式——超文本叙事。超文本是网络叙事区别于以往叙事的本质所在，它从根本意义上改变了我们结构故事、阅读故事、故事信息呈现、故事信息获取等的方式，也改变了我们把握事物的态度和方法，以及审美方式与趣味"。[①] 不同于传统媒体受众，新媒体受众的接收信息和阅读故事的方式已经发生转变，不再是被动接受，而是主动获取，甚至自己也可以转身成为传播者。在"人人都是自媒体"的新媒体环境下，传播主体更加多元化，主体意识空前高涨，网络受众用户更加具有个性化、分众化和多层次性。

新媒体虚构影像叙事以"受众为中心"，由于新媒体受众以中青年为主，因此在故事题材的选择上，更多以迎合年轻受众的审美需求，叙事题材更加丰富多元，不仅涉及当下社会各大热点话题与事件，更是以关注草根生活而深得人心。新媒体虚构影像中的故事人物更具个性化、符号化与扁平化色彩，在人物塑造层面则主要呈现出两种类型：一类故事人物的塑造更多遵循现实主义艺术创作手法，将现实生活中的人物特质进行聚焦提炼，再在作品中进行表现和放大，达到人物生活化、真实性地塑造；另一类故事人物的塑造则以超现实浪漫主义创作手法，去构建未知和遥远的超现实世界，往往赋予人物无所不能的力量，使其能够突破自我、改变世界，以恶搞、荒诞、反讽与隐喻等手法来塑造人物。新媒体虚构影像的叙事视野不再拘泥于固有的传统模板，而是可以跨越时空的羁绊，穿越民族和文化的隔阂，这种具有颠覆性的解构叙事方式，成为新媒体虚构影像叙事的重要特征。在媒体融合的新媒介场域，新媒体虚构影像的叙事视角和语态也已经发生巨大的变化，以自我主体叙事作为主要的叙事态度和立场，更大程度地彰显了主体意识，表达了自我的话语权力，呈现出众生喧哗的社会话语生态。

随着新媒体的长足发展，不断涌现出创作上乘的新媒体虚构影像作品，但不可避免的是，互联网的匿名性、虚拟化以及治理难度大等问题，也导致网络中充斥着很多粗制滥造、品位低俗的垃圾产品。除了国家相关部门

---

① 聂庆璞：《网络叙事学》，中国文联出版社，2004，第63页。

的社会治理与舆论引导，还有赖于创作者们文化自觉意识的强化，能够以"既养眼又养心"的作品来引领受众，而不是停留在追求低级的感官刺激和享受。同时，大众的媒介素养也有待提升，理性地进行文化消费，共同打造文明净化的网络空间，这样才能催生出更多优秀的新媒体虚构影像作品。

参考文献

一、专业书目

1. 詹姆斯·费伦.作为修辞的叙事 [M].陈永国,译.北京:北京大学出版社,2002.

2. 米克·巴尔.叙述学——叙事理论导论 [M].谭君强,译.北京:中国社会科学出版社,2003.

3. James Phelan &Peter J. Rabinowitz. 当代叙事理论指南 [M]. 申丹等,译.北京:北京大学出版社,2007.

4. 马克·柯里.后现代叙事理论 [M].宁一中,译.北京:北京大学出版社,2003.

5. 罗钢.叙事学导论 [M].昆明:云南人民出版社,1994.

6. 李幼蒸.结构主义和符号学 [M].北京:生活·读书·新知三联书店,1988.

7. 胡亚敏.叙事学 [M].武汉:华中师范大学出版社,1994.

8. 诺曼·费尔克拉夫.话语与社会变迁 [M].殷晓蓉,译.北京:华夏出版社,2003.

9. 董小英.叙述学 [M].北京:中国社会科学出版社,2001.

10. 米哈伊尔·巴赫金.巴赫金全集-诗学与访谈 [M].白春仁,亚铃,译.石家庄:河北教育出版社,1998.

11. 米哈伊尔·巴赫金.周边集 [M].李辉凡等,译.石家庄:河北教育出版社,1998.

12. 米哈伊尔·巴赫金.拉伯雷研究 [M].李兆林,夏忠实,译.石家庄:河北教育出版社，1998.

13. 米哈伊尔·巴赫金.文本对话与人文[M].白春仁等，译.石家庄：河北教育出版社，1998.

14. 罗兰·巴特.作者的死亡[M].郑法清，谢大光，译.天津：百花文艺出版社，1996.

15. 宫承波.媒介融合概论[M].北京：中国广播影视出版社，2016.

16. 戴卫·赫尔曼.新叙事学[M].马海良，译.北京：北京大学出版社，2002.

17. 华莱士·马丁.当代叙事学[M].伍晓明，译.北京：北京大学出版社，2005.

18. 赵毅衡.苦恼的叙述者[M].北京：十月文艺出版社，1994.

19. 耿占春.叙事美学[M].郑州：郑州大学出版社，2002.

20. 赵毅衡选编.符号学文学论文集[M].天津：百花文艺出版社，2004.

21. 杨义.中国叙事学[M].北京：人民出版社，1997.

22. 曾庆香.新闻叙事学[M].北京：中国广播电视出版社，2005.

23. 罗兰·巴特.形象的修辞[M].吴琼，杜予，编译.北京：中国人民大学出版社，2005.

24. 谭君强.叙事理论与审美文化[M].北京：中国社会科学出版社，2002.

25. 杨茉，黄慧.影视艺术概论[M].成都：电子科技大学出版社，2018.

26. 张琪.影视艺术美学[M].长春：吉林美术出版社，2018.

27. 陶丹，张浩达.新媒介与网络广告[M].北京：科学出版社，2001.

28. 赵玉岗.媒介融合背景下新媒体发展研究[M].北京：中国原子能出版社，2019.

29. 匡文波.新媒体概论[M].北京：中国人民大学出版社，2019.

30. 石磊.新媒体概论[M].北京：中国传媒大学出版社，2009.

31. 杨晓林.微电影艺术导论[M].北京：中国电影出版社，2015.

32. 索绪尔.普通语言学教程[M].高名凯，译.北京：商务印书馆，1982.

33. 普兰斯.叙事学[M].穆彤出版社，1982.

34. 查特曼.故事与话语[M].康奈尔大学出版社，1978.

35. 巴尔.叙事学[M].多伦多大学出版社，1985.

36. 聂庆璞. 网络叙事学 [M]. 北京：中国文联出版社, 2004.

37. 李幼蒸. 当代西方电影美学思想 [M]. 北京：中国社会科学出版社, 1986.

38. 弗雷里赫. 银幕的剧作 [M]. 富澜, 译. 北京：中国电影出版社, 1979.

39. 宋家玲. 影视叙事学 [M]. 北京：中国传媒大学出版社, 2007.

40. 杨晓林. 微电影艺术导论 [M]. 北京：中国电影出版社, 2015.

41. 孙文涛. 中国网络剧微电影传播概论 [M]. 北京：中国广播影视出版社, 2016.

42. 何纯. 新闻叙事学 [M]. 长沙：岳麓书社, 2006.

43. 邓秀军. 纪录片叙述者的主体性研究 [M]. 武汉：华中科技大学出版社, 2013.

44. 黄昌林. 电视叙事学 [M]. 成都：电子科技大学出版社, 2003.

45. 杰克·哈特. 故事技巧——叙事性非虚构文学写作指南 [M]. 叶青、曾轶峰, 译. 北京：中国人民大学出版社, 2012.

46. 亚里士多德. 诗学 [M]. 北京：商务印书馆, 1996.

47. 爱·摩·福斯特. 小说面面观 [M]. 广州：花城出版社, 1984.

48. 周靖波. 电视虚构叙事导论 [M]. 北京：文化艺术出版社, 2000.

49. 李显杰. 电影叙事学：理论与实例 [M]. 北京：中国电影出版社, 2000.

50. 德·菲尔德. 电影剧本写作基础 [M]. 鲍玉珩、钟大丰, 译. 中国电影出版社, 2002.

51. Mark Fischetti. Great Literature Is Surprisingly Arithmetic.Science American. 2017.

52. 什克洛夫斯基. 俄国形式主义文论选 [M]. 北京：生活·读书·新知三联书店, 1989.

53. 里蒙·凯南. 叙事虚构作品 [M]. 北京：生活·读书·新知三联书店, 1989.

54. 邵清风. 视听语言 [M]. 北京：中国传媒大学出版社, 2007.

55. 杨晓林. 微电影艺术导论 [M]. 北京：中国电影出版社, 2015.

56. 安德烈·戈德罗, 弗朗索瓦·若斯特. 什么是电影叙事学 [M]. 刘云舟, 译. 北京：商务印书馆, 2007.

57. 王竞. 叙事空间 [M]. 成都：四川文艺出版社, 2018.

58. 大卫·波德维尔等. 电影艺术——形式与风格, 彭吉象等, 译. 北京: 北京大学出版社, 2003.

59. 陶东风. 文体演变及其文化意味 [M]. 昆明: 云南人民出版社, 1994.

60. Gerard Genette. Mood. from Narrative Theory: Critical Concepts Literary and Cultural Studies. Routledge Taylor &Francis Group. 2004.

61. 黄昌林. 电视叙事学 [M]. 成都: 电子科技大学出版社, 2003.

二、学术期刊

1.《现代传播》

2.《电视研究》

3.《中国电视》

4.《中国广播电视学刊》

5.《当代电视》

6.《当代电影》

7.《国际新闻界》

8.《当代传播》

9.《文艺研究》

相关网站:

百度百科: https://baike.baidu.com.

中国知网: https://kns.cnki.net.

维基百科: https://zh.wikipedia.org.

后 记

经过四年多的写作和修订，几经周折，此书终于和大家见面了。本书选择新媒体平台发布和传播的虚构影像作为研究对象，在结构主义叙事学的理论基础上，从故事题材、叙事视角、故事人物、情节结构、时空建构和叙述语态等六个维度，对网络微电影、网络剧、网络综艺、网络广告、网络游戏、网络动画等具有代表性的节目形态进行解构主义的叙事模式分析。力图把新媒体平台传播的以虚构性为本质属性和价值诉求的影像叙事节目统摄起来，从虚构影像的理论视角去分析媒介融合大环境下新媒体平台对影像叙事的影响和推动，尝试着做一些前沿性的学理探索；同时，为了增加本书的学术价值，试图将传统虚构影像叙事分析的基础理论和路径方法在新媒体视听节目形态上进行有机融合和探究。

在本书出版之际，感谢中国广播影视出版社责编毛冬梅老师为本书提出的宝贵意见和建议。《新媒体虚构影像叙事研究》的撰写初期，硕士生李娟、胡丹、李佳慧、杨灵参与了部分章节的研究工作，感谢她们的辛勤付出。

另外，由于本人水平有限，本书中有不足之处在所难免，敬请各位专家学者斧正。

刘 静

2022 年 1 月 16 日 于北京

图书在版编目（CIP）数据

新媒体虚构影像叙事研究 ／ 刘静著．－－ 北京 ：中国广播影视出版社，
2023.7

ISBN 978－7－5043－8750－9

Ⅰ．①新… Ⅱ．①刘… Ⅲ．①视听传播－研究 Ⅳ．① G206.2

中国版本图书馆 CIP 数据核字 (2022) 第 005414 号

新媒体虚构影像叙事研究

刘 静 著

责任编辑	毛冬梅	
责任校对	张 哲	
装帧设计	九章文化	

出版发行 中国广播影视出版社

电　　话　010－86093580　010－86093583

社　　址　北京市西城区真武庙二条 9 号

邮　　编　100045

网　　址　www.crtp.com.cn

电子信箱　crtp8@sina.com

经　　销　全国各地新华书店

印　　刷　河北鑫兆源印刷有限公司

开　　本　787 毫米 ×1092 毫米　1/16

字　　数　300 千字

印　　张　17.25

版　　次　2023 年 7 月第 1 版　 2023 年 7 月第 1 次印刷

书　　号　ISBN 978－7－5043－8750－9

定　　价　68.00 元